JN107380

THE INSIDE OF
SPORTS BUSINESS

スポーツビジネス最前線

10 REAL CASES OF INTERVIEWS

山本佳司【著】

竹書房

はじめに

本書の企画のきっかけは、近年、企業によるプロスポーツクラブの買収や国内の有力経営者たちによるスポーツビジネスへの参画の波を改めて感じたことに始まる。近年の企業経営者たちによるスポーツビジネスへの参画の背景と、それまで競技としてのスポーツに対する企業からの出資がなされて来たケースの最も大きな違いは「スポーツビジネスを活用することで、いかにして自身のコアビジネスを成長させるか」ということに意識が注がれている点である。過去のスポーツへの出資は、資金を提供することでユニフォームやスタジアムの看板に企業名が入れば御の字という時代のような、ビジネス的側面の極めて薄い考え方に基づくものであった。スポーツにビジネス的効果を求めていなかった時代であり、同時に企業がスポーツでお金を稼ぐことが考えにくかった時代である。時代は移り変わり、経営者たちは改めて〝スポーツ〟の持つ可能性に気がついている。スポーツという領域にはエンターテイメント、テクノロジー、医療・食料、教育、人材など、多くの観点でビジネスの参入し得る可能性が潜むことを理解し始めたのである。そして他のビジネスにはないファンや地域性、さらにコミュニティという特性も併せ持つスポーツにおけるビジネスは、そのほぼ全てに「人」が介在するビジネスであり、ＡＩ化やロボットを導入すれば問題が解決されるようなビジネスとは異なる。

世界人口が爆発的に増加する現代において、10年後、15年後の日本経済の将来に見る状況は決して楽観視できるものではない。それは少子高齢化による人口減少ばかりが原因ではない。過去20年の間に欧米のサービスやビジネスが大きく進出し、日本国内の企業によるバリューが激減した領域もある。人口減少による働き手の補完の目的で東南アジアから安価な労働力や途上国の留学生を積極的に受け入れる一方、閉塞感のある国内からは優れた人材が海外流出し、企業力の低下によって独自技術が海外資本に買収され、毎年発表される国内のトップ資産家のラインナップも過去約20年近くに渡り大きな変化は見られない。これは過去20年間、市場を変えるような新しいビジネスが国内から登場していないことも意味する。こうした負のスパイラルの状況打開には新たな産業を生み出すことが必要だが、ゼロから新たな産業を起こすことは容易ではない。その中において、スポーツビジネスは前述のように多くのビジネスによる参入・関与の可能性があるという点で、〝裾野の広い〟産業となり得る余地のある数少ない領域のひとつである。

しかし、未だ人脈もノウハウもないながらも、スポーツビジネスに興味・関心を抱く企業家にとって、日々流れて行くインターネット上を中心としたスポーツビジネスの情報は残念ながらまとまって存在しておらず、また情報がスポーツ業界内に留まっているケースも多い。今回、書籍という形にまとめることで広くビジネス市場に記録を残し、それを誰もが手に取ることができ、複数の事例を同時に伝えられるのではないかと考えている。

これまでもスポーツビジネスに関する書籍は存在してきたが、その内容の多くはクラブ運営やアスリート、市場規模など、より競技の現場に近いもの、またはアカデミックな側面の強いものであり、前述のように「スポーツビジネスを活用することで、いかにして自身のコアビジネスを成長させるか」という観点で、スポーツではない他のビジネスとの関係性の中でスポーツビジネスの可能性を明らかにしようとするものではなかった。

(もちろん、本書にはFCバルセロナのカンプ・ノウの改築プロジェクトや企業スポーツの現在など、スポーツに関わるビジネスの網羅性の意味で、純粋なコアビジネスとのシナジー以外の視

点で登場いただいている事例もある）

本書の目的は具体的なスポーツビジネス活用の事例を紹介し、企業経営者たちに自身のビジネスの成長の鍵となる可能性の示唆をもたらすことにある。その点では、今はおよそスポーツビジネスのことなど頭の片隅にもない経営者の方々が、本書によって新しいビジネスのヒントを発見してもらうことができるならば、これ以上のことはないと考えている。

本書『スポーツビジネス最前線』は、登場する10の企業に対し、2022年4月から11月までの約7ヶ月間に渡り取材を行ったインタビューをまとめたものである。

登場企業については、創業100年を超えるグローバル企業から設立1年ほどのスタートアップまでと幅広く、業種もテクノロジー、電器・電子や人材、金融、IT、ヘルスケア、建築設計など多種多様である。これは、できる限り多くの業種による多様な競技を取り上げることができるよう、企業を選定させていただいたためである。これらの登場企業については、当初私の小さな頭の中にあった企画時よりも、結果的に遥かに充実した企業群によって構成されることとなった。

自分の頭の中だけで企画を立ててから、企画書に落とし、ご協力いただける出版社を探し、取材と執筆を続け、企画から1年以上を経てようやく書籍としての体を成した本書には、多くの人たちの支援と情熱が詰まっている。この場を借りて本書へのご協力をいただいた各社、そして本企画を採用し、共に伴走して下さった株式会社竹書房 柴田洋史 編集長に改めて感謝を申し上げたい。ありがとうございました。

『スポーツビジネス最前線』著者・インタビュアー　山本佳司

撮影：西邑泰和（SONY ／ MIXI ／ PERSOL ／ ACAFP ／日建設計）
武田敏将（HAWK EYE ／ GEヘルスケア）
瓜生林太郎（Panasonic）

写真：AP/ アフロ

装幀・本文組版：布村英明
編集：柴田洋史（竹書房）

10 REAL CASES OF INTERVIEWS

1

制約から解き放たれる
エンターテインメントの近未来。
壮大な仮想空間と
コミュニケーション・
エクスペリエンスの旅が始まる。
その黎明に遭遇する。

ソニーグループ株式会社

Masashige Komatsu　　Shugo Yamaguchi

ソニーグループ株式会社
小松正茂

事業開発プラットフォーム／新規事業探索部門／コーポレートプロジェクト推進部／統括部長。ソニーグループ株式会社にて、グループの多様な事業を横断した新規事業探索活動であるコーポレートプロジェクトを推進、新規事業の創出に従事。スポーツは世界共通のコンテンツであるため、テクノロジーとエンタテインメントを活用することで世界中のファンとチーム・リーグのエンゲージメントをより強くし新しい事業機会を創出することで、スポーツ業界に貢献すべく活動している。
※肩書は取材当時

ソニーグループ株式会社
山口周吾

執行役員／モビリティ事業担当。日米でビデオやDVD事業、パーソナルコンピュータ事業の経営管理業務を経て経営企画部門に移り、ジョイントベンチャーの立ち上げや、事業買収、新規事業開発、技術探索など、ソニーグループの事業戦略策定に深く関わる。現在は、音楽、映画、アニメ、スポーツを中心としたエンタテインメント分野のほか、ヘルスケア、金融分野を中心に、ソニーグループ内および他社協業による新規ビジネスの創出などに従事する。
※肩書は取材当時

introduction

2021年11月、シティ・フットボール・グループ傘下のマンチェスター・シティ・フットボール・クラブはソニーグループ株式会社とのオフィシャル・バーチャル・ファンエンゲージメント・パートナーシップ契約を締結した。ソニーグループ各社が持つテクノロジーとマンチェスター・シティが保有するグローバルIPを活用して、実世界と仮想空間を融合し、世界中のファンがチームを身近に感じることができる魅力的なコンテンツの開発や新たなファンコミュニティの実現に向けた実証実験を行うことが目的であるとされる。これはリアルなスポーツ展開をメタバースの世界へと拡張してゆくプロセスに他ならない。世界的なフットボールグループの協力を経て、日本が誇る企業はその技術力を示し、スタンダードの先駆者となり得るのか。契約に至った背景や鍵となった事象などを含め、ソニーの描く近未来のエンターテイメント像に迫る。

旅の始まり

――今回のマンチェスター・シティとのパートナーシップ締結から少し遡り、2020年の10月に横浜F・マリノスのクラブ運営を手掛ける横浜マリノス株式会社との「テクノロジー&エンタテインメント分野でのパートナーシップに向けた意向確認書」をソニーグループとして締結されていますが、ここに至った経緯をお話いただければと思います。

山口「今実際に横浜マリノス株式会社（以下、横浜マリノス）とのプロジェクトに入っているのが小松なのですが、ソニーはこれまで様々なスポーツとビジネスを行って来ており、我々も改めて社内を調べてみたところ、海外も含め本当に多くの事例がありました。しかし、全体で束ねてみたらもっと多様な貢献ができるのではないかということで議論を始めたのが2020年でした。その中で、今後の戦略上でもよりスポーツの現場との取り組みを強化していく重要性から、辿り着いたのがこの横浜マリノスとのパートナーシップでありました」

小松「今、山口が申し上げたように、スポーツビジネス関連の取り組みを検討していくことで、一回グループ全体を俯瞰し、ソニーがこれまで行って来たことを改めて確認すると、かなり多岐に渡る活動がありました。ホークアイ（ソニーのグループ企業）などのサービスも主要な国際大会に採用されているなど、スポーツの現場にかなり深く入り込んでいるものもあります。それらをもう一度整理し、グループ全体としてどう取り組むべきかという議論をしたのです。その際に、ソニーグループの経営の方向性として「人に近づく」という考え方があるのですが、スポーツにおいて、それは選手に近づいていくということと、ファンに近づいていくことであると。ソニーとして、それをどのように実現していくべきかと考えていました。その時にチームのことをより知るという意味で、様々な方にご紹介をいただいたご縁で、横浜F・マリノスに辿り着いたのです。我々として選手をどのように技術でサポートし、才能を引き出していけるのか。さらに我々としては引き出すだけではなく、その選手が良いプレーをした時にそれをある意味〝表現する〟し、エンターテイメントとしてお客様に届け、ファンの方の熱量を上げ、より楽しんでいただくか。その過程で生まれたこともチームにフィードバックするというサイクルを創ることができるのではないかというお話を差し上げたところ、横浜マリノス側の課題意識も近いものがあり、パートナーシップという形で話を進めることになりました。クラブとしての横浜F・マリノスとしてはもっと〝若い選手たちを世界に羽ばたかせたい〟という希望があり、我々としてもできることがあるはずだと。ベースとしてはホークアイの提供する技術と同じものを使い、選手の動きをセンシング（感知・収集）してデータを見える化することで育成に役立つような、実証実験などから始めました。パートナーシップ締結発表の10月の手前くらいに『CEATEC（シーテック）』という国内のテクノロジーショウがあったのですが、そこで〝フットボールラボ〟という展示でご紹介をしました。そこからさらに、同じデータを使ってファンのエンゲージメントを高めるような活動にしていくには、どのように活用すべきかという議論を両社で始めたというのが発端です。ソニーの他のエンタテインメント事業でもやっていることで、ゲームにおいては、ゲームクリエイターの方にゲームを作る環境をお届けし、良いゲームを作り、それをきちんとお客様に届けて熱狂してもらうことや、ファンになっていただくこと、または音楽においては、アーティストの方に良い環境でライブパフォーマンスを行ってもらい、それをデジタルコンテンツとして届け、ファンとアーティストを結びつけていくといったサイクルです。それをスポーツの中にも持ち込みたいとずっと思っていたのです」

――横浜F・マリノスというクラブについては、2020年と言いますと、ちょうど前年の2019年は15年ぶりに優勝した年で、彼らはアタッキングフットボールという言葉に表される、Jリーグの中でも面白いゲームをするようなクラブに変わったというタイミングでしたが、そうしたことも検討の要素にあったのでしょうか

小松「いえ、私たちとしては一つのクラブにフォーカスするということはあまり考えていなかったので、所謂〝ご縁〟で横浜F・マリノスに辿り着きました。パートナーシップ締結の背景としては横浜マリノスを選んでコミュニケーションを開始したというものではありませんでした」

山口「クラブが強いか弱いかという要素は、検討の過程ではあまり重要視しませんでした。ソニーの技術を使えば必ず優勝ができるというものではありません。練習場でのデジタル化を含め、ホークアイの提供するサービスもプレーデータを取集するツールという位置付けです。結果を出すためにどう活用するかについてはクラブに委ねられています。今は試合中のデータはかなり取れているのですが、練習の方が時間は長いため、練習のデータが価値を生むのではないかという仮説を持っています。横浜F・マリノスでうまくいくなら、他のクラブに適用しても活用の道があるという考え方の方が、最終的にいろんなクラブに貢献できるのではないかと思っています。且つ、この後はファンエンゲージメントに繋げていくことを考えています。それは日本のフットボールファンだけでなく、世界のフットボールファンが増えていくということであり、多くのクラブに使ってもらえたらと考えています。当然、ここには開発コスト的観点もあります。多くのクラブに利用してもらえる可能性があるならコストも分散できます。ソニーは製造業的な視点も持ち合わせていて、たとえばテレビやカメラで培った技術をエンターテインメントなどの他の事業で組み合わせて使うような活動もあり、スポーツ分野だけでの事業規模だけでは難しいものが、汎用性を持たせるこ

とでチャレンジできるということもあります」

横浜F・マリノスとの取り組み

――山口様が仰られるように、データを取れるように、より活用しやすくするようにソニーが支援を行うというのはとても面白いと思います。練習の時と試合の時で取れるデータが違うというのも、プロのスポーツクラブを経営されている方が悩まれているポイントだと思っています。特にメディカルの部分で。試合中の心臓疾患で亡くなる選手もいます。練習の時は問題がないのに、試合中に亡くなる。しかし、ここはデータが取れるものでもなく、コーチが介入できるものでもない状況から謎なのです。ですが練習の時と試合の時でそれだけ変わってしまう。なぜこうしたこと起こるのかデータ的に明らかにする取り組みが始まっているという話もあります。横浜マリノスとの取り組みが始まって、具体的に練習の場でのデータの取得というのは結構難しいと思うのですが、どのように行っているのでしょうか。

小松「基本的にはホークアイが提供する、選手のプレーデータを取る仕組みがあり、それと同じものを使って横浜F・マリノスのグラウンドで実証実験をしています。いろいろなデータを取れるので、そこからどういう形で使っていただくと便利なのかと考えています。さらに我々は、データをビジュアル化できるのですが、練習に最適なものかどうかというのは実際の競技者の方の意見を聞かなければ分かりません。我々はそれをどのような形で見せることでチームに活用してもらえるのか、クラブ側はそれをどのように使ったら良いかという試行錯誤をしています。パートナーシップ締結を発表してから約一年が経って、ようやく知見やどういう形でフィードバックすれば良いのかというポイントは見えてきました。たとえばデータだけではなく、実際の練習時の動画と組み合わせて見せた方が分かりやすいなど、そうしたところも一緒に取り組んでいます。汎用性ある仕組みとして他のチームにも展開できるような形にするには、まだまだ課題もあります。どうすれば多くの競技で使ってもらえるのかなどの改善も含めて進めています」

――練習場は横浜F・マリノスの場合には新横浜にあり、一般の方が周りで見ていられたりもしますが、まさかそこで練習のデータが取れているとは皆さん夢にも思っていないのではないかと思います。

小松「そういう意味で言いますと、今はトップチームではなく、ユースのグラウンドを借りて実験しています。

なぜかと言うと、ユースの方が練習の頻度が高いので、データを取ってどのように見せてというサイクルを回すためには、データの精度も上げなければならないからです。まずはユースのグラウンドで高い頻度でトライアンドエラーを繰り返しています」

山口「我々は〝探索〟と呼ばれる技術の元ネタがあり、それをどう使っていただけると目的に適うのかというPoC（Proof of Concept）をなるべく数多く早く回そうとしているのです。そのためには、試合よりも練習の方がほぼ毎日実施されているなどの利点があります。現場のニーズとして出て来る、データに関する要望を探りながらクリアしていくというプロセスをひたすら繰り返すことが重要なのです。得られるデータの活用方法は各クラブに委ねられています」

――もしかすると、ここから数年先にシステムがパッケージ化できたり、ある程度の仕組みを構築することができた場合には、これを利用するのは〝日本のクラブでは常識〟になっていくような考え方ですね。

山口「世界の一流選手のユース時から現在に至るまでのトレーニングの内容などが、データとして時系列で紐づいてくると面白くなってくると思うのです」

シティ・フットボール・グループとの出会い

――横浜マリノスとの取り組みがある中でシティ・フットボール・グループ(CFG)との邂逅もあったのだと思います。CFGは深く横浜F・マリノスに関わっていると思いますので、自然な流れであったのでしょうか。

山口「日産スタジアムで横浜マリノスとのパートナーシップ締結発表の記者会見に私が登壇した際、CFGの方と会話がスタートしたのです」

小松「最初は立ち話みたいなところからで、ご挨拶のようなニュアンスでした」

山口「もちろん我々としては横浜マリノスと取り組みを始めるときに、勝手な妄想としてシティ・フットボール・グループというグローバルなチームで、大きなネットワークの中で行き来しながら若い選手を育成していくという仕組みがあるということは把握していたので、いつかお話をしたいと考えていたのです。まさか記者会見の3秒後くらいにもうお会いできるとは」

――(笑)。シティ・フットボール・グループが最初に始めたと言っても過言ではない、マルチ・クラブ・

オーナーシップ（MCO）という戦略は各国のリーグの中にクラブを持って、シナジーを持ちながら一つのプラットフォームの中で管理していくという考え方で、それ自体はソニーさんの中でもご存知だったということですね。

山口「そうした先進的なクラブだからこそ、若い選手の練習データを活用してもらえないだろうかという仮説も持ったのです」

小松「我々はスポーツをどのようにエンターテインメントとして拡張していけるかということを考えたり、〝仕組み〟として展開して業界全体に貢献することを考えていたので、どちらかと言うと一緒に新しい仕組みを創っていくとか、協業していくところでご一緒したいという話をしました。そうした背景から、スポンサーシップでなく、一緒にビジネスを創っていくというパートナーシップになっているのです。特にファンエンゲージメントという部分ではデータを使ってできることがたくさんあると思っていますので、そういう点でも同じ方向を向けことが、お話を進めることができた大きな理由です」

山口「スポンサーシップとしてまとまったお金を渡して終了ではなく、パートナーシップを通じてファンを増やす、売上を増やすというところを、長期レンジで一緒に挑戦してみましょうというものです」

――その始まりのケースというのは実は結構珍しいと思います。通常のケースですとスポンサーシップはありますが、パートナーシップを組むというのはなかなか出来なかったりします。

山口「仰る通りで、パートナーシップについては、スポーツ業界では難しいところがあると感じています」

――横浜マリノス側もソニーの技術力のところは理解していて〝この方たちだったらきっと一緒に組んでクラブを変えられる〟と感じたのではないでしょうか。

山口「横浜マリノスもそうですが、特にCFGは技術力への意識が凄く高かったのです。やはり常に様々な企業からいろんな提案がすでにCFGに来ていた段階で私たちとの話があったので、技術力の差がよく見えたのだと思います」

――横浜F・マリノスと言えば、以前からドイツのSAP（世界的なシステム企業）との取り組みというのは聞いていましたが、今ではソニーをはじめ国内にも優れたテクノロジーを持つ企業はありますのでSAPだけではなくて、より立体的なデータや多角的なデータを持って取り組んでいくことは理解できます。

小松「私たちは自分たちでエンターテインメント事業をはじめ、直接お客様に届けることをやっています」

山口「スポーツは良く「見る」「する」「支える」ものと言いますが、小さいリーグであればある程、「する」で精一杯で、他の2つには手が回っていないケースは多いのです。私たちソニーは「見る」というところを拡げるのは得意です。スポンサーシップで「支える」ことで関わる場合、それだけで終わってしまうのが一般的ですが、「見る」人を増やすのは前向きなことです。それは他のチームの見る人を奪って来るのではなくて、例えばYou Tubeなどの全く違うエンターテインメントで過ごしている時間を、スポーツを見てもらおうという方向に持っていくという事です。可処分時間の取り合いのような世界ですが、新たな「見る」を生み出す付き合い方が、スポーツに対してソニーグループとして関わって貢献するということだ、と。他と違う目線と立ち位置と、且つ私たちが持っている武器を一緒に活用していけるのではないか、という発想なのです」

技術の結集

――ソニーの持っている技術やテクノロジーのお話もお聞きしたいと思いますが、これまでソニーが過去にスポーツ領域やその他でやられて来たところはかなり多岐に渡っていて、音楽や映画などのコンテンツでも非常に強みがあります。先ほど仰られていたホークアイというテクノロジー企業も傘下に存在しています。これまでソニーグループとして全体で培ってきたものは分散化されていますが、これらを改めて集約し、何か次に向かおうというタイミングであったのでしょうか。近年ではモビリティへの参入の発表も近年ありましたが。

小松「ソニーは各事業が自立しており、ソニーグループ本社はそれを支える役割です。各事業の目的がありながら、それを私たちのようなグループ本社の人間はどのようなモチベーションで皆を集めて、個人戦ではなく団体戦に持っていくかが求められます。個人戦であればそれぞれの闘いになりますが、ソニーは様々な事業を行っていますので、それをあるクラブ、あるリーグに団体戦として提供することが出来たら、我々として出来ることはもっと多いはずですし、ビジネス上も相手にとっては大きな話として行えるメリットがあると思います。そのあたりの推進することを私たちソニーグループ本社がチャレンジしているという段階です。それぞれの事業体が個別のネットワークで話をすると他の事業体を知らないケースもあるため、その点では現在は内部での連携が密に取れていて、どんどん情報量が増えている状況です」

ソニーのエンターテイメント

――ソニーグループとして能力の掛け算で見れるというのは非常に強みになると思います。ソニーのエンターテインメントのところだけを切り出して見てみますと、任天堂一強だったところをガラリとゲームチェンジしたプレイステーションの燦然と輝く実績など、印象は強いのですが、もちろんゲームの領域だけではなくて音楽も映画もその他もあります。ソニーとして元々のエンターテインメントに関してお持ちだった強みはどういうところだと思われますか。やはりクリエイティビティなのでしょうか。

山口「ゲームも音楽も映画もそれぞれ違いますが、それぞれが相談してそのような強みになったわけではなく、各事業領域でわりと小さいところからスタートしたり、あるいは他社と組みながらスタートしてきて、それぞれの中で事業を磨いて育ててきたら、ソニーとしてこうなっていた、ということだと思います」

小松「昔のソニーと比べたら現在はエンターテインメントの中での連携もものすごくできていま

すし、今のプロジェクトでも多くの研究者を繋げているように、エンターテインメントの現場にエンジニアが深く関わっていくようになりました。それは5年前10年前とは全く違う状況です。スポーツ領域も同様で、スポーツの現場にも今はエンジニアがどんどん関わってきています。エンターテインメントの事業の中に研究者たちがどんどん入って行って、現場の反応を見ながら自分の開発を変えるという、そうした動きはソニー中で非常に多く起きています」

機器メーカーからコンテンツ主流へのシフト

――少し昔のソニーのイメージはビデオデッキや、音楽の「ウォークマン®」、そういった機器の部分で独創的な技術のあるイメージでした。テレビのトリニトロンなどもありました。そこから時代が進んで、いつしか機器だけではなくてコンテンツの部分も強みとする企業に自然と移行されてきた気がしています。

山口「大きな流れの中ではやはりデジタル化が進み、だんだんモノ志向からコト志向に移行してきています。そうでありながら、エレクトロニクス事業を弱める方向性が打ち出されたことはなく、市場の中で必死にビジネスをして収益を出すことをしてきましたし、エンターテインメントのIPを積み増すなど、そこで生み出されたキャッシュを他の事業の成長に投入しています」

クリエイター気質とソニー気質

――少しスポーツビジネスの話とは外れますが、今回のマンチェスター・シティとのパートナーシップや、先見の明も含め、元々ソニーが持つ独創的な技術を生み出す方法や、コンテンツ領域での新しいチャレンジなどのソニーグループの〝クリエイター気質〟が生まれる理由についてはどのように考えているのでしょうか。

小松「ソニー自体が「クリエイティブエンタテインメントカンパニー」を謳っていて、「クリエイティビティとテクノロジーの力で、世界を感動で満たす」というPurpose（存在意義）を掲げていて、グループ全体で何か生み出していこうという、自然とそうした方向性や思考が染み付いているのかもしれません。そして、ソニーでは現場に根ざしてビジネスしている人がグループの中に多くいることは大きいと思います。たとえば音楽のことで検討したいと考えれば、すぐソニーミュージックの社員と話して現状を知ることが出来ます。。当初の想定通りでビジネスが最終形に至ることはほとんどありません。むしろゼロベースの全く違う思考で議論を重ねる過程で、何かが生まれて来るケースの方が多いかもしれません。その点で、ソニーでは異文化の人たちといつでも話せる環境にあるということが大きく、結果としてソニー全体のクリエイティビティにも繋がっているのではないかと思います。私もR&Dも兼務していますが、現場で音楽作られている方とか映像作られている方とR&Dのエンジニアを引き会わせたりすることで、化学変化が生まれるのです。最初は日本語を話してるのに全然言ってることがお互い通じないところから始まりますが、「やりたいこと」がだんだん噛み合ってきて繋がると、クリエイター側のアイデアに対して、エンジニアの人たちはすぐにそれを具現化して来たりします。そこから先のコラボレーションと相乗効果は非常に早いものがあります」

山口「我々が社内技術の集約のために作ったスタジオでは、演出担当スタッフとエンジニアがアイデアをぶつけ合い、どうやって実現させるのかという試行錯誤をひたすらやっています。実際にその演出を日本のトップアイドルグループのドームコンサートで使用してみたのですが、自分が作った映像の前に数万人がいて盛り上がっている、感動している様子は本当に夢のような感覚です」

――国内の企業でも外資企業でもよくあるケースですが、社内の〝サイロ〟を越えられず、シナジーが見出せないという事が多々ありますので、それは素晴らしいですね。

山口「クリエイティブに関して時系列の観点でお話すると、僕の解釈ではアナログ時代というのは、ニーズもそこまで多様化しておらず、いわゆるロングテールではない時代だったと思います。それがロングテールの時代になって来ると、作り手が特定のニーズに対してコンテンツを提供しても、そこに反応する幅が狭くなっているのではないかと思います。それがデジタルでさらに細分化されて来ると、各コンテンツに合った人たちに喜んでもらえるものを作っていく必要があり、エンターテインメントとして、提供している側がなぜやっているのかも分からないようなビジネスも実はだんだん増えて来ているのです。それだけユーザーの心を捉えることが難しくなっている。たとえば子ども向けのビジネスで、実際子どもの感覚になったつもりでビジネスをしている人はたくさんいますが、子どもには一生戻れませんし、極論怪我をした人のためのビジネスでも自分で怪我をするわけにもいかない。それならば、とにかく現場に行って話を聞き、より良いものにしていこうという企業になってきています。そうした変化が普通になって来ると、馴染みのない領域にチャレンジすることも私たちの感覚ではだんだん怖くなくなってきています。スポーツの現場でも同様で、まずは私たちの感覚で選手の練習のデータを取り、利用価値のあるものとなるにはどうするべきか、というところから会話がスタートしています」

小松「マンチェスター・シティとのパートナーシップも、昔のソニーであれば、もしかしたらこの段階での発表というのはなかったかもしれません。まだ商品化していないにも関わらず、発表する必要性を感じなかったかもしれません。しかし、今の私たちは早くマンチェスター・シティにもソニーの技術を試していただき、ファンに早く使ってもらいたいと考えています。今回実現するものは、「こう楽しむべき」という決まったやり方はありません。これからチャレンジする領域であり、今後ずっと変わり続けていく領域です。それであれば一緒に創り上げて行っていただけるクラブと共に早く試していき、何かが見えてきたら他のクラブでの利用に可能性を見出しながら、世界を広くしていくことを考えています」

山口「以前のソニーなら、我々だけで垂直統合して全部を掌握するやり方もありましたが、オープンにして、たとえばメタバース上の技術やアイデアを持つ他の企業に乗って来ていただいても全然かまわないと思っています。ソニー全体で挑戦をしやすい環境を整えることと、早く小さく試して、知見を積み上げていくことが重要です」

――2020年の10月に横浜マリノスとの取り組みを発表された時、社内での反応というのはどういうものだったのでしょうか。このパートナーシップを全く知らなかった方もいるのではないかと思いますが。

小松「知らない人間がほとんどであったと思います。その一方で〝私はサッカーが好きなので、是非やらせて欲しい〟という事でメールや連絡をくれた社員もたくさんいました。ものすごい熱量を持って〝(自分は)これをやれます、あれもやれます〟と言ってくれる方は多かったのです。そういう意味でも対外的に発表して、仲間を集めるという意味では良かったのかもしれません」

山口「〝スポーツ〟と〝宇宙〟の領域は絶対社内で取り組みたいと思う人間が多いはずだと思っていました。一方で、社内での反応は得られるかもしれませんが、これは長期戦になるため、各事業で3年後に黒字化を目指すような話だと難しいビジネスです。そこはソニーグループ本社が旗を振り、まずは当面の費用面でのサポートをしていきながらという想定です。ただ、ソニーはトップダウンの会社ではありませんので、自ら高いモチベーションで集まったメンバーの方が、結果は出るのではないかと思います」

マンチェスター・シティとのパートナーシップ

――マンチェスター・シティとのパートナーシップについても、外部の私たちはすでにパートナーシップ締結がなされたところから情報を知ることになりますが、やはり締結するまでの過程はかなり大変なものがあったのではないでしょうか。

小松「まず一つにはコロナ禍であったために、シティ・フットボール・グループ（CFG）本国の方とは一度も直接お会い出来ず、ずっとリモートでお互いに検討をしてきたので、コミュニケーションの部分で苦労をしたということはありません。逆にコロナ禍によって社会の全体的な価値観が変わるタイミングでもあったので、これだけ早く話を進めることができた側面もあると思います。

やはりファンの方が実際に今までの楽しみ方ができなくなったという影響は大きく、且つCFGのようにグローバルにファンが広がっている場合、試合も放送もなくなってしまうとそもそも見せるものがなくなり、今まで試合を見に来てくれた方からのメイン収入と、それ以外の部分で分かれていたのが、ファン全体をいかにしてエンゲージしてもらって、マネタイズしていくかという観点にビジネスも変わってきたんだと思います。そうした意味では我々のようにリモートやバーチャルでファンエンゲージメントを高めていくという提案は割と議論がしやすかった。課題がはっきりしていましたので」

山口「チームを運営するクラブ側が漠然と思っていた課題が改めて突きつけられたような感じなのだと思います。明日お客さんをスタジアムに入れられるか分からないとなったら、それ以外のところで稼ぐ必要があります。それは各チーム大変な時代になったわけです」

小松「その意味でテーマ設定がしやすかったというのはとてもプラスに働きました」

山口「普通であれば先方に理解されるまでにもっと時間が必要であっただろうと思います」

――マンチェスター・シティとのパートナーシップはもちろん横浜マリノスとの取り組みがきっか

けだと思いますが、検討に際しては当初からマンチェスター・シティ一択だったのでしょうか。開発する技術基盤に汎用性があり、グローバルなビジネス展開という視点であれば、欧州には他にも有力なクラブはあります。他のクラブの可能性というのも検討されたのでしょうか。

小松「まずPoCなので、協力関係を持って取り組めるところから、スピード感を持って行いたいという考えがありました。もちろん他のクラブについても情報収集は行っていました。マンチェスター・シティというクラブは歴史は古いですが、オーナーが変わってクラブが生まれ変わり、マルチ・クラブ・オーナーシップ（MCO）という先進的なスタイルで運営されており、デジタル戦略にも積極的に取り組まれていたので、最初から決め打ちをしていたわけではないものの、いざ話が進みそうだとなった時には躊躇はありませんでした」

山口「私のところでは5年前からこうしたVRやメタバースに関した取り組みをしてきているのですが、想定外であったのが、世の中でメタバースの盛り上がりが意外にも早く来たなということです。急に世の中のバズワードとして認知され、何となくそれに乗らないとまずいような雰囲気になりました。マンチェスター・シティも数年前から多くの企業との間でそうした話をしてきたようですが、他のクラブも急にメタバースに騒ぎ出し、マンチェスター・シティとしても切迫感があったのだと思います。私たちとしては国内で小さく始めようと思っていたところに急に世界有数のクラブと話が始まり、体制もそこまで出来ていない中で少し慌てましたが、クラブ側の悠長にしていられない状況も感じました。ただ、マンチェスター・シティ側と話せば話すほど、彼らの強みがすごく見えてきたのです。もちろん、公開されている情報を集めてマンチェスター・シティというクラブについて学んではいましたが、日本のクラブとは経営の体制やスケール感が全く異なり、メタバースとはすごく親和性のあるファン層を持っているという印象でした。提供されるデータからも私たちの取り組みを活かせる可能性という点で、とても親和性のあるクラブだということが分かってきました。システムチームも非常にしっかりしており、私たちのような技術を伴った取り組みについては非常にアグレッシブでした。彼らの姿勢に〝世界で最初に実現させたい〟という強い意志を感じました。そうした点はソニーの文化とも共鳴するものでしたので、互いの土台の部分が話せば話すほど理解できて行ったのです」

小松「コミュニケーションの中で、両社で取り組んでいくことに疑問を抱かなかったのです。自社だけではないプロジェクトでは、話していくとどこかですれ違いが生じて、少し他の可能性も考えた方がよさそうだと考えるケースがあってもおかしくありません。しかし、今回のケースでは基本的には非常に話の方向性が合わせやすく、デジタルに対しての取り組みも寧ろ私たちが勉強させていただく事も多くありました。マンチェスター・シティでは、ファンエンゲージメントの事をすごく考えられていて、且つそれをグローバルに展開しようというところまで検討される緻密さがありました。世界のメジャーなスポーツクラブの考え方を知り、それを具体的に聞くにつれ、納得感もありましたので逆に懸念する余地もなければ時間的余地もあまりないということで、そこで立ち止まるよりは前に進もうと考えたのです」

――すでにそこにグローバルな商圏が存在していて、ファン層はというと、若い方が多いということでしょうか。

山口　昔からのファンが少ない分、（過去のローカルクラブであった時代からのファンがいないわけではなく、クラブがビッグクラブ化、グローバル化されて以降に獲得されたファンが圧倒的に多いため）平均年齢が低く、グローバルに点在している特性がありました」

――同じマンチェスターの商圏には、マンチェスター・ユナイテッドという強力なクラブがありますが、ファン層はそちらともまた違う感じなのでしょうか。

小松「日本では、マンチェスターと言えば〝ユナイテッド〟となると思います。その点はマンチェスター・シティも認識していると思いますが、やはり強力な2つのクラブがあるからこそ、現在のダービーはより盛り上がるのだと思います。マンチェスター・ユナイテッドの方が昔からのベースは長いのだと思いますが、その中でシティがファンを増やしていくには外に意識が向いていったということは、必然な気もしています。そのために若いファンへのデジタル戦略もかなり機能させているのだろうと思います。且つ現在はチームとしても非常に強いということもあると思います」

山口「シティファン全体で言えば、物理的にイギリスに住んでいるファンの方が比率として少ないのではないかと思います」

——CFGになって、すでに世界に11のクラブ（男性チームで11クラブ。女性チームは5クラブ）を持っていますので、グループ内での経済圏というのが出来つつあり、そこでの新しいファン獲得などもあり得るのではないでしょうか。

山口「今回の私たちとの取り組みでは、実際にはスタジアムに来ることは難しい人たちにも楽しんでいただけるものにしたいのです。スポーツ観戦が好きな人のお金を払う先の価値として、試合が全てだという感覚があり、私はそれ以外も楽しめる要素があたったらいいのではないかと思っているのです。選手はあれだけ運動能力が高くてスター性もあって、音楽でも人気の歌手が洋服を薦めたりするとファンが購入したり、アパレルでも始めたならその服の良し悪しよりも〝その人のブランドである〟という理由で販売が成り立ってしまうということがあります。サッカーはあれだけのスター選手がいて観客が熱狂的になれる競技なら、もっと試合以外のことができるのではないかと感じています。例えば練習期間を活用してオフシーズンにファンを楽しませるには、デジタルがあれば可能性は増えるのではないかと思うのです」

障壁について

――日本のJリーグではなかなか感じにくい部分ですよね。特に欧州では小国でもそうですが、フットボールは宗教や文化に近いものがあり、自分の贔屓にしているクラブや地元のクラブに対する想い入れが私たちとは圧倒的に違う。そこにCFGのようなクラブが出現してグローバルに展開していくということは、そういう人たちの想いも横繋がりするのではないかと思うと、新しい体験に繋がる可能性を秘めているかもしれません。パートナーシップを締結していく過程で、リモート環境であったという話も聞きましたが、一番の〝障壁〟となったことはどんな事なのでしょうか。国による商慣習が違うことや、リーグのルールによるものなど、多くの要素があったかと思いますが。

山口「権利関係のところは複雑でありました。もちろん複雑になるだろうなと分かった上で取り組んでいますので、驚きはありませんでしたが、たとえばいろいろな国のリーグとの繋がりがあるホークアイの知見は、非常に助けになりました。もし何も分からずに真っさらな状態で入っていっていたら不可能であったと思います。そして、当然ながら技術開発は非常に大変です。元々我々が投資をしながら米国で作ってきたものをスポーツ用にカスタマイズしながら進めていますが、目標としているものが大きいだけに非常に難しい開発となっています」

小松「今回の取り組みでは、最初から出来上がっているものをベースにしているわけではないので、私たちも何ができるのかを考え、プロトタイプに反映させながら進めています。それもリモートでデモを見せていたりしますので、どこまで相手に伝わっているのか手探りな時はありますが、お互い粘り強く進められていると思います」

山口「我々が作ったものを提示していても、説明の仕方によっては意図が伝わらず、テレビ会議の画面でどう見ても先方が「違うな」という表情をしている時もあります（笑）」

小松「先ほどの私たちのセオリーでいくと、現場に入って見てもらい、フィードバックをもらうのが理想形なのですが、オンライン会議の画面やリモートですから、どうしてもギャップが生まれます。スマートフォンで見るべきものはスマートフォンで見てもらいたいですし、没入型のものであればやはり体験していただけるのがベストです。実はパートナーシップ発表の時はそのステージまでも進んでいなかったタイミングで、双方オンラインでのコミュニケーションだけで発表合意するところまで至ったのです。実物をリアルに見てもらえないままの状態で」

小松「2021年末、少し感染や制限が緩和されてきた時に、日本のCFG関係者の方にプロトタイプを実際に見てもらうことができました。やはり直に体験してもらえると、それなりの反応が来るので少し安心しました。それを伝聞で本国に伝えていただいたのです。とは言っても「今日見たのは凄かったです！」のような感じであったと思いますが。年明けにやっと実機をヨーロッパに送れる段階になり、弊社の欧州のチームにマンチェスターに行ってもらい、数日間デモ会とインタビューを実施し、ようやくそこで先方も「本当に動くんだ！」というニュアンスでした」

――意識間のギャップと言うか、理解のギャップがどのくらいのものなのか、合意形成のところでお互いの認識に齟齬がないか。このあたりがとても苦労されたという事ですね。

山口「作ったものを〝楽しんでもらえるか〟という点について、私たちは元からギャップはあるはずだというところから出発しているので、そこからどのようにギャップを埋めるかという考えで取り組んでいます。逆にビジネス上の大きな枠組みについてはかなり早い時期にお互いの認識が合致した感覚です。決めた軸が途中でぶれる事もありませんでした。普通はここまでスムーズに行かないケースがほとんどであると思います」

――目指しているところが自然と同じ方向を向けていたということですね。そうしますと、ディールの期間は意外にも短かったのでしょうか。

小松「ディールという言い方が合っているのかはわかりませんが、お互いどのようなものを創るのかという議論に関しては長くありませんでした。それよりは「何が重要なのか」という事の方が長く議論したと思います」

山口「もちろん現段階は前段であり、この後の本契約ではより細かな点、たとえば予算の拠出なども含め、詰めていく必要があります。そこはまたシビアなコミュニケーションにはなると思いますが、〝ファンのために〟というシンプルで基本的な方向性については自然と同調できたのです。あとは本当に喜んでもらえるものが創れるかどうか。彼らはファンを非常に大事にしているクラブで、我々も同じ発想を持っていたために、議論が早く集約できたのではないかと思います。〝お金を儲ける〟という感覚ではなく、〝いかに喜んでもらえるか〟がスタートラインなのです」

小松「その点については私たちが他のエンタテイメントグループの企業と話しているのと同様で、

いきなりお金儲けの話から始めるより〝楽しんでもらえるか〟ということから始めるコミュニケーション方法にも、私たちの過去の経験が活かされていると思います。もしビジネス交渉から入っていたらもっと時間がかかったと思います」

具体的に起こる事

――ここからさらにマンチェスター・シティと詳細な内容が詰めていかれるのだと思いますが、具体的にユーザーの体験として起こることとはどのようなものになるのでしょうか。仮想空間にエティハドスタジアム（マンシェスター・シティのホームスタジアム）が現れていろいろな体験ができると言う事なのですが。

山口「私たち実はいわゆる〝メタバース〟だけをやるつもりはないのです。社内的には今回のプロジェクトもメタバースとは言っていないのです。外から見れば確かに「メタバース」はバズワードなのでそのように言われていますが、私たちはあくまでファンエンゲージメントのツールの一つとしてメタバースもある、という位置付けです。そこに巨大なファン基盤をもつマンチェスター・シティがいて、ファンエンゲージメントの様々な知見を持っているということで、そのストーリーの中でどういう事ができるのか。先ほどのようにスタジアムに行けない人が実際に行ったかのような感覚になれることや、試合でない時間をどう楽しませるべきかという視点が重要で、〝メタバース屋〟という感覚は持たないようにしているんです」

――あくまでファンエンゲージメントのために、方法としてメタバースがあるならば活用していこうというスタンスなのですね。

小松「現在、様々なツールを使ってファンへの取り組みを行っていますが、それがメタバースのような技術を使った時に何ができるかということです。その象徴として、ファンが集う聖地としてバーチャルなスタジアムがある。しかし、空間を作ったからと言って人が集まってくれるわけではありません。場としてのスタジアムがあり、人が最も熱狂する瞬間は当然試合であり、その再現は取り組んでみたいと思っています。しかし、現実にスタジアムで観戦する体験に敵わない部分はあると思っていますので、現実の体験で出来ないようなもの、バーチャルを組み合わせることで出来ることを増やしていきたいと思っています。実際でもファンの方が試合の日だけ楽しんでいるかというとそうではないはずです。試合の前後、試合が始まる前から終わって、次の試合が来るまでいろいろな楽しみ方をしています。それをきちんと補完するようにバーチャル空間の中で体験を創っていきたいと考えています。今でもSNS上でいろいろなコミュニティが形成されていて、ファン同士がクラブについて様々にコミュニケーションしています。それをバーチャル空間に持ってきたときに、どのくらい今までと違う体験が創れるかというのを一生懸命考えながら見つけていくという作業をしています」

山口「メタバースに関するPoC実験を行いながら、技術を磨いていくのですが、その上で現実に近づけていこうとする技術も試しています。しかし、それは〝一生追いつくことはない〟という事を大前提にしています。簡単に言えば「まさにエティハドスタジアムに行った感覚になれる」というものを求めてはいけないという事でやっているのです。私たちは「行ってもできない体験を創る」ことを目指すべきなのです。仮想空間のスタジアムも現実と同じである必要性はありません。選手のプレーも、シュートシーンに炎を入れたりする遊びの演出を漫画や映画で見たりすると思いますが、そうした事もバーチャル空間では可能です。ファンのコミュニケーションも、現実であれば電話やオンラインのチャットなどがありますが、バーチャル空間であればこそできることを追求していきたいと考えています」

技術の進化について

――現状の技術で出来ること、そしてアイデアを元に新たに生み出していく必要のある技術があると思いますが、技術も一気に飛躍することは難しいと思います。現状のデータや技術の積み上げの中でやっていくことになるのだと思いますが、今の段階で見えている技術面の目標や課題などはありますでしょうか。

山口「メタバース自体はとてもデータ量の多いものです。そして現在はスマートフォンのサイズの画面を活用することになります。ソニーがやるからには高音質と高画質で、〝現実の世界も面白いけれど、こちらも面白い〟というものを作りたいと思っています。増えるデータ量をいかに軽くし、低遅延でリニアにできるか。そこには通信技術の工夫も必要になってきますが、ソニーには通信技術もありますので、それらをどうやって組み合わせるかが課題であると思っています」

――あくまで技術はファンエンゲージメントの一貫のために使っていくということで、仮想空間での軸となる技術があり、そこでしか体験できないものを提供しつつも、〝現実とのリンケージ〟も意識されていくということでしょうか。

山口「弊社としては特に現実とのリンケージを強く意識しています。それが他社との違いになってくるのではないかと考えているのです。弊社グループにはホークアイもありますが、ホークアイ以外でもリアルな空間、あるいは選手や人の動きをデジタル化して活用するところにソニーの様々な技術を今後使用していけると思いますので、そこは常に磨いていきたい部分です」

ビジネスの指標について

――今回のプロジェクトはまさにトライ&エラーから始まっているお話なので、今のところは収益構造のところはひとまず先の議論としているのでしょうか。

山口「もちろん収益計算はしています。しかし、先ほどからの『いかにしてファンを楽しませるか』という議論なしに収益などの計算は成り立たないと考えています」

――その辺りをこのパートナーシップのゴールとするかという議論があったとすると、それについてはまだ具体的な指標があるわけではないのでしょうか。

山口「今のところはまだありません。しかし、仮の指標として、どのくらいの人数のファンが楽しんでもらえているのか、どのくらいの時間を費やしてくれているのかなどはあります。やはりメタバースの世界といっても、ファンが一度来て二度と来ないというケースはたくさんあるはずです。それはVR映像の初期も同様でした。ファンがメタバース上で〝動いた〟データ自体は現実より遥かに取ることができます。顔の向き一つ変えてもトラック可能です。現実ではそうしたデータを取ることは難しいですが、バーチャル空間では可能となります。すると今度は膨大に取れるデータの

〝何をどう見ていくのか〟という事も決める必要があります」

――こちら側から提供して取れたデータと、データを使って提供していくコンテンツ、そしてお客さんのデータもかなりのものを取ることができるということですね。行動情報含めて全部。

山口「そういうことになります。すべてを計測可能な世界が常に動いていることになります」

――分析する事が大変になりそうですね。

山口「ファンに〝喜んでもらえている〟ということが分かるにはどのような数字を見れば良いのか。それが平時ならどうか、たとえばイベントをやったらどうなるのか。この変化を良いものと捉えるべきかどうか

仮想空間におけるエティハド・スタジアムのイメージ

など、膨大なデータから何を見るべきかの議論もこれからです。そうしたところにはきっとお金的な要素も絡んできて、最後はイベントをやるのに投じた費用に見合っているのかや、継続すべきかどうかなどにまで及んでくるはずです」

ソニーのエンターテイメントの未来

――少し大きなお話になりますが、ソニーグループとして今回パートナシップを締結され、おそらくここから数年の間にソニー全体としてやられていくエンターテイメントの考え方も少しずつ変化していくと思っています。明らかにここから先に〝変わってゆくだろう〟と思われることはどのような事でしょうか。技術的な面や体験の領域、ユーザーの反応などいろいろあるとは思いますが。

小松「メタバースのような世界が出てくると、先ほどの成功指標ではありませんが、結果的にはファンの方が楽しんでいる時間が増えるということだと思うので、エンゲージメントの時

選手のプレーを3DCGで再現し、選手目線など様々な角度から楽しめる予定

間が増え、且つソーシャルコミュニティなので、人と共有している時間が長くなると思います。コンテンツについても、今までなら一人でヘッドフォンをつけて楽しんでいたようなものが、空間も共有して楽しむ方向に変わってくるのだろうなと思っています。そうした世界が新たに〝加わる〟という感じでしょうか。一方で、もちろん一人で楽しむ方法がなくなる事はありませんが、今までならスタジアムやライブハウスに行かなければならなかった〝一緒に楽しむ〟という環境が、バーチャルでも友達と共有して楽しめる空間が出来るわけです。そうするとやはり提供すべきコンテンツやサービスは自然と変わってくるはずで、そういう意味ではこの取り組みは自分でもすごくワクワクします。形を変えるというよりは楽しみ方が一つ増えると考えた方が良いかもしれません。そこでソニーグループが出来ることはたくさんあると思っています」

山口「私たちも現実空間としてのライブ会場やスポーツの会場は非常に大事だと思っています。そこでもいろいろな活動も行っていますので。それがある上で、物理的な制約をデジタルで超えられるようになってきている今、それはスポーツ観戦の進化に例えれば、現地でしか観戦できなかったものがテレビの登場によって、会場の外で観戦可能になり、ビデオの登場で時間の解放がされ、今ではストリーミングの登場によりスマホで場所すら選ばずに見ることができます。この流れの先にあるものと捉えています。私もマンチェスター・シティと仕事をし始めてから夜中の4時に起きて試合を見たりすることも増えました。仕事だけであれば嫌だったかもしれません。しかし、そうした新しく加わった状況を楽しめている自分もおり、それなら世界中の人が楽しめることを生み出すことはまだまだ出来るだろうと思えています。ファンはファン同士が繋がれることを求めているケースもあるので、今までは物理的な制約のある空間で繋がることが多かったはずですが、そこはもっとロングテールになるのではないかと思っています。もしかしたら、クラブや選手や監督だけでなくプレーやその他のコミュニティである可能性もあります。マンチェスター・シティという大きな括りではなくて、もっと細かくて濃いコミュニティがあるかもしれません。本来なら極小すぎてビジネスにならないような単位でも、デジタルならばきちんとマネタイズしながら面白いものを提供できるかもしれない。今ではゲームから入り、そこで好きなチームを見つけ、情報を集めたり実際の試合を見に行くようになり、そこからファンになるという真逆のプロセスも存在します。ひと昔前は子どもの時に親に

「CES®2023」では可搬型ボリュメトリックシステムを用いて選手の動きをメタバース空間上に再現した様子を紹介

連れられてスタジアムに行き、ファンになるくらいしかなかった時代を考えると、今は接点も多様化していて複雑になっています。それが双方向の世界になると、プロスポーツを好きになる入り口が、スタジアムや選手だけではなく、アパレルかもしれませんし、ゲームかもしれない。メタバース上での何かのイベントでたどり着いたら毎週スタジアムに行くようになっているかもしれない。それこそ入り口ももっとロングテールになっていいのではないかと思えてきます。そうなると提供者側は可処分時間の取り合いで、今まで何かに使っていた時間を取りにいくようになります。そこに私たちのデジタル技術や様々なカテゴリでファンを楽しませてきたソニーのエンターテイメントの知見は活かせるのではないかと考えています。音楽、映画、ゲーム、そしてスポーツ。スポーツはそれだけ魅力的なコンテンツですので」

――このプロジェクトをお二人でここまでリードされてきて、ここから先も思っても見なかったことをたくさん発見されると思うのですが、このプロジェクトを進めていかれる上で、一番期待していることは、どのようなことでしょうか。ワクワクしている事と言ってもいいかもしれません。

小松「極端な話、ファンが体験を共有する仕組みは今でも存在しています。SNSもメールも動画プラットフォームもありますので。それがメタバースのような世界があることで、どのように変わるのか。これがもし変わらないのであれば今のままの方が楽ですし、正解なのかもしれません。

私にとってはその変化の部分が一番ワクワクするところだと思います。アバターを作ってバーチャル世界に入って行くわけですが、そうすると自分としての表現がそこに伴うので、おそらく表現は豊かになるのだと思います。そうした社会性があるものを提供した時に、ファンエンゲージメントはどう変わるのかは面白いテーマだと思っています。今までの制約が取り払われた世界で構築されるエンゲージメントはコミュニティのあり方も変えていくのではないかという気がしているのです。未だ見ぬ世界ですが。そこで出来てくる人間関係含めて新しいものができていくのだろうと想像しています。そうした未知の世界への想いを持って、チームや関わるエンジニアたちと一緒に壮大なチャレンジをしていると感じながら取り組んでいます」

山口「私もその感覚に近いかもしれません。当初は、やや漠然としたストーリーが頭にあり、有志のメンバーによる輪が広がってきて、何か一緒に夢を実現してみたいというものでした。集まったそれぞれが自分の技術や知識を投入し、そこに横浜F・マリノスも、シティ・フットボール・グループも加わり、それが今その先のファンに広がろうとしています。その過程では、私の描いた当初のストーリーは最終的には重要ではなくなり、マンチェスター・シティとの取り組みでできたものが他のクラブにも広がり、フットボールクラブのメタバースが並んだら面白いことになると思っています。そこで音楽ファンの中でシティのファンになってしまった人もたくさんいるぞとなったら、いよいよ大きな変化だと思います。もちろんこの例に限らず、自分の想定を超えて欲しいと思っています。実は、私たちのパートナーシップ発表を見て、日本のマンチェスター・シティのファンの方から手紙をいただいたのです。身体の不自由な方でなかなか応援に行けないのだけれど、楽しみは音楽ライブとシティの試合だと言うのです。その方から、発表されたプロジェクトについて「楽しみで仕方がない。是非頑張ってください」というメッセージをいただいたのです。身体の不自由な方については私の頭にはありませんでした。私たちはコロナ禍で現地に行けないなどと言っていますが、世の中には元々もっと大変な思いをされている方はたくさんいらっしゃいます。私たちが考えた以外の発展の仕方や、想定していなかった喜ばれ方をして、どんどん多くの人に喜んでいただきたいと思いますし、お金などは関係なく頑張れるモチベーションになります。私が一つだけ自慢したいことがあるとすれば、それは私が言い出したこのプロジェクトに多くの人が集まってくれたことです。最終的には誰が言い出したのか気にされないくらい大きなものになっていって欲しいと思います。ワクワクは滅多になく、プレッシャーでドキドキしていますが（笑）。百回〝やっぱりこれは上手くいかないのか〟と感じるうち、一回くらい〝もしかしたらこれはすごい事になるぞ〟という気持ちを感じています」

――ご自身の中では結構な気持ちの揺れ動きがありながら進められている感じなのですね。

小松「過去、インターネットの歴史の中では同じようなことが起きたこともありましたので」

――過去には『セカンドライフ』などもありました。

小松「結果的には杞憂でしたが、『セカンドライフ』の時は、生活の中で没入しすぎて、人生を狂わす人が出るのではないかと当時本気で議論されていました。こうしたものには波があり、一定周期で新しい技術が出て来ますが、まだ辿り着いていない何かがあるんだと思うのです。それが技術や環境の制約によるものであったりする可能性もありますが」

山口「バズワードやブームは必ず去るものです。過去のVRもそうですが、必然性や面白さを感じなければ、二度と戻って来ないファンもいますので。それこそ挑戦です」

小松「〝メタバースをやろう〟というふうにはしたくないのです。我々がきちんとファンエンゲージメントにフォーカスしていれば、ブームが去ったとしても一つのカテゴリーとしては残ると思うのです」

山口「いくつかの過去の経験から、意識しているのは不特定多数のためのメタバースとならないことです。コミュニティを意識する、濃いところを選ぶ。これは戦略

であり、やらないことを決めていった方がいいのです」

スポーツビジネスのポテンシャル

——ちょうど〝コミュニティ〟という言葉が出ました。その〝コミュニティ〟という特性もスポーツビジネスにかなり特有の要素だと思います。本日お話を伺ってきた中で、今後の〝スポーツビジネス〟と言われるものに対する可能性やポテンシャルについて、どのようにお考えでしょうか。

山口「やはり今のところ何か新しいことをやろうとすると、お金のかかるものが多く、ある程度規模が大きく予算のあるところでなければ技術を投下できません。ソニーはたとえばカメラであれば、プロ用の非常に高額なラインから、どんどん一般の方が買えるようにブレークダウンして、誰もが利用できるものにしてきた企業でも

メタバース空間では、アバターを通じてエティハド・スタジアム内で応援することもできる

あります。今私たちがマンチェスター・シティとの取り組みで必死にやっているような技術でも、もっと小さな規模に対しても提供していけるような技術に落としていくと、今世界中で誰も見れていないような試合が見られるかもしれません。マイナースポーツであるほど、世間に知って欲しいというニーズは強いので、段階は必要ですが、そうしたところにも提供していけるようになれば良いと思っています。企業経営者が注目するようなスポーツは偏ってしまうので、ニーズがロングテールで捉えられていると、もっと多様な競技が盛り上がって良いと思います。極端ですが真冬の山を滑り降りる競技や山間部を走り抜けるカーレースなど、実際にはなかなか現地に行けなかったり、楽しみ方が難しいスポーツももっとチャンスが広げられるかもしれない。また、ファンエンゲージメントをクラブやひいては競技の中でしっかり取り組んでいければ、選手寿命の短いスポーツ選手が一時的にプレーできなくても、ファンがいたらもう少し支えになるのではないかという間接的な関心も私の中にはあるのです。ファンエンゲージメントの結果、クラブやチームの収入に貢献するようになると、チームの強化になるかもしれませんし、選手の年俸も上がるかもしれません。選手レベルで見れば、怪我した時や引退後を支える可

能性もあると思っているのです。これからも新しいスポーツが誕生してくると思うので、そういうところで最終的には使えるような仕組みにして喜んでいただけるようにしたいと考えています。スポーツビジネスにはポテンシャルしかないと感じていますし、広がっていくことでスポンサーがつき、トラフィックがあるからスポンサーがついていく。そうしたポジティブなスパイラルに持っていきたいです。もちろんスポーツを〝教育〟と考えている人たちもいますので、そうした人たちとも話をしながら、いい形で市場の循環を作りたいと思います。スポーツはそれだけ魅力のある領域だと思いますし、もっともっと価値を出せると思っています。ソニーの中だけでも〝スポーツに関わる仕事ができる〟というだけで喜ぶ人がたくさんいるので、そこも魅力的です。良い循環を作るために私たちが取り組むことで貢献できるなら最高だと思っています」

小松「私たちはファンエンゲージメントと言っていて、あまり〝ユーザー〟という言い方をしていません。それこそファンの方というのは〝特異なユーザー〟だと思うのです。熱量が高い人たちであり、スポーツには〝応援する人〟という構造があって、応援する人たちの熱量が非常に高いのです。アイドルなども近い構造があります。一方でファン以外の人から見たらなぜそこまで出来るのか分からないくらいだと思いますが、言い換えればそれだけのことが作り出せるコンテンツなのだと思います。私たちはもっと広げられると思っていまして、今はスポーツの試合という意味でしか広げられていないのですが、背後にあるファンの人たちがいる理由を見て行くと、試合の勝敗だけではなく、選手の意気込みやプレーが好きであるなど、それぞれにとっての意味があります。しかし、日本では人がスポーツを知るきっかけが限定されていると思います。ニュースで取り上げられるスポーツも勝敗が中心で、まれにドキュメンタリーのようにまとめられている番組もありますが、やはり全体的な伝え方としてまだまだ〝ファンを創っていく〟ものにはなっていないと感じます。また、スポーツが地域振興とも結びつけられたりもしていますが、あまりそこに閉じてしまうと、本当に現地に見に行くことができる人だけのスポーツになってしまい、狭めてしまうのではないかと思います。逆にプロスポーツがない地域もたくさんありますので、それを考えたら日本の中だけでも今までにない関係性や関わりを創っていけたら、熱量が高いコミュニティをたくさん作れると思います。それをどれだけ作れるのかと考えれば、ビジネスチャンスはあると思います。マンチェスター・シティとのプロジェクトのような仕事に関わってきますと、それだけ熱量の高いコミュニティをどれだけ深く、拡大していけるかというのが大事なのではないかと感じます。それは地理的制約や時間的制約を取り払った時に拡がり、応援やサポートの仕方も様々なものが出て来ると思いますし、そこに関わる企業にもビジネスチャンスはあると思います。仕組みが整えば、そうした構造は作りやすいコンテンツなのだと思います。スポーツは基本的にはライブで行われているものであり、予定調和ではなく結末は分かりません。そのためストーリー性が高く、誰も予想していないことが起きるものです。誰も予期していないものが起きたときの瞬間に立ち会えた時の感動と驚きはとても大きいものです。この間の佐々木朗希選手の試合をその場で見ていたら、すごく感動したのだろうと思います。そうした機会損失を補完するところでも出来ることがあると思いますし、その熱量の高いコミュニティを拡げていけば、ソニーだけではなく、いろいろなところに機会が創出できると思います」

山口「今回ソニーとしてはバーチャル世界における取り組みであっただけであり、今まで他の領域でスポーツビジネスに取り組まれてきた方々には理解されないかもしれません。様々な企業がそれぞれの経験値と興味、さらに違う視点で勇気を持って参入し、様々なところで化学反応が起きると、スポーツとその取り組み自体にも注目が集まってくると思います。スポーツ領域には以前にくらべればだいぶ多くの企業が参入してきています。もちろんスポーツを盛り上げていくのにソニーの視点だけでは絶対に足りているはずはないわけで、そうした意味においても様々な方が入ってきて化学反応が起きることは非常に可能性を感じますし、面白いことだと思います」

——是非、本日のお話が企業経営者や投資家、それ以外の方々にとって発見になればと思っています。本日は貴重な機会をいただき、ありがとうございました。

（取材日・2022年4月19日）

10 REAL CASES OF INTERVIEWS

2

テクノロジー戦争
— クリケットから生まれた“神の視点”がもたらした、さらなる福音 —

ホークアイ・イノベーションズ

Taro Yamamoto

ホークアイ・イノベーションズ

山本太郎

ソニー株式会社スポーツエンタテインメント事業部統括部長兼ホークアイ・アジアパシフィックのヴァイスプレジデント。1991年にソニーに入社。約18年間海外販売会社・地域拠点でさまざまなソニー商品を担当。2016年よりスポーツのビデオ判定サポートや、ボール・選手のトラッキングのソリューションなどを世界中で展開する『ホークアイ』の日本及びアジアパシフィック地域における事業展開を統括。

introduction

ロケットの弾道研究を応用したホークアイ・イノベーションズによるイン・アウトの判定支援サービスが初めてテニスの公式試合で使用されたのは２００６年のことであった。そこから17年が経ち、現在ではホークアイによる判定支援はテニスの試合において当たり前の存在となり、判定リクエストを意味する〝チャレンジ〟は、その結果だけでなく、流れの悪い時や疲労回復の〝間〟を取るためなど、戦い方における重要な一要素として戦術に組み入れられるようになった。そして２０１１年にホークアイ・イノベーションズはソニーグループの傘下に入り、技術革新とその利用領域は多くの競技にも広がっている。当初、その技術が競技の質をも左右するグローバルスタンダードとなるなど、誰が想像し得ただろうか。「ホークアイ」の誕生はどのようなものであったのか。そして、積み重ねたデータがもたらした新たな発見と技術革新の鍵とは。

クリケットからテニスへ。グローバルスタンダードとなるまで

――ホークアイ自体はイギリスの企業で、ロケットの軌道の研究を行っていた創業者のもと、この会社と様々なサービスが生まれたということなのですが、技術誕生の経緯についてお聞きしたいと思います。

「元々ロケットの軌道の研究を行っていたポール・ホーキンスというファウンダー（創業者）は、クリケットが大好きで、クリケットのボーラー（ピッチャー）の投げるボールの軌跡を見られるようにしたら面白いのではないか、と考えたことから始まっています。ホークアイが日本で知られるきっかけとなったのはテニスのイン・アウトの判定支援サービスだと思います。ロケットからクリケット、クリケットからテニスに行き、サッカーのゴール判定やバレーボールなどの他の競技まで、次々に拡大していきました。〝スポーツをよりフェアー（公正）にしたい〟という発想が根底にあるのです」

――クリケットの競技場はとても広く、なぜ最初の競技がクリケットであったのだろうと思いました。

「その答えは端的に、〝ファウンダーはイギリス人だから〟ということです（笑）」

――クリケットはインドでは主流ですが、イギリスでもかなり放送されているものなのでしょうか。

「非常にたくさん放送しています。イギリスだけではなく〝イギリス領〟で盛んなスポーツと思っていただいて良いと思います。南アフリカ、オーストラリア、パキスタンなども同様で、競技人口も非常に多いのです。私たちが子供の頃、家の前で野球をやっていた感覚でインドではクリケットがやられています。イギリスでは野球場がほとんどありません。ですが、クリケット場はそこらじゅうにあります。そういう意味では国民的スポーツだと思います」

――クリケットの試合では時に数日間に及ぶものもあり、非常に長い印象です。10代のときにイギリスに短期留学をしたことがあるのですが、スポーツ用品の店に入ってもバットやグローブは

テニスのイン・アウト判定ではホークアイの技術が重要な役割を果たしている

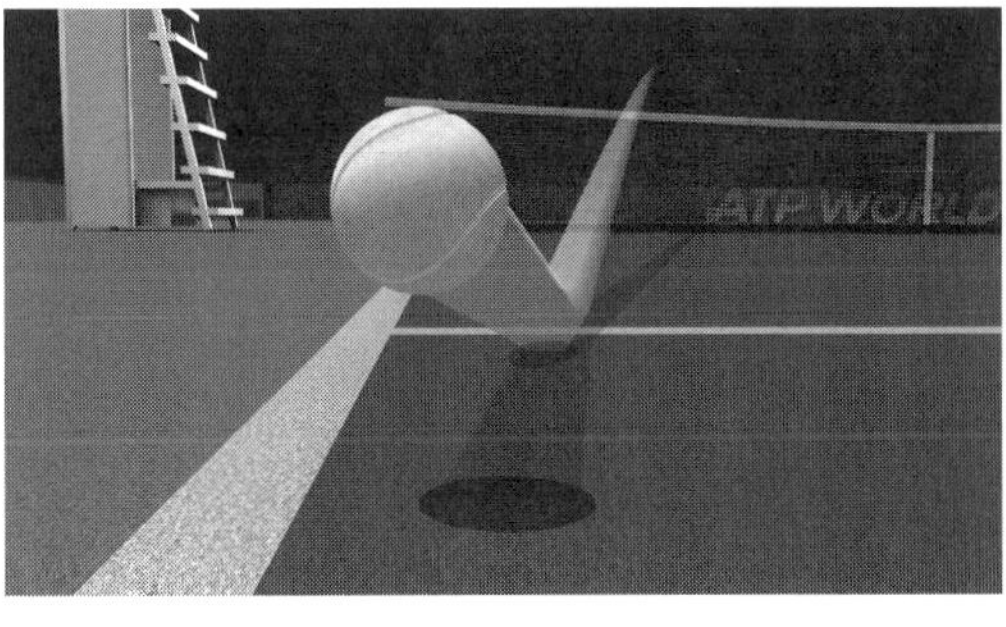

売っていませんでした。サッカーやクリケットの道具は置いていましたが。イギリスには野球の道具がそもそもないのだと理解しました。

「仰る通り見かけないと思います。私もイギリスやインドに駐在していたのですが、もし野球をするならば、アメリカンスクールに行って野球場を借りることが必要になるくらいです」

――クリケットからテニスに広がり、今やグローバルスタンダードとも言えるテクノロジーになってきていると思いますが、初めて導入したときの各競技からの反応というのはどういうものだったのでしょうか。テニスの事例では反対する選手がいる一方、中にはこれを活用して戦術の一つに組み入れる選手も現れました。

「ポール・ホーキンスが最初に研究開発を始めた時には、クリケットの試合放送の演出効果を高める狙いとして始まっており、エンターテイメントの要素からスタートしています。テニスの判定支援には、我々が導入に持ち込んだというよりも、ＩＴＦ（国際テニス連盟）と一緒にルール化していくというものでした。その時に誤差の許容範囲などのスタンダードも決められたようです。ＩＴＦとしては当然他社の技術も試していたと思いますが、最終的に我々に決めていただき、技術的に問題のないことが担保された上で導入に至っています。その上で、選手側でもいろいろな捉え方があったと思います。私が子供の頃にいたマッケンローという選手は試合中、常に審判のジャッジに文句を言うことで有名でした。もし彼の時代にこの技術があったら、不平を言う時間が減ってマッケンローの対戦相手はもっと早く試合が終わったかもしれません（笑）。何をやるにしても、賛否両論というのは常にあると思っています。それはソニーでも同様です。たとえばレコードがCDになり、CDがMDになり、電子書籍が登場した時も〝紙のにおいがしないから嫌だ〟とか〝レコードのあの音がいいんだ〟という意見もあったと思います。でも今では多くの人々がスマートフォンで普通に音楽を聴いたり書籍やマンガを読んだりしています。スポーツの判定支援サービスも違和感を持つ人もいると思いますし、これは絶対あるべきだと言う人もいます。いろいろな議論があった上で認めていただいているのが現在であると思っています」

――ホークアイの技術は現在約25の競技で利用されているわけですが、テニスから始まり、25競技に至るまでのスピードは、結構早かったように思います。

「ビデオ判定やリプレイのような、どのスポーツでも活用できる技術は弊社のものに限らず活用されていると思います。我々としてはそれらをより実施・活用しやすくすることが重要だと思っています。活用される競技が増え、そこにトラッキングの技術が加わり、また異なる競技で活用されて拡張して行くというサイクルです。また、知名度が上がってきたことで、さまざまな競技団体でも私たちの技術に可能性を感じていただき、一緒に取り組みが始まったりと、ほとんどの競技で何らかの形で活用いただけるようになってきています。機器なども特定の競技に特化したものではなく、同じものがどの競技にも利用できるということで、フレキシビリティが高いということもあると思います」

転機、そしてソニーの一員へ

――現在ホークアイはソニーグループの一員となっていますが、ソニーグループはスポーツにおける取り組みも長くやられている企業です。ソニーグループの一員となったタイミングや背景などについてはどのようなものであったのでしょうか。

「元々ソニーは放送現場に近いことをやっており、スポーツの現場に関わることも多かったことから、ホークアイの導入領域が拡大するに伴い、ソニーでもホークアイのサービスについて認識していました。一方で放送関連だけでなく、ソニー全体のビジネスを考えると、買収当時は『ウォークマン』に代表されるオーディオ機器やテレビ、携帯電話などハードウェアを売って収益を上げるビジネスが多かったのですが、ホークアイがやっていることはソリューションビジネスであり、販売して終わりではなく、運営もやってサービス全体を回すという（ソニーからすれば）新しいビジネスだったのではないかと思います。そこがソニーの幅を広げていく意味でも重要だったのではないかと思いますし、〝スポーツにさらに入り込んでいく〟という点では、すでにスポーツに導入されているホークアイと一緒に取り組むことにチャンスを感じたのではないでしょうか。ソニーはスタジアムのディスプレイビジネスは行っていましたが、そこに映すコンテンツの領域でホークアイを活用したものも出せるのではないかという考えもあったと思います。スポーツ事業の組織の話をさせていただきますと、エンタテインメント・テクノロジー＆サービス事業を管轄するソニー株式会社の傘下にスポーツエンタテインメント事業部があり、その中に、『ホークアイ』と『パルスライブ』、『ビヨンドスポーツ』という3つの会社があります。ホークアイは主に3つのソリューションを提供しており、審判判定（オフィシエイティング）、ブロードキャスト・プロダクション、データアナリティクスです。日本におけるホークアイのビジネスは、ソニーPCL株式会社で行っています。また、パルスライブはデジタル・ファンエンゲージメントの領域、競技団体などのウェブサイトやアプリなどのツールを構築し、いかにしてファンとスポーツを繋げるかということを専門領域としています。有名なところで言えばイングランド・プレミアリーグのウェブサイトやアプリ構築、FCバルセロナのウェブサイト運営、日本に近いところで言えば2019年のラグビーワールド杯のチケッティング以外のデジタル・ファンエンゲージメントなどがあります。また、2022年にグループ内で買収を完了したビヨンドスポーツは、各種リーグ、放送局、そしてコンシューマー向けに、試合のデータをもとにリアルタイムでバーチャルコンテンツを作成し、ファンエンゲージメントを実現するデジタルソリューションを提供しています」

――ホークアイがソニーグループに加わったことで生まれたインパクトはどのようなものがあったのでしょうか。

「ソニー全体がスポーツの世界により近づいたと思います。買収以前は、あまりソニー自体にスポーツのイメージはなかったかもしれません。（ソニーグループ内に）実業団チームはいくつか有していますが、プロクラブではありません。他社であればプロのクラブへのスポンサードなどで企業とスポーツの印象を紐づけられるくらい力を入れている企業もありますが、ソニーグループはホークアイが傘下に入ったことでスポーツ業界における認知度が向上したと思います。スポーツビジネスの一端は、試合をライブで見てもらうことですが、これは放送ビジネスと非常に近いところがあります。そことの親和性は元々あったことを考えると、ビジネスとして強化出来るポテンシャルは高かったと思います」

――90年代にはソニーがイタリアのユベントスにスポンサードしていた記憶があり、ユニフォームの真ん中にＳＯＮＹの4文字が堂々と入っている様子は印象的でした。ジネディーヌ・ジダンやデル・ピエロ、ディディエ・デシャンが活躍した華やかな時代です。あの時代は結構日本企業が海外クラブに大型スポンサードをしていました。シャープはマンチェスター・ユナイテッド、JVCはアーセナルなど、各企業のロゴがユニフォームを飾っていました。

「国内ではJリーグが開幕して、サッカーに対しての認識が変化してグローバルマーケティングの一環として、そうしたチャレンジもあった時代だったのだと思います。その意味では日本企業も当時に比べてスポーツビジネスに対する理解や取り組みなどは本当に変化したと思います」

テクノロジーの融合とさらなる進化、ビジネスの創出

――改めてホークアイのソリューションについて詳しく教えていただけますでしょうか。

「ホークアイ自体はいろいろなスポーツリーグと仕事をしていますが、競技数で言えば約25競技、90カ国以上の500以上のスタジアム、年間約20000にのぼる試合で何らかの形でホークアイのテクノロジーを使っていただいています。ホーク

「ゴールラインテクノロジー」とはボールがゴールに入ったかどうかを判定するシステム

アイのテクノロジーと言えば〝全部人をトラッキングするのではないか〟とか〝自動で判定するのではないか〟と思われがちなのですが、基幹となる技術は3つあります。まず『ビデオリプレイ』。これはサッカーのVAR（ビデオ・アシスタント・レフェリー）や、ラグビーのTMO（テレビジョン・マッチ・オフィシャル）のような、様々な位置から撮影した複数のカメラ映像から、確認したいプレーシーンの見やすい映像を選び、スロー再生や巻き戻し再生などを行って確認するものです。放送映像などを取得してサーバーに入れ、映像の同期をして様々な角度から同時に一つのプレーを見られるようにする技術です。続いて『トラッキング』です。ホークアイが日本で有名になったテニスのイン・アウト判定をはじめとして、最近ではプレーヤー（選手）のトラッキングもできるようになっています。そして、これらから取得できるデータをスポーツ解説などで使っていただけるようにする『データ提供』があります。これらの技術を組み合わせてソリューションを提供しています」

ラグビーでは選手の脳震盪の確認を支援するシステム「HIA」を提供

――具体的にはどのような活用事例になるのでしょうか。

「サッカーでは、ボールがゴールに入ったかどうかを判定して、ＣＧで見せることもできるゴールラインテクノロジーを提供しています。テニスでは、コロナ禍でコート上の密を回避するために、線審はすべてホークアイが担い、審判は主審のみという大会も出て来ました。全豪オープンや全米オープンなどでもボールが〝アウト〟になった瞬間に自動音声で〝アウト〟というコールが出されます。また、ラグビーのワールドカップのＴＭＯの場面におけるＶＴＲ確認のリクエストをする際に使用する仕組みは、サッカーのＶＡＲやメジャーリーグのチャレンジで使用されているものと同じものです」

――テニスの主審だけにするなどというのは、よほど技術に信頼性を得られていないとできないことだと思います。

「今まで選手側がチャレンジしていたところと技術的には大きく変化はしていません。選手によっては絶対にアウトであるとわかっていてもチャレンジをコールして間を取り、試合の流れを変えるという使い方をされていましたが、こうしたことができなくなります。これは選手の中では公平性という観点で好評ですし、試合の時短に繋がる面でもプラスの面が多いと思います。国内の事例ですと、Ｊリーグのような主要なスポーツリーグには判定支援システムが導入され始めていまして、昨年から新たに立ち上がったラグビーのＬＥＡＧＵＥ　ＯＮＥも同様です。ラグビーではさらに、

HIA（ヘッド・インジャリー・アセスメント）という脳震盪の可能性のあるプレーシーンを医師が映像確認できるものも導入されています。私もラグビーをやっていたのですが、選手は激しくぶつかられて脳震盪を起こしていたとしても『自分は大丈夫！』と言うケースがあります。ですが実際には大丈夫ではないケースも多々あり、HIAがあると、グラウンド外できちんとチェックをして試合に戻せるかどうかを医師の目で判断することができます」

――〝ヘッド〟ということは基本的には頭の中を知るものですね。

「具体的には脳震盪などを意図しています。ビデオリプレイ技術の少し変わった使い方としては、名古屋競馬では騎乗違反の判定に利用しています。例えば人の馬を叩いていないかや、進路斜行していないかなどをチェックし、レースが問題なく成立することに役立てているケースもあります」

――余談ですが、テニスでウィンブルドンの場合ですと、線審を務めて何十年といったような〝職人芸〟のような目を持つ方もいます。それであっても人間ですからそうした方もミス判定をすることもあるわけですが、この判定支援サービスがあると〝審判自体のクオリティ評価〟も出来てしまうのではないかという気がしました。たとえば各審判の判定合致率なども可視化できるのではないかと。

「技術的には可能ですが、我々としては線審をいらなくするという目的ではなく、審判のサポートという意味合いでスタートしています。ただ、テニスにおいてはコロナ禍という状況がホークアイのみによるイン・アウト判定の導入を推し進める形となったのは事実です。また、ビデオリプレイを使った各種サービスは、映像を審判員の方に見てもらう必要があり、より人の判断が残るものです。2018年に初めてFIFAワールドカップでVARが使われた時ですが、フランス対オーストラリアの試合で、審判に見逃されたシーンがVARによってファール判定となり、フランスがペナルティキックで先制、その後オーストラリアが追いつくも、フランスの際どいゴールがゴールラインテクノロジーでゴール判定となり、結果2対1でフランスが勝利しました。この大会でフランスは最終的に優勝することとなるので、勝利チームの2ゴールがいずれも審判判定支援サービスによって判断されたものとなり、その後に与える影響の大きな試合だったと思います。ゴールラインテクノロジーは、ゴールと判定されると審判のつけている腕時計が震える仕組みで、このケースでは実際はボールがゴールラインをわずかに超えているという、ミクロな判定でありました」

――速度の速い高レベルの試合で、それはさすがに人間の視力による判断は難しいレベルになりますね。

「同時性という点でも人間の判断が難しくなってくるケースもあります。たとえば野球などにおけ

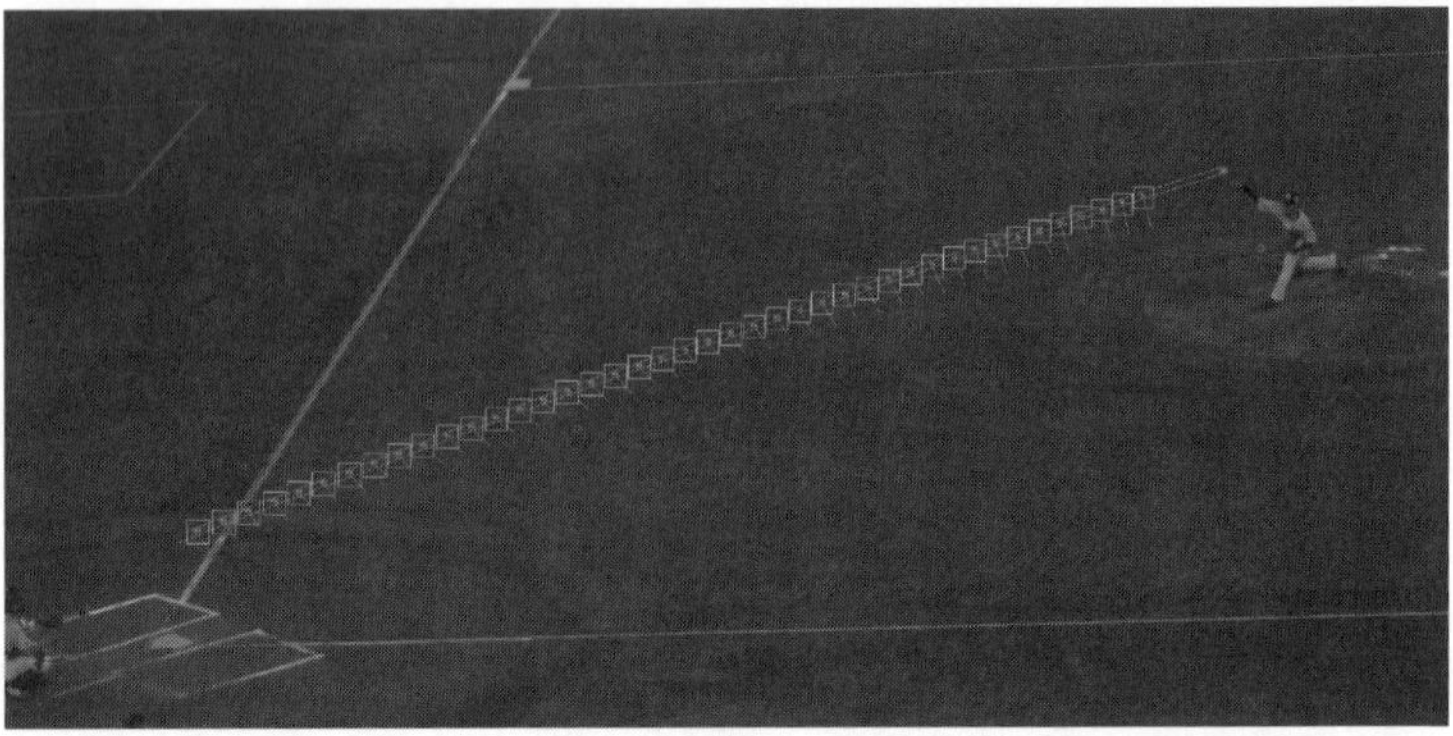

2020年、ホークアイのプレー分析サービスを導入した東京ヤクルトスワローズは日本一に輝いた

るビデオリプレイのサービスでは、異なる角度から撮影している放送用のカメラの映像がすべて同期された状態でモニターに映し出されています。そして、問題となるシーンが出てきた際に、見やすい角度から撮影された映像を選び出し、ビデオ判定員が判断するという使い方になります。映像を取得してリプレイで確認できるように映像をサイドバイサイドで確認して見るため、すべてのタイミングが合致していることが重要で、それを瞬時に映像的に処理する技術が必要になります」

——各塁には審判がいて、2人の人間の目で観察されているわけですが、それぞれが違う人間ですから、〝同時性〟という点では2人の審判の意見が合うとは限りません。

「同じ野球では、複数台のカメラの映像から物体をミリ単位で捉える技術で、ボールの回転軸、回転数、軌道や変化率に加えて、選手の姿勢や骨格情報などを動体力学的な観点で

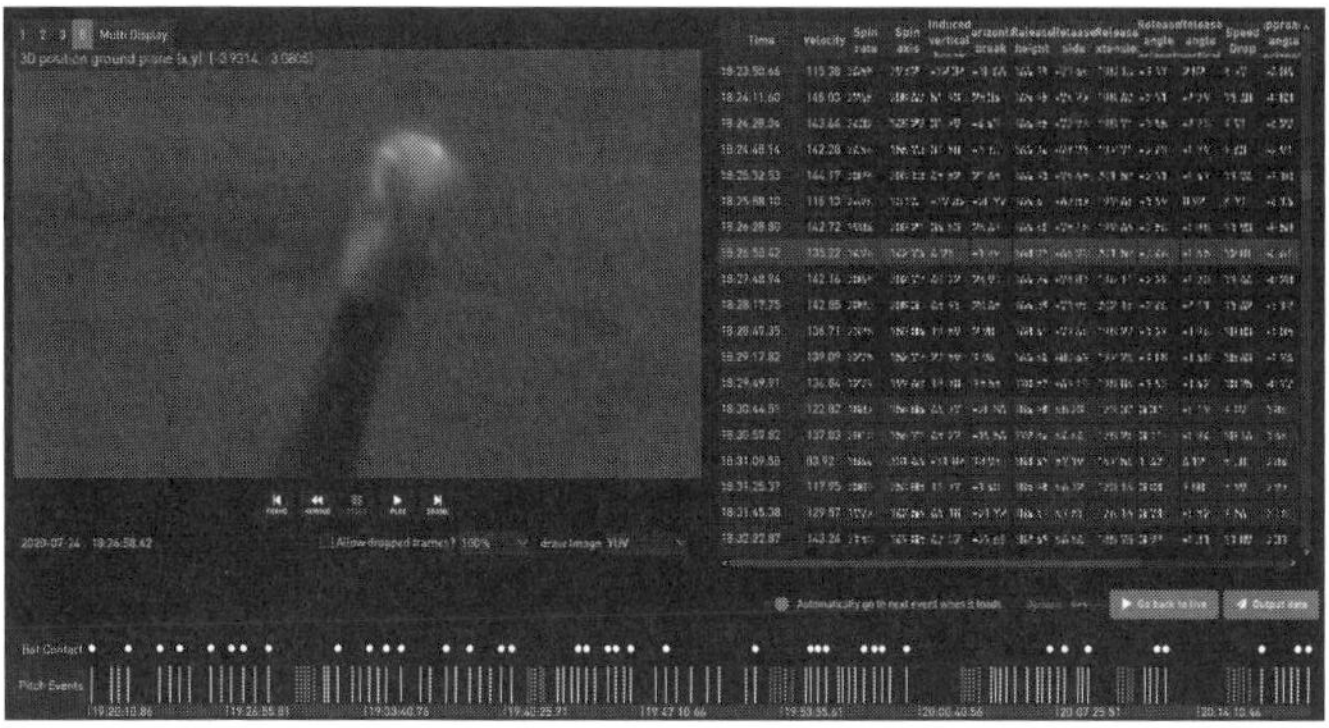

ボールの回転数やリリースポイントなど1球ずつに対しての様々なデータの取得が可能になった

追ってプレーデータを取得するサービスも提供しています。『SkeleTRACK（スケルトラック）』と呼んでいる技術なのですが、2020年から、メジャーリーグベースボール（以下、MLB）の全30球場でこのサービスを導入していただいており、日本ではヤクルトスワローズなどで使われています。他社の技術ではレーダーを利用したり、（対象物に）マーカーをつけたりするものもあるのですが、試合となるとマーカーをつけることはできませんし、カメラで映像から分析するということで、撮り逃しでもない限りはデータが取得できるという点も大きいと思います。このサービスでは、球場を囲うように配置した8台のカメラのうち、4台のカメラでピッチャーのマウンド上のプレートとホームプレートの間を細かくハイスピードのカメラで追っています。残りの4台のカメラはフィールドプレーヤーの動きを追っています。そして、撮影したデータを全て我々のサーバーに入れ込み、数値化・可視化します。8台のカメラで球場全体を捉えることによって、いわゆる三角測量のような方法で、3方向から撮影し、ヒト、モノの高さ、動き・速度などすべてを捕捉しています。項目的には40項目くらいのデータが取れているのですが、ボールの速度や回転数ですとか、リリースポイントがどこであったかや、初速・終速、ボールの落差なども取れます。カメラのスピードを300フレームくらいにすることによって、バットのスイング軌道なども見られるようになるほか、さらに細かい選手の骨格データが取れるようになります。このように、今まではレーダーなどで捉えようとすると、なかなか分からなかったことがデータとして残るようになります。スピード、回転数、リリースポイントなど、様々なデータが1球ずつに対して取得できます。また、映像でも動きを確認することができるため、細やかなコーチングも可能となります。たとえばホームランを打たれた時のボールは数値上は悪くないのだけれど、キレが悪かった。それなら〝この時のピッチャーのボールの握りを見てみよう〟となれば、ズームして、静止画にしたりスローにしたりして指の位置まで明瞭に見ることができます。そうすると〝実は指の引っかかりが浅かったんじゃないか〟などが分かるわけです。実際にそうしたフィードバックもされていると聞いています。また、投げる位置が他の投球と明らかに違って、球種が相手にバレていたのではないか?という分析が出来たりということも伺っています」

――今は試合中にリアルタイムでの情報提供はルール上許可されていないのですね。

「情報提供はできませんが、チームの分析官はリアルタイムでこの情報を見てはいます。選手の出番が終わった時にすぐにチームの分析ルームに来られたり、試合後にコーチと選手が一緒に来てコーチングのための情報を聞きに来たり、翌日の練習の時に確認に来たりしているとのことです。また、データを可視化する手法の一つですが、ボールの回転数をアニメーションで見せることもできます。どちらの方向の軸で回転していたかや、ストライクゾーンにボールがどのように侵入していったかなどが非常に分かりやすいのです。さらに、「HawkVISION（ホークビジョン）」と呼ばれる技術を使えば、「SkeleTRACK」で得たプレーデータや選手の骨格情報をもとに、プレーシーン全体をCGで再現ができ、自由な視野で見ることができます。そうするとカバーリングができていなかったなども分かりますので、野手の査定の材料が増えます」

——ボールの回転が数値化されるというのはすごいですね。

「しかし、このデータを取得したからと言って、そのボールが打てるようになるかと言ったら違うわけで、そこが面白いのですが（笑）」

——選手側もどういうふうに投げれば、どういうボールが投げられるのかという〝投球術〟の観点でいろいろ試されていると思うのですが、〝こういうボールが投げたい、こういう回転をさせたいのだけれど、なかなか上手くいかない〟ということもあると思います。そういう意味ではこうしたデータがあると助けになるのではないかと思えます。

「我々の強みはいわゆる〝試合の状況〟の球が見られるということなんです。世間にはいろいろなレーダーやデバイスがありますので、皆さんも練習場やブルペンではいろいろなものを使っていろいろなデータを取っていますが、やはり試合の時とは違うのだという話を聞きますので、そこに価値があると思っています。また、〝データをいかに楽しんでいただくか〟という点が出てきています。たとえばMLBでは、ほぼすべてのデータが開示されています。2021年のデータでは、大谷翔平選手の打球速度はメジャーリーグ随一でした。スイング角度や打球の角度、飛距離であったり、またピッチャーの球速をはじめとした様々なデータもすべてMLBにお渡ししていますが、リアルタイムで掲出したり、翌日公表したりなど、ファンの心を掴むためにいろいろとデータの出し方もMLB側で工夫をしています。ボールの集まった位置やボールの飛んだ場所など、いろいろなデータをファンが自分でフィルタリングして見ることができるようなツールも提供されていて、野球の楽しみ方の一つとして活用されているなと感じます。選手の骨格データとかフィールド内での位置情報などもお渡ししているので、MLBはこれを使い、良いプレーや注目すべきプレーが出た時に、CGでビジュアル化して紹介しています。その時に周りの選手はどう動いていたかという情報も全部含めて再現し、まるでそのシーンをドローンから見ているかのような映像で見せることもしています。また、選手の動いた距離やプレーの秒数などのスタッツも見せることで、ファンの方は喜びますし、広告枠も表示されて、マネタイズするところまで設計されています。日本ではまだまだこうしたデータの開示というのはされていないのですが、コアファンにとっては、回転数と軸の関係だったり、それが投球結果と紐づいていたりすると、さらに観戦の楽しさが広がり、議論が盛り上がったりしているようですし、日本でもデータ開示を進めていければと考えています。たとえばMLBで提供しているような映像は非常に楽しいですし、いろいろな角度や視点で見られたりしますが、映像とエンターテイメントをやっているソニーとしては、少し映像が荒いのではないかなど、さらに良くできる部分が目についたりします。映像を滑らかに表現して、たとえばバイオメカニズム分野での使い方、選手の怪我の防止などにも活用できると思いますし、もう少しエンターテイメントに振っていくこともできると思います。現実にはカメラを置くことが難しい視点や角度から試合を見ていただくこともできます。再現映像は全部CGで作り込んでいますので、スタジアムも非常にリアルに描写されています。看板の広告なども見ている人や国・地域に合わせて動的に全部変えることもできるわけです」

スポーツを公平に、魅力的に、分かりやすく

――先ほどのデータの開示のお話がありましたけれども、データの透明性というところで、米国の事例のように〝より楽しみ方を増やす〟という観点もあると思いますが、データの透明性が高まる

ことで、開示されているものは誰でも見る・知ることができるということで公平性が増し、これがひいては選手を守ることにも利用できるのではないかと思いました。たとえばドーピングをしている選手がいて、明らかに通常とは異なる動きやパフォーマンスをしている、数値が圧倒的に違うとなった時にもそれが分かるかもしれません。そうしますと、選手としては自分自身を守るものとしてデータを使えることにもなるのではないかと思えます。そうするとデータが誰にとっても良いものとして扱えるのではないかと思います。一方で、もちろん選手としては丸裸にされているような気がするかもしれませんが。

「野球には競技の発展というところでも『フライボール革命』というものがあり、私も野球をやっていた時に〝ダウンスイングをしなさい〟と教えられた記憶があるのですが、そうではなくてすべてアッパースイングにする。そうするとホームランやヒットの確率が上がるということがデータで出てきています。守備の配置やフォーメーションに関しても同様で、たとえば大谷選手が打つ時には誰も3塁側には野手がいないなど、こうしたこともデータと確率の分析があるから実行されていることです。仰る通り、選手を守るという部分もありますし、新しい見方もできます。データの活用にはあまり制限がないと思っていますが、多くのケースではエンターテイメントの方に使って行くのだろうと思っています。今までの野球とは違う楽しみ方が提供できるような形で貢献させていただけたら面白いと思います。野球と同様に『ＳｋｅｌｅＴＲＡＣＫ』を使い、サッカーでもプレー

選手の骨格データをもとに3DCGで描画し、プレーを再現することも容易になった

ヤーやボールのトラッキングを行なっています。そして、野球と同様に、『ＨａｗｋＶＩＳＩＯＮ』で骨格データをもとに３ＤのＣＧで描画し、フィールド上を再現することもでき、選手の位置を確認したり戦術を見ることもできます。また、特定のプレーをいろいろな角度から見て〝こういう体重移動をしたからこういうフェイントになってディフェンスを抜くことができた〟というスキルの分析や、ゲームの世界への応用など、様々な活用方法ができると思います。サッカーでも、８台～12台のカメラを使用し、関節のポイントと、センターオブマスと言われる〝中心点〟で計29個のポイントを捕捉してデータを取得しています。しかも、取得したデータは0.5秒以内に反映されることにチャレンジしています」

――これは選手のトレーニングが大きく変わるのではないでしょうか。

「たとえばクリスティアーノ・ロナウドなど世界の一流選手の子供時代からのデータが残っていると、どのように選手として成長して行ったのかを知ることができたり、〝あの日のスーパープレイはなぜ生まれたか〟平凡な日のデータと比較したりできるわけです。〝今日はキレがいいですね〟と言いますが〝キレ〟は感覚的なものなので、数値で表すと何が違うのかを知ることができるかもしれません」

――サッカーの場合、これまでもボールの動きと選手の場所の動きを追っていって分析するという技術やトレンドはありましたが、ホークアイは骨格の動きが捕捉されていることで、再現CGに〝手〟の動きが入っていたのが印象的です。サッカーは対人プレーも多いので、手の動きや使い方も重要であるというのを聞いたことがありますが、そのデータが取得できている技術は他に覚えがありません。

「今も選手の走行距離やスプリントの回数などは聞きますし、弊社の技術でもそうした数値のほか、それ以上のものが取れています。ただ、それらのデータを使ってどうコーチングに活かすかというところにハードルがあると思っています。『HawkVISION』で作成したCGでは、どのような視点でもプレーを再現することができるため、たとえばシュートシーンを審判の視点で見るなど、演出を伴った再現映像として作り込みができます。さらに作り込んだCGにデータも載せて見ると、たとえば選手が40メートル近く走ってシュートを打つ、シュートの速度は105キロであったというのが瞬時に出せます。サッカーは試合の中で再現シーンを挟むタイミングの少ない競技ですので、ハーフタイムなどで活用しやすいかもしれません。これらの技術を使い、オフサイドの自動判定もすでに開発・実用化しています。また、メタバース領域でも、これらの技術を発展させた世界をお見せできるのではないかと思っています。通常であればテレビ観戦での視点はテレビカメラの視点に委ねられているわけですけれども、今後は自分で視点を選ぶことができる。センターサークルにずっと座って観戦することもできるのです。一方、バスケットボールでも、審判判定への活用を研究しています。バスケットでは、ゴールに向けて放たれたボールが上に向かっている間は触っても良いのですが、下がってくる時に触れた場合はファウルというルールがあります。このようなルールについても、ボールが上がっていっているときは軌道を緑色で、下り始めた瞬間から軌道を赤色で示し、選手の動きと合わせて見ることで、判定のサポートをすることができます。これらのように審判の判定の補助への利用も今後強化できるのではないかと思います」

――これは超ハイレベルな試合でないと起きない事象ですね（笑）。

「まさにB.LEAGUEやNBAなどで使ってもらえるようなものになればと思います。当然、機器は施設に常設することになるので、施設をクラブではなく自治体などが保有している日本の場合にはいろいろな検討が必要になってくるとは思います。こうした技術の導入のハードルを今後どうやって下げて行くか。より安価でポータブルなシステムが必要になりますが、安価にしたからと言って機能が不十分というわけにはいきません。より低コストで判定のサポートが出来ればと思っています。私の下の息子がテニスをしていたのですが、小さい子供のカテゴリでは判定もセルフジャッジで、絶対にアウトであろう場面でも、当事者が協議しながらどうにかこうにか試合が進んでいます。こうした姿を見ますと、彼らの教育のためにも我々のシステムが導入してあげられないかなと痛感します。この間、南米の子供たちのサッカーの試合を見ていたら、ファウルがあったときに、選手がジェスチャーでVARのスクリーンを表す仕草をやっていました。VARなんて導入されていないのに（笑）」

――判定に不満だから〝チェックの動画を出せ〟ということですね（笑）。

「その通りです。言い換えれば、それくらいVARが市民権を得てきているということだと思います。また、トラッキングの技術を使っていろいろなデータを取得できるようになることによって、戦術面での変化をもたらしたり、何よりもファンの方が楽しくなるのではないかなと思います。たとえば、実際のスタンドでスマートフォンをチェックすれば様々なデータが見れるなど、ハイブリッドな状況も作れると思いますし、スタジアムに行けないからバーチャルでリアルタイムに観る、などの楽しみ方も増やすことができます。特定の選手やポジションにフォーカスして見るということもできます。ソニーグループ株式会社とマンチェスター・シティとのパートナーシップで目指している取り組みでもそうしたことができる可能性がある、というところでホークアイも仲間に入れていただいています」

――ソニーグループとマンチェスター・シティとのアライアンスでは、ほぼホークアイのテクノロジーが軸になるのではないかと思っています。

「選手のプレーデータの取得についてはそうなると思います。一方で、たとえばスタジアムのロッカールームツアーをバーチャルで見せるといった場合にはホークアイのテクノロジーではないものを使って作り込みがされます。また、現在イタリアのセリエAにも我々のテクノロジーを全スタジアムに入れていますので、エンターテイメントの部分や競技の判定の部分でのサポートを何らかの形で提供できるかもしれません」

――やはりこうしたデータの活用が始まることで、今までブラックボックスだったものに光を当てることができるようになったということで、たとえば審判の育成などは今まできちんとしたメソッドがないという状況だったかもしれませんが、データが取れるようになり、比較分析できるようになると、選手や試合だけではなくて、競技全体の質の底上げに繋がっていくのではないでしょうか。

「仰る通りで、私たちのソリューションを様々な形で使っていただけたら本当に嬉しいと思っています。スポーツの現場は真剣勝負であり、時には判定が難しい状況も生まれます。近年これだけプレーや周りのものが高速化されてくると、生身の人間で追えないところは〝追えない〟ということで、技術を利用しても良いのではないかと思います。欧米ではスポーツへのベッティングが非常に進んでいて、もしかしたら全財産をかけているような人がいて、〝誤審で損失をした〟ということがあり得るのかと考えると、そこは割り切って技術を活用することを考えるということもあり得るかもしれません。そして透明性も重要です。サッカーでは主審の確認が必要なVARのチェックは必ずフィールドで、観客から見えるところで行うことになっています。ラグビーのTMOもそうです。審判はフィールド上にいたままジャッジをします。データも映像もあるという環境で、数万人の観客が自身のデバイスで記録しているかもしれないという状況を考えると、すでにあるエビデンスに基づいてジャッジをすることも良いのではないかと思えます。もちろん、生身の人間同士がぶつかるスポーツの曖昧さが残っていることの良さは否定しません。そこはリスペクトした上でのことですが。FIFAの考え方も〝明らかな誤審をなくす〟ことであって、〝小石を探しにいくのではない〟というのが彼らの考え方なんです。VARのようなものがあると、あらゆるものをチェックしたくなるのですが、VARのルールも4つの事象に対してのみチェックを行うこととし、その中でも明らかでないところは、チェックを行わないという運用をされています。Jリーグも〝やり過ぎない〟という意味で上手くバランスを取りながらやられているなと感じます。不要なチェックが増え、そのためにゲームが遅延するなど、観戦体験が落ちてしまっては仕方ありません」

――余談ですが、そこへいくと日本人の特性として個人的には〝曖昧さ〟が嫌いではない国民性だとも思っています（笑）。

「そうかもしれません（笑）」

――これに関してはある意味究極の客観性ということだと思います。事実を詳にして、それを提示し、誰が見ても同じ結果が得られるという。ソニーはテクノロジー企業ですので、テクノロジーも日々進化しているのだと思います。テニスのイン・アウト判定から出発して、技術が進化してゆく過程で、自分達の技術はこんなこともデータ化できていたのかというような〝思わぬ発見〟のようなことはあったのでしょうか。

「私たちは常に現場にいるため、現場からの声を常に引き上げることができます。そうしますと、そこで新しいサービスのアイデアやヒントが生まれ、アップデートを繰り返すことで向上してきています。先ほどのＨＩＡなどはまさにそうした中で生まれたものなのです。ラグビーの判定のために導入したのですが、『脳震盪がこんなに多いのか』と。選手は問題ないと言いますが、一方で気を失っていつ立ち上がるのか分からない。ビデオのリプレイを見れば『ここから当たっているから、脳が震えて意識を失っているな』もしくは『ここの骨が折れているかもしれない』という確認が出来るということで生まれたものです。実は選手を休ませるということが、チームにとってかなりの損失だったりすることがわかり、怪我の防止であったり、正しいファーストエイドをすることによって、怪我をしてしまったとしても復帰が早くなれば選手が試合に出られなくなるケースを減らすことができ、集客やチケッティングなどにも影響してくることも考えられます。技術への導入とチャレンジはチームやリーグにとっては投資かもしれませんが、選手を守ることや収益に繋がる要素を守ったり、発見できるかもしれません。テニスではチャレンジの際にCGによる再現映像が出て、そこにスポンサー広告を表示するケースも出てきています。これはまさにマネタイズの機会が創出されているということです。サッカーやバスケットでも新しい判定方法などが生まれれば、もしかしたら広告掲出の機会を創出できるかもしれませんし、技術を使って新しい見せ方、楽しみ方ができるかもしれません」

——新しい角度での現場の見方が生まれれば、それに伴って新しいビジネス創出の機会にも繋がる可能性があるということですね。ホークアイの本社は現在もイギリスで、技術開発なども本社のラボなどで行われているのでしょうか。

2018年のサッカーロシアワールドカップにおけるVARオペレーションルームの様子

「基本的にはそうです。しかし、ソニーグループのエンジニアリングチームと週次で情報交換をしていますので、そこから新しいものも出てくると思いますし、ソニーのこうした技術を使えば、もっとここは良くなるといったフィードバックも行っていますので、技術交流は非常に盛んです」

——写真で実際の試合時のオペレーションルームの様子を拝見したのですが、結構な人数の方がいろいろな役割で稼働されているのにびっくりしました。オペレーションルームでこの人数であると、本社の技術開発チームは実験や検証なども考えるともっとすごいことになっているのではないかと想像されます。

「オペレーションについてはルールで決まっている場合もあります。サッカーであれば12カメラ以上となった場合にはスタッフをもう1名追加する必要があり、審判も増やさなければならないなど。オペレーターもまだまだ人海戦術の部分があるので、我々社員がやる場合もあれば委託するケースもあります。エンジニアはハード、ソフト両面でのエンジニア、ユーザーインターフェースの全体像を考えるメンバーに加えて、できたものをオペレーターたちにトレーニングするチームがあり、ビジネスが拡大にするに伴って規模拡大をしてきています。それらを合わせると現在イギリス本社含め世界中でかなりの人数が働いています」

――テクノロジーの現在地という意味でいきますと、今後の方向性や、今は出来ていないけれども将来的にこんなことが出来ると良いという期待値、または難しさを感じている部分はどんなことでしょうか。

「新しい審判判定補助ですとか、新しい視聴体験はどんどん進化させていきたいと考えています。一方で権利関係の部分は気を配っていく必要があると感じています。私たちが『こうしたい』と考えていても必ずしもその通りにできるものでもない部分がありますし、こうした技術やサービスの進化はもはや1社で行っていくような話ではなく、各競技のリーグやクラブと、より一緒になって新しいビジネスを創り出していく考え方が必要だと思っています。スポーツはコンテンツとして本当に素晴らしい可能性を秘めていると思っています。その価値を高め、付加価値のあるものとして提供するための技術を突き詰めていきたいと思っています。それによって視聴者の感動体験が生まれたなら、ソニーグループとして考えているような『人々を感動で満たす』というサービスや製品開発に近づいてくると信じています」

未来のホークアイ

――ホークアイの創業者のスポーツを見る側の立場から始まり、実際のスポーツも現場にデータを提供するサービスが出来上がり、またそれをスポーツを楽しむ側の人々に体験として還元するという、そのサイクルの戻り方がとても面白いと思います。お客さんがより楽しめたり、違った見方ができるというエンターテイメントの領域にデータが活用されていくという事ですが、今後に期待されるテクノロジーについてはいかがでしょうか。

「これだけデータが取れてきますと、データの活用方法には本当にいろんな可能性があります。データを見られる・取れる人、そのデータを使って技術を推し進める人がいて、そしてデータを語れる人というのが今後重要になって来ると考えています。スポーツＤＸと申しますか、そうした人材を育成することをサポートできないかと個人的に考えたりします。全てのアスリートや競技者がプロになれるわけではありませんし、選手を諦めたけれども自分はプロのスポーツアナリストになる、データを使った解説者になるといった人が出てきても面白いと思います。北米ですと野球クラブにいるのに野球は全然経験がない、データサイエンティストがいたりします。日本でもそうした方が出てきているとも聞いています。技術面ではありませんが、そうしたアプローチもサポートしていけたら面白いと思っています」

――さきほどＤＸという言葉が出てきましたが、最近非常に聞かれるようになってきている言葉ですが、本日お話を聞いていて、ホークアイ自体はＤＸという言葉が出る以前から、ずっと現在ＤＸとして叫ばれているようなことを実践してきた企業だと思います。ふっと頭に浮かんだことで、長年フォーミュラワンをやっていた本田技研がテレメータシステムという技術を導入して、マクラーレン・ホンダが強かった時代にそれをチームの中できちんと活用し、チームにはアイルトン・セナとアラン・プロストという当代切ってのドライバーがいる中でアラン・プロストはデータを活用しない人、一方でセナはデータをしっかり活用する人だったために両者の走りに差が出て、プロストが『自分にはセナと違うエンジンが供給されているんじゃないか』と文句を言い出したという話を思い出しました。データの活用によって結果が大きく違ってしまうという、それくらいの衝撃を感じました。そうなると、ＤＸと皆さん言いますが、結果ＤＸとは何かと言うと、データの活用と顧客体験の変化の話だと思います。多くの企業は何からやっていいか分からないけど、とりあえずオンラインセミナーからやってみますという、これがＤＸですという所から出発している企業もまだまだ多い中で、ＤＸという物の答えが一つあるのであれば、ホークアイの取り組みというのはとても示唆になる、私たちを照らしてくれる例なのではないかと思いました。ことスポーツと、テクノロジーという2つの未来はどのようになっていく、またはどのようになっていって欲しいとお考えでしょうか。

「もちろん、スポーツにおいて競技レベルを高めるという点でデータを使っていくという事はこれからも進化を続けていくと思います。しかし、それによってスポーツや競技が全然変わってしまい、本来の楽しみが違う方向に行ってしまうならば寂しいと思います。そこは良いバランスを持ちながら進化して行って欲しいと思いますし、日本人の立場から言えば日本のサッカークラブや野球チームがこうしたデータを使って世界と戦えるようなクラブになっていくならば嬉しいです。育成世代の選手たちも恩恵を受けていろいろな可能性を伸ばしてもらいたいと思います。選手だけではなくその周辺にいる人たちも専門性を持つなど、深く関われるようになって来ると、全体が活性化して業界の裾野が広がると思います。日本ですとスポーツを正しいビジネスとして収益を上げることを懸念したり、テクノロジーを使うことに拒否感があったりしましたが、現在ではようやく変わってきていると思いますので、今後も健全な形で発展していくことを願っています。そこに我々がテクノロジーで支援できる機会があれば嬉しいと思っています」

――今後も人間を助けるテクノロジーの進化を期待しております。近く、ホークアイのテクノロジーに、日常的に触れるような環境になるのかもしれません。本日はお忙しい中、機会をいただき、ありがとうございました。

（取材日・2022年4月20日）

10 REAL CASES OF INTERVIEWS

3

エンドユーザーまで行き届くコミュニケーション設計。垂直統合型の経営が切り拓くスポーツビジネスの変革。

株式会社MIXI

Koki Kimura

株式会社MIXI

木村弘毅

代表取締役社長 CEO ／電気設備会社、携帯コンテンツ会社等を経て、2008年株式会社ミクシィ（現 株式会社 MIXI）に入社。ゲーム事業部にて「サンシャイン牧場」など多くのコミュニケーションゲームの運用コンサルティングを担当。その後モンスターストライクプロジェクトを立ち上げる。2014年11月、執行役員就任。2015年6月、取締役就任。2018年4月、取締役執行役員就任。2018年6月、代表取締役社長執行役員就任。2020年4月、代表取締役社長就任。2022年4月、代表取締役社長 上級執行役員就任。2023年4月より、代表取締役社長 CEO（現任）

introduction

2021年11月、株式会社ミクシィ（現 株式会社MIXI、以下MIXI）はJリーグ『FC東京』の経営権取得を発表した。これまでも『FC東京』へは継続して多くの出資を行い、クラブの運営に深く関わってきたが、新たにクラブオーナーとなった。また、2022年2月にはB・LEAGUE『千葉ジェッツふなばし』のホームとなる新たな多目的アリーナ『LaLa arena TOKYO-BAY』の建設を三井不動産株式会社とともに発表。2017年からパートナーシップを締結し、2019年からはMIXI傘下に入る同チームは今や国内タイトルを争うクラブに成長した。そして2021年東京五輪でXFLAG（現 MIXI）所属のプロスケートボーダーである堀米雄斗選手が金メダルを獲得するなど、個人競技選手への支援も行ってきた。

さらに2022年2月、スポーツ専門動画配信サービスのDAZNとの共同でスポーツ特化型のNFTマーケットプレイス『DAZN MOMENTS』の提供を発表した。

同社では共遊型スポーツベッティングサービスの『TIPSTAR』や、NFT市場における成功モデルである『NBA Top Shot』を運営するDapper Labs Inc.（ダッパー・ラボ）との業務提携など、スポーツ事業においてテクノロジーを活用した収益モデルへの拡張を一気に進めている。MIXIにおけるスポーツビジネスが生み出す企業の価値、そして日本のスポーツビジネスへのビジョンに迫る。

MIXIにおけるスポーツビジネスの位置付け

――まずMIXI GROUPの事業のご状況と、その中でのスポーツビジネスの位置付けを伺えればと思います。

「私たちは自分たちの姿について、「右脳と左脳」という表現をしています。右脳はパーパスやミッション、私たちがなぜその活動を行うのかなどの社会的な理由であり、左脳は企業としての業績など数字として表れてくるものです。その両面からお話ができればと思います。右脳のお話からいたしますと、私たちはパーパスを『豊かなコミュニケーションを広げ、世界を幸せな驚きで包む。』と定義しています。その中でSNSやゲームなどを通してコミュニケーションの場や機会を創出してきたのですが、〝もっと盛り上がる事ができるコミュニケーションの領域〟は何だろうかと考えた時、スポーツがあったのです。コミュニケーションの視点で見た時に、スポーツほど皆で同じものを観て共感できるものはありません。試合のスコアが動いた時に観客全てが一喜一憂するような感情が揺さぶられるものも他にないと思います。このスポーツをコミュニケーションの次の領域として捉えることで、新しい分野が拓けるのではないかと思ったのです。左脳の部分についてお話をしますと、スポーツの領域ではあまりDXが進んでいないという現状があります。私たちはテクノロジーを強みとする企業ですので、テクノロジーを導入していくことで、大きな成長を見込める余地がある点も、スポーツ領域の可能性であると考えています。私たちが提供するDXとは、「インターネット・オプティマイゼーション（インターネット最適化）」という事であると考えています。これは、たとえばメルカリであれば、それまで現地周辺地域の人々が集って対面で行っていたフリーマーケットというものをインターネット上で展開することで、無限に参加者を拡張できるようにしたわけです。出品される商品も無限の拡張性を持ちます。一方でこれをEコマースの分野で実現したのがAmazonです。そして、友人とのコミュニケーションをインターネット上で再現し、オプティマイズしたものがかつてのSNS「mixi」であり、FacebookやTwitterであると思います。その中でスポーツをインターネット・オプティマイズしていくとはどのようなことなのか。スポーツの価値とはスタジアムなどの会場に人々が集い興奮と感動の体験を共有するものです。大局的な見方をすれば、スポーツというコンテンツを皆で集まって観ているということになります。では、まずそれをインターネット・オプティマイズするとどうなるのかというと、インターネット上で友達や仲間と共にスポーツのライブ映像を観る、そこで興奮や感動が高まった時にお金を投じてもらう。また、フィジカルなスタジアムやアリーナ観戦におけるスポーツの収益モデルは主にチケット収入、スポンサーシップなどの広告、そしてマーチャンダイジングです。チケット収入は先払制の収益ですが、私たちがインターネット・オプティマイズする中で実施したいと考えているのが、後払のモデルです。私たちのスマホゲーム『モンスターストライク』のように、プレイに応じて課金いただく〝フリーミアムモデル〟を導入したのが『TIPSTAR』なのです。TIPS

TARでは競輪やオートレースのライブ映像を配信していて、ユーザーは友達や仲間と共に誰でも無料で視聴する事ができます。特長はオンライン上でレースに対してベッティングができるものになっている点です。ゲームビジネスがパッケージ販売からフリーミアムモデルで従量課金に移行したのがスマホゲームであり、スポーツビジネスのインターネット・オプティマイズを牽引しているものがスポーツベッティングだと思います。日本国内ですと現時点では競輪やオートレース、競馬などの公営競技だけがベッティング対象となっていますが、海外においてはサッカー、野球、アメフトなど様々なスポーツを観戦しながらベッティングする事ができます。日本でも将来的にはこうした流れが来ると大きな市場になる事が見込めるため、スポーツ領域に取り組んでいます」

現在のMIXIを象徴するメガ・ヒットゲーム『モンスターストライク』でのノウハウが、MIXIの展開する様々なサービスやエンターテインメント分野で活かされている

——木村様ご自身のスポーツとの関係性についてはいかがでしょ

うか。

「私自身はそこまで各競技に詳しいわけではありませんが、私の育った家庭は〝サザエさん型家系〟で、父が母方の祖父母と同居をする家族構成だったのですが、祖父が中日ドラゴンズのファンで父が巨人ファンだったために、中日と巨人の対戦日は大変な事になっていました。テレビの試合を見ながら言いたい事を言い合って観戦するという、非常に賑やかな光景が繰り広げられていた事が原風景としてあります（笑）」

――木村様もＭＩＸＩに入社されて十数年が経過され、その間にビジネスも多角化し、入社された時と現在では環境もかなり変化されていると思いますが、スポーツビジネスの取り組みに対しては、当初から想定の範囲にあったお話であるのか、または全く想定外の変化であったのでしょうか。

「ある瞬間からスポーツビジネスへの可能性を感じるようになりました。ＳＮＳ「ｍｉｘｉ」をやっていた時代は、プラットフォームレイヤーとアプリケーションレイヤーにサービスの切り分けをしていたのです。プラットフォームレイヤーはソーシャルグラフといって友人との人間関係などを司るもの。そして、その上に日記やコミュニティ、写真共有機能やつぶやき機能などの多くの自社開発のアプリケーションがあり、それらをアプリケーションレイヤーと呼んでいました。それまで自社開発していたアプリケーションの部分を外部の開発企業でもできるようにしたのが『ｍｉｘｉアプリ』です。プラットフォームレイヤーのユーザーに対して様々なアプリを開発してもらい、その企業のビジネスにしていただく。そこではユーザー同士で利用できるツールやゲーム、スポーツ関連など多くのサービスが登場してきました。その後、私たち自身としてもより本格的にアプリケーション開発をしていこうとなり、何に着手をするかについて議論を行いました。多くのカテゴリの中から私たちが選択したのがゲーム領域だったのです。これはｍｉｘｉアプリの中でも大きな収益を上げていたのがゲームアプリであったためです。そこから、私たちがＳＮＳの次に着手する領域としてゲームがフォーカスされていったのですが、スポーツ関連についても非常に多くのユーザーが集まるコンテンツが当時いくつもありましたので、スポーツ領域についても次第に可能性を感じるようになっていきました」

――スポーツやスポーツビジネスは過去2年間、コロナ禍の影響も受け、側から見ると全体として寂しい印象に見えて、スポーツビジネスは成長していないのではないかというふうに思われるケースもあると思います。この期間はＭＩＸＩとしていかに努力をし、乗り越えたのかについてはいかがでしょうか。

「私たちとしてはコロナの影響を受けた領域と、受けなかった領域で二極化していると考えています。スタジアムでの観戦を伴うフィジカルな体験はビジネス面でかなり大きな影響を受けていました。スポーツ会場のチケット収入をはじめとして、当時は距離の確保や声出しが制限される環境を強いられるなど、観戦体験自体が損なわれている状況でした。また、『Ｆａｎｓｔａ』という、スポーツ観戦できる店舗で仲間と一緒にスポーツを楽しむという、海外に多くあるスポーツバーのカルチャーを日本に普及させることをコンセプトにしたサービスもまだダメージを受けています。一方で、この環境下であっても伸びている領域が公営競技です。先ほど申し上げたように、私たちのサービスではインターネット・オプティマイズによって、実際の競輪場に行かなくてもスマートフォン上でライブ映像も視聴できますし、車券を買う事もできます。また、サービス上で自分がフォローする友人や他のユーザーの予想・購入したレースを見たり、見せ合ったりする事ができます。このサービスを使うと、今日予想が当たったユーザーや各レースの勝敗なども分かります。そして、的中率の高いユーザーの予想や購入レースに自分も〝のっかって〟買うことができます。やはりこうしたインターネット・オプティマイズが進んでいる領域というのは市場としても伸びていっています。一方で、国を跨いだ時にコロナ禍によるスポーツビジネスへの影響がどのように違うかについてお話ししますと、たとえば日米では大きな違いが出ています。米国では２０１８年にスポーツベッティングが合法化され、野球やアメフト、バスケットボールなど様々なスポーツで適用されています。日本国内では競馬や競輪など一部の公営競技にのみ適用されていて、この違いが大きな差を生んでいます。米国におけるベッティングもインターネット・オプティマイズが進んでいて、収益的にも非常に成長しています。日本国内では先ほどの競馬や競輪などは成長している一方、人気スポーツである野球やサッカーといった競技では、そうした仕組みが推進されていないために大打撃を受けています。もう一つの要素はNFTです。弊社が提携したDapper Labs Inc.の『NBA Top Shot』は発売初年度で約700億円規模の巨大な市場を創出しました。この要因のひとつにはランダムパッケージを販売し、セカンダリーマーケットで売買できる仕組みがあるのですが、日本国内では限定的なサービス提供にとどまっています。賭博を禁止している刑法や景品表示法などに抵触する懸念などの議論が多く、導入が進まない状況です。『NBA Top Shot』について説明しますと、簡単に言えば『プロ野球チップス』のインターネット版のようなイメージです。『プ

ロ野球チップス』は商品についている袋を開けると、そこにカードが入っていて、時に貴重なカードや人気のカードが当たると、ファンの間では価値を生んだりします。これをインターネットの世界で行っているのがNFTという事です。私たちMIXIが提供する『DAZN MOMENTS』含め、日本でもNFTを購入できるようになりましたが、米国と環境が異なるために、いわゆる〝当たり外れのないカード〟の販売にとどまってしまい、購入する側からすれば魅力が半減してしまうわけです。こうした規制の違いによって、海外と日本の差がより大きくなっています」

――なるほど。こうした状況下で、近年、スポーツ庁やデジタル庁などの機関もできてきていますが、これら機関による事業者への支援などもあるのでしょうか。

「個別の案件に対するものというよりは、全体感としてのコミュニケーションはありますし、当社もやり取りしています。スポーツ庁も、スポーツの発展のための財源確保について非常に関心は高いと思います。一方で、スポーツ庁は文部科学省の所管であるために、〝教育の一環である〟という側面もあり、心身ともに健やかたる〝体育教育としてのスポーツ〟という事を意識せざるを得ません。そうしますと、ギャンブル依存症への観点などから、スポーツベッティングに対する理解を得るには議論が必要なのかもしれません」

――その点に関しましては、貴社はギャンブル依存症への対策も他社にも増して取り組まれていると思います。

「この点についてもインターネットの良い点があります。それはトレーサビリティ（個人の追跡能力）が高い事です。たとえば『TIPSTAR』であれば、毎月自分が使う上限額を決め、それを超えて利用できないようにするロック機能や相談窓口の案内なども行っています。実際のパチンコ店や、競馬場や競輪場では誰がどのくらいお金を使っているか、正確に把握する事は不可能です。しかし、インターネット上であればすべて情報を追うことができます。そのため、ギャンブル依存症への対策などでも圧倒的に進んでいるわけです」

――もちろんギャンブル依存症についてはユーザー自身が責任を持ってサービスを利用する事が当然ではあると思いますが、MIXIは事業者としての社会的責任を担うことについてもしっかり行っているということですね。

「私たちはどれだけ豊かなコミュニケーションを届け続けられるかという、サステナビリティの観点を非常に強く意識している企業です。私たちのサービスによって残念な思いをするユーザーを生み出してしまうサービスは優れたサービスではないと考えています。長く愛していただけるプロダクトをお届けすることが、企業としての収益も継続性を持って得られていくのだと考えています」

すべての軸は〝コミュニケーション〟。スポーツ、エンターテインメント、ライフスタイルからAIロボット、NFTまで

——ここで、MIXI GROUP全体のお話も伺えればと思います。MIXIは1997年にIT・Web業界の求人情報サイトを提供するところから始まっています。そこからMIXIが飛躍することとなったSNSプラットフォームの『mixi』が登場し、事業が多角化して現在のスポーツビジネスに取り組むところまで一気に至るわけですけれども、事業が多角化してサービスも拡大し、ユーザーも社員も集まっていく中で、MIXIの社会における立ち位置も変化していったと思っています。この先の成長戦略もあると思われますが、その方向性についてお聞きできればと思います。

「今後どのような戦略を取ろうとも、私たちのパーパスにある、豊かなコミュニケーションを届け続けるという軸は変わりません。コミュニケーションを全く取らずに人生を送っていける人はいないと思いますので、私たちはその質を高める事で人生における幸福の総和を大きくしていけると考えています。私の感覚としてコミュニケーションとは〝生活必需品ではないが、人生必需品である〟という捉え方をしています。コミュニケーションを軸にするならば、先ほどのスポーツだけではな

く、まだ私たちが取り組んでいないアートやその他の領域にも可能性があると思います。そこで人々が共感して盛り上がっていくものを創り、提供し続けていくべきだと考えています。冒頭の右脳的な考え方で、コミュニケーションを軸として人々が楽しめるものを提供していく一方、左脳的な部分では会社が投資をしていく速度を上げていくには、全てを自社で開発・提供していこうとするとなかなかスケールしにくいと感じています。そのため、最近ではM&Aや資本業務提携なども増えています。グループとして拡大していく中で、しっかりと私たちの考え方を浸透させていくためにパーパスを定めたという背景もあるのです」

――サービスやビジネス領域が広がっていくに従って、自社の技術やテクノロジーの部分についても進化されていると思います。今ではSNSからNFT、AIやロボットまでMIXIの事業領域は広がっています。こうした新しい領域におけるテクノロジーの開発やMIXIの強みなどについてはいかがでしょうか。

「当社には自分達が経験した事のない領域であっても、楽しんでチャレンジできる風土があると思います。たとえばゲームについても、もともと弊社はゲーム会社ではありませんでしたが、それでも開発にチャレンジし続けたことから始まっています。これには時代の変化も大きく関わっていて、昔はゲーム開発には専用の機材や端末が必要であったものが、現在では通常のPCさえあれば開発ができる便利な制作ツールが世の中に多く出ています。これらツールを利用して未着手の領域にも取り組んでいくとエンジニアの技術の幅も広がります。サービスを提供するのに必要なサーバーサイドの負荷分散の技術にしても、〝自分たちで開発できるのではないか〟という思考になっていくわけです。もちろん、その中でも注力しているものが二つあります。一つは今お話ししたサーバーの負荷分散の技術です。これはどのサービスを提供していくにしても不可欠なもので、この分野については弊社は高い技術を有していると思います。もう一つはAIです。弊社では様々な分野でAIを活用しています。たとえば映像解析では、スポーツの映像を解析して自動的にテロップを入れたり、スピード表示をしたり、選手の位置情報を表示するサービスに応用しています。または結果予想の算出でも活用しており、一般ユーザーの予想をサポートするためのAIを活用した予想も提供しています。あるいは開発の原価を下げる活用の仕方として、プログラムのセットアップなどの作業工程をAI化していく事で、エンジニアのコストを下げる事ができます。こうしたAIの技術開発についてはかなり力を入れています」

――MIXI全体の事業が立ち上げ当初からこれだけ大きく変化していて、毎年のように新しいサービスやビジネスを登場させていますが、世間の認識としてはソーシャルプラットフォームの企業であるという認識が強いと思います。そうした自分たちの意識とのギャップを感じる機会はありますか。

「それは日々、非常に感じている事で、企業名を変更しようと考えたこともあるくらい私たちの中では大きな課題だと感じています。MIXIの社名は4文字と短いので非常に覚えやすいですし、ソーシャルプラットフォームで一世風靡した時には、人々に深く刻み込まれたと思います。そこからゲームやスポーツ領域など、サービスが拡張していった中で、どうも各サービスとMIXIとの連携が取りにくいと感じる時もありました。ですが、そうは言っても、私たちの軸はコミュニケーションであり、MIXIの語源も〝ミックス（mix）〟と〝人（i）〟の造語ですので、ソーシャルプラットフォーム以外のコミュニケーションも含めて〝MIXI〟なのではないかと回帰し、改めて社名もMIXIでいこうと決め、大幅なブランドリニューアルも行いました。MIXIのもとで様々なコミュニケーションサービスが届けられているということを粘り強く伝えていこうと」

プロスポーツクラブ運営への挑戦

――事業が多角化してスポーツビジネスに取り組むタイミングがやって来て、当初はスポンサーシップから始まり、現在ではプロクラブの運営、そして公営競技などより深いビジネス展開に至っています。これらのスポーツビジネスはすぐに取り組めるものでもありません。しかし、MIXIのケースでは最初の着手からここまで非常にスピード感を持って一気に拡大してきています。こうしたスタートの足掛かりとなったことはどのようなものだったのでしょうか。

Jリーグ FC東京の経営権を取得した際の記者発表の様子（2021年12月）

日本の首都「東京」にクラブ本拠地を構えるFC東京。国立競技場でホームゲームを開催するなど、ビジネスチャンスを広げる

「『FC東京』『千葉ジェッツふなばし』の両チームのスポンサードを始めたことは大きかったのではないかと思います。２０１８年にスポーツ事業の開始を発表した際に、どちらもトップリーグのクラブということで、自分たちの本気度も伝わりますし、何よりリクルーティング面も含めてスポーツネットワークの中におけるＭＩＸＩのプレゼンスが非常に上がりました。その事がスポーツ業界で活躍してきた人たちの入社にも繋がりましたし、そこからネットワークがさらに広がっていくという相乗効果も得られました。公営競技についてはまた異なる経緯があり、既にオンラインでの車券販売を行っていたチャリ・ロト社をグループ会社化し、車券販売のライセンス取得につなげました。競輪は現在国内

に43ほどのレース場があり、地方自治体が運営主体となっていて、競輪場のある自治体をひとつひとつ訪問してまわるといった事も経験しました。その中で、現場のスタッフがカルチャーギャップの大きさに打ちのめされた時期もありました。IT業界とは異なる商習慣に合わせたり、すべての競輪場で映像を引き込むための工事をさせていただくために、それこそ靴底をすり減らすような活動が当初は多かった記憶があります」

――2019年はMIXIのスポーツビジネスの転機となった年だと思われます。春先には『千葉ジェッツふなばし』との資本提携が発表され、その秋には子会社化されたことでクラブのオーナーシップを持つ事となりました。また、競馬総合情報メディア『netkeiba.com』を運営するネットドリーマーズ社やチャリ・ロト社がグループ入りしました。様々な事がこの年に起こり、MIXIのスポーツビジネスにおいては変革の年であったと言えるのではないでしょうか。

「クラブのオーナーシップについては、もともとそれほどこだわってはいませんでした。『千葉ジェッツふなばし』はB．LEAGUE屈指の強豪クラブにはなりましたが、今後の成長を見据えた時に、アリーナの存在は不可欠であろうと思いました。そうした将来像を見据えた時に、前クラブオーナーが支援できる限界と、今後の経営についての考えなどを相談したところ、このような形になりました。『千葉ジェッツふなばし』が私たちのグループ会社としてやっていくのであれば、取締役会での議論でもアリーナの費用だけを出すという事は考えにくく、クラブとアリーナの両面で見ていくことになりました」

――2022年2月に、千葉のベイエリアに新アリーナ『LaLa arena TOKYO-BAY』建設の計画を発表されました。これは三井不動産株式会社と一緒にやられるという事ですが、いざアリーナを建設するとなると、土地の取得や自治体との調整、地域の同意や商圏内での課題など多くの事項が出てくると思いますので、一足飛びで建設計画に至ったと言うよりは、そこまでの道のりがあったのではないかと思うのですが。

「アリーナ建設に関してはいろいろな候補地がありましたが、パートナー先に恵まれた事は言えるかもしれません。三井不動産株式会社がスポーツやエンターテインメントの力を活用した街づくりを行っていく考えをお持ちでしたので、彼らとご一緒できることになったのは大きかったです。三井不動産株式会社はこれまでに株式会社東京ドームの子会社化やバスケットボール日本代表を含めたスポーツ協賛などを通して、スポーツ要素を持ち込んだ街づくりを推進しており、豊富な経験があります。今回の建設地についても三井不動産グループが管理運営する商業施設『三井ショッピングパーク ららぽーとTOKYO-BAY』に程近い、彼らが所有する土地を活用する事になりました」

——『千葉ジェッツふなばし』自体も先ほど仰られたようにB・LEAGUE屈指の強豪クラブに成長していますが、『千葉ジェッツふなばし』というクラブについては、お話が来た時に他のクラブの検討はせず〝このクラブである〟という考えを持ったのでしょうか。

2024年春開業を目指して建設が進む「LaLa arena TOKYO-BAY」は1万人規模の収容人数を予定。千葉ジェッツふなばしがホームアリーナとして利用するほか、音楽コンサートやスポーツイベントなど様々な用途に対応可能な施設を目指す

B.LEAGUE所属「千葉ジェッツふなばし」は、2021年にはクラブ設立10年の節目でシーズン初優勝を遂げた

「私たちがスポーツクラブに求めるものに〝独立採算で成長していく〟という考え方があります。従来の親会社の広告塔としてクラブが存在し、毎年何もしなくても変わらず予算が落ちてくるような立て付けでは、成長が見込めません。やはりクラブ自身が地に足をつけ、自立していけるようなものでなければならないと思いますし、その方が結果的により強いクラブになると思っています。そのように考えた時に商圏としての大きさが重要になってきます。そのため『FC東京』や『千葉ジェッツふなばし』を選択したという事です。船橋市は千葉県の中でも人口が継続的に増えているエリアであり、新アリーナ予定地の向かいにある『三井ショッピングパーク ららぽーとTOKYO-BAY』も、日本全国のららぽーとの中でも最大級の集客数を誇る商業施設であることなど、観客を集めやすい環

境がある点も重要であったと思っています」

――日本のプロスポーツは自分の力だけで立っていけているクラブは、どの競技においてもほとんどない状況です。たとえば2019年にメルカリが『鹿島アントラーズ』を買収しましたが、当時の金額として約20億円前後と言われています。Jリーグの中では最も実績があり、買収額も高くなるはずのクラブとしてこの金額です。一方で、『ニューヨークヤンキース』などを見てみると、約7000億円の金額でなければ買う事が出来ない規模になっています。この価値の違いこそ、仰れているような自分の稼ぐ力の有無であると思います。自分の力で稼ぐことができないので日本のクラブに価値がつかない。これは日本に限らず、他の国でも同様だと思います。しかし、ここには稼ぐ手段も関係した構造的な課題もあるのではないかと感じます。

「財源確保のためにどのような事が必要かと考えた時に、やはり先ほどのスポーツベッティングやNFTなどの導入は重要だと考えています。米国ですと映像権というものが大きな収益になっていますが、日本ではそれがほとんど収益になっていません。もし日本の各クラブチームが映像権をきちんとホールドし、そこにベッティングが合法化されたならば、ものすごい収益になると思います。やはり映像を観ながらベッティングする楽しみ方については高いニーズがあると考えていますし、NFTでもランダム販売が自由化された時には、大きな収益に繋がってくるはずです。規制が緩和されてくると、ビジネス上で取れる手段も格段に増えていきます」

――デジタルあるいはDXの領域で、ベッティングやエクスペリエンスのところも含めて、MIXIのノウハウがフル活用されているのは非常に合理性があるお話だと思いますが、先ほどのアリーナ建設・運営となると、バスケットボールに限らずいろいろなイベントを誘致する計画や地域のための活用方法なども検討する事になると思います。そこはMIXIとして新しい挑戦になると思いますし、新しい挑戦だからこそ期待している部分などはどのようなことでしょうか。

「私たち独自のアイデアの中で期待していることの一つとして、お客様同士がコミュニケーションを取りやすい空間やこれまでになかった観戦体験を提供したいという考えがあります。海外ではスポーツホスピタリティが既に定着していますが、日本ではこの分野が非常に弱いと感じています。レストランやホテルなど、世界でも屈指のサービス品質や名店が揃う東京でも、ひとたびスポーツ観戦となると、お祭り屋台のような食事やサービスに品質が低下してしまうのです。こうした事は観戦体験に大きく関わってくると思います。『LaLa arena TOKYO-BAY』では、来場者に喜んでもらえるようなホスピタリティを備えたものにしたいと強く思っています。スポーツを観るカルチャーの促進もありますが、スポーツ観戦と共にビジネスの商談の場として、またはVIPの方がご家族とゆっくり過ごす事ができる場として利用いただき、豊かな時間を過ごすための、行き先の選択肢の一つにしていただけるようなものにしたいと考えています」

――欧州の5大リーグやある程度の規模のクラブのスタジアムには、必ずと言って良いほどビジネスラウンジや（エクスクルーシブな社交の場としての）クラブが併設されていたりします。そうした場所では試合観戦はもちろんですが、日常的にビジネスの商談の場として利用しています。もちろん国によっては過激なサポーターのいる国もあるわけですが、きちんと分けて特別な空間として成立させている訳ですから、なぜそうした事例に習ったりしないのか、日本でも同じ事ができるはずだと、とても不思議な気持ちになります。

「これには日本人の〝事なかれ主義〟的な気質も大きく影響しているのかもしれません。もっと良くできるはずの事であっても、自分達で可能性を潰してしまっていることが往々にしてあると思います」

――貴社が手掛けるアリーナのホスピタリティには、かつてのスタジアムにはなかったような体験を楽しみにしています。

「期待していていただければと思います」

公営競技事業の深化、MIXI独自の収益モデルの構築

――続いて、公営競技についてもお聞きしていきたいと思います。野球やサッカー、バスケットボールなどの競技とは競技そのものだけではなく、観客も違ってくると思いますが、アスリートが情熱を注ぐものである事は不変であるとして、〝スポーツ性〟の違いについて感じられている事はどのようなことでしょうか。

「賞金獲得型の個人競技が多く、賞金が直接結びつくため、アスリートもより〝勝利〟に対する意識と責任の強さについては言えると思います。プロフェッショナリズムの一部として、自分の獲得賞金についてもある意味バロメーターになっているのではないでしょうか。いわゆる〝仕事師〟のような感覚とも言えるかもしれません。獲得賞金を含めた選手の平均年収でも、やはりサッカーなどの競技と比べれば圧倒的に高いですし、己の能力で生き抜いている感覚を持つ選手が公営競技には多いと思います」

――野球やサッカーでも観客は入場料を支払って見る訳ですが、公営競技の場合ベッティングや賞金の要素がある事で、自分達のレースに直接お金を出している人がいる事を常に感じていると思うので、自ずと取り組み方も〝仕事師〟のようなスタンスになるのも理解できます。

「公的機関やアマチュアの競技団体などからは、ベッティングの対象になる事や賞金がかかる事によってスポーツの純粋性を損なうのではないという声を聞かれます。アスリートにも生活があり、勝負の世界で生きている職業という実態の側面と、〝アスリートは清貧であるべき〟とも取れる義務教育の延長上で築かれた考え方との差があるのだと思います」

――日本ではプロのクラブであっても、大企業の一子会社として経営されているケースも多く、それらはCSRや社員の福利厚生などの対策として運営している事もあり、収益を生み出すという事への意識がまだまだ低いのが現状だと思いますので、意識改革が必要です。ここで、改めて公営競技のベッティングサービスとMIXIのビジネスモデルについてお聞きしたいと思います。

「コアとなる収益源は『TIPSTAR』をはじめとしたオンラインでのベッティングサービスになります。さらに、そこには私たちが培ってきたソーシャル・アプリケーションのノウハウを全て注ぎ込んで構築をしています。ベッティングサービスも、ひとりで利用するよりも友人や仲間と楽しみながら利用していただけるように工夫をしていますし、そうした点はゲームでの経験が活きていると思います。公営競技においては周辺事業も行なっていまして、一つはチャリ・ロト社が行っている競輪場の所有や運営、もう一つはネットドリーマーズ社が行っている『netkeiba.com』や『netkeirin（ネットケイリン）』などの情報メディア事業です。オンラインでのベッティングサービスも、元となるコンテンツが廃れていってしまうとコンテンツ供給に支障を来したり、ユーザーが離れてしまう要因になってしまいます。そのために競輪場現地についても費用を投じ、リノベーションを行うなどしてユーザーの観戦体験の向上を図っています。たとえば岡山県にある玉野競輪場は、施設の老朽化に伴い競輪場自体を建て替え、選手宿舎を兼ねたホテルも新しく併設しました。施設が整備されたことで選手のコンディションとモチベーションアップに繋がり、結果としてより白熱したレースが見られるようになり、それがライブ映像としてもより面白いものになっているのではないかと感じています。さらに、レースを予想してベッティングするにも、何か足がかりになる情報が必要だと思います。そこで情報メディアの『netkeiba.com』や『netkeirin（ネットケイリン）』では、選手へのインタビューやその他の様々な情報を提供しています。それらの競技の現場から、コンテンツ・情報提供、ベッティングサービスまでを連携させ、それぞれのシナジーを最大限活かして運営するというのが当社の戦略です」

玉野競輪場（岡山）を業界初のホテル併設型の競輪場としてリニューアル。ホテルは選手宿舎も兼ねている

――余談ですが、この『TIPSTAR』をはじめて見た時にプロの予想師の方は真っ青になるのではないかと思いました。

「このサービスにはプロの方も一般の方も含めて大量の予想が入ってきます。そこではランキングや勝ちレースの傾向などの情報も提供しています。今までの新聞を見てプロ予想師の予想を参考にし自分の予想を立てるという行為は、新聞を買ってお金を払うことによって経済を成り立たせていたわけですが、この『TIPSTAR』は他の人の予想に自分が〝のっかって〟車券を買い、その車券が当たると、予想した人にもサービス内で利用できる報酬が得られる仕組みになっています。本来の経済原理からすると、誰も自分の予想を公開するという事はしたくないはずです。なぜならば、良い予想に多くの人が〝のっかって〟

スポーツベッティングサービスの「TIPSTAR」は気になるユーザーの予想に乗る“のっかりベット”やレースのライブ配信など、エンターテインメント性溢れるサービスを提供

来るとオッズが下がるためです。そこで、当たった場合には元の予想をした人にもリターンがあるという仕組みを入れる事で、多くの人が予想を公開するようになり、今まで脚光を浴びることがなかった人も注目されるようになっています。こうした変化は旧来型のメディアでは起こり得なかったことだと思います」

――また、コアサービスやメディア事業は分かりますが、競技場自体の運営も行うというのは、あまり例がないと思います。この背景について、自社発のアイデアまたは社会的な課題やニーズなどの経緯があったのでしょうか。

「当初からコンテンツの源流から、情報メディア、販売サービスまで垂直統合で自分達で取り組んでいこうという意識はありました。やはり全体を通して私たちが関わる事で、お客様に届ける体験をきちんとコントロールできると思っています。コンテンツのクォリティにもこだわっていて、たとえば映像も既存のレース映像をそのまま配信するだけではなく、演出を加えたりして視聴体験の向上のために常に工夫しています。この垂直統合型の運営スタイルはゲームの時にベースが出来ました。弊社の『モンスターストライク』はゲームやアニメーションも自社制作で、マーチャンダイジングやリアルイベントなどもすべて自社が中心となって制作・運営を行ってきた経験が活かされています。今まであれば特定のヒットコンテンツであっても、漫画はA出版社、アニメーションはB制作会社、ゲームはC社、玩具はD社が担うといった水平分業型のモデルが主流であったと思います。しかし、オンライン中心のサービスを展開していく現在では、それらをすべて集約して提供する事ができます。そのほうがより一体感を持ったコミュニケーションとして、コンテンツや体験を提供できるのではないかと思っています」

――競輪場を運営していくにあたっては、競輪場ごとに、現地の課題なども見えてくると思います。顕在化した課題を改善してきた経験も社内にはあると思いますが、そうした中で感じられたている事などはありますでしょうか。

「地方や地域に関わる課題が多くなりますが、特に大都市ではない地域については雇用の課題が大きく関わってくると感じています。私たちはIT企業ですので、私たちが運営に入る事で効率化されたり、それによって人手がかからなくなったりということが非常に密接な関係としてあります。しかし、一方で競輪場は地域の雇用の場ともなっており、それは守っていく必要がある。このバランスが非常に難しいと感じています。IT企業そのものがあまり雇用の観点では社会への貢献度が少ない事業でもあります。弊社もグループとして約1000億円の売上がありますが、社員は1500人強ほどしかいません。競輪場は自治体が運営し、公共事業としての側面も強いビジネスですので、そういった点でのギャップは感じます」

テクノロジーの可能性とスポーツビジネスの未来

――現在ではデジタル資産など、現状制度が想定していない資産も登場してきています。こうしたテクノロジーが可能にしたことについてはいかがでしょうか。

「当社の公営競技事業においては、映像制作におけるコスト削減は非常に大きいものがあります。日本には43ヶ所の競輪場があるわけですが、そのライブ映像を編集して放送する際に、これまでのテレビ放送ですと高額な機材や人件費など、非常に大きな設備投資が必要になります。これがインターネット回線1本で繋がり、AIによる自動編集が可能となることで、配信コストを大きく下げることができています」

――MIXIはスポーツビジネスに取り組む企業の中でも特に多岐に渡る領域にチャレンジされていると思います。スポーツビジネスがMIXIの企業価値に貢献している部分があるとすれば、どのような観点であるとお考えでしょうか。

「コロナ禍の状況が影響している事もあるかと思いますが、実はプロスポーツについては企業価値への貢献はまだまだ薄いと感じています。個人的には今プロスポーツ全体の社会的なプレゼンスの過渡期にあると感じていまして、従前のようなプロ野球のナイターがテレビ放送されて、多くの人が観る時代でもなくなってきています。これはJリーグでも同様で、B.LEAGUEは定期放送されたことすらありません。視聴環境の接地面が減り、社会的にもかなりスポーツ視聴の機会は偏り且つ限られてきていると思います。一方で企業の収益源としてのポテンシャルは、公営競技を含むベッティングの領域で投資家からも非常に注目をされています」

――日本においてはまだまだスポーツビジネスとは、アスリートや競技そのものの話であったり、クラブ運営、または市場規模や枠組みの話であったりします。スポーツビジネスを活用する事で自社のビジネスの成長に繋げるという考えに基づくと、MIXIのビジネスとスポーツビジネスの今後の可能性についてどのようにお考えでしょうか。

「人々の中心となるメディアがテレビからインターネットに変わったことで、どのようにインターネット上でスポーツを観てもらえるようにするのかが鍵となると思います。そのために起爆剤となり得る要素にベッティングがあると思っています。そうすると視聴環境の接地面が増え、視聴者が増える事で社会におけるスポーツのプレゼンスは増し、当たり前のようにテレビで巨人戦を観ていた時代のようにインターネットでスポーツを観るようになる。その好循環が生まれた時にようやくインターネット・オプティマイズができたと言えるのではないかと思います。米国などでは、広告をはじめとして、あらゆるものがインターネットに置き換わっていくスピードが早かったわけです。日本ではまだテレビが根強い状況ですが、本来はより個人のユーザーに適した情報を届けられるインターネットのほうがバリューが高いはずであると考えています。その裏返しではありませんが、インターネットでスポーツを観戦する価値をどれだけ提供していけるのかが、日本のスポーツビジネスの未来であると思います」

――今後日本のスポーツビジネスを変革していくものがあるとすると、どのようなものが鍵であるとお考えでしょうか。

「やはり規制緩和ではないでしょうか。これがグローバルな視点になると、私たちとしては〝ソーシャル・アプリケーションになるかどうか〟という点は大きなポイントであると思います。ベッティングサービスも世の中にはたくさんありますが、どれも自分ひとりでベッティングをするものがほとんどです。ビデオゲームやオンラインゲームの歴史を見ていくと、一人よりは複数人で遊べる・参加ができるほうが、圧倒的に拡散性が高く継続性も高くなります。その事を意識し、私たちはベッティングサービスも『ソーシャル・ベッティング』と定義しています。友人や仲間と楽しみながら参加できるサービスが世に多く出てくる事でマインドチェンジが起こるのではないかと思います。もちろん、それをもたらすのは私たちＭＩＸＩでありたいと思っています」

――スポーツビジネスもその他のオンラインサービスも、ＭＩＸＩの中では〝コミュニケーション〟という一本の軸で繋がっている事を改めて理解できたインタビューとなりました。今後の展開にも是非期待をしております。本日はお忙しい中で貴重な機会をいただき、ありがとうございました。

（取材日・２０２２年９月８日）

10 REAL CASES OF INTERVIEWS

4

世界最高峰の電気自動車レースがもたらす巨大実験場。エレクトリフィケーションの未来とＡＢＢの挑戦

ABB

Daniela Lužanin

ABBフォーミュラEパートナーシップ責任者

Daniela Lužanin

ダニエラ・ルジャニン

コーポレートコミュニケーションマネジメント、戦略、スポンサーシップ、デジタル・コミュニケーションの分野で豊富な実績を持ち、ダイムラー・クライスラー、サンド薬品、グーグル、ナミックスなど大手企業での経験を有する。2012年にABBに入社以来、グローバル・イニシアティブ・マネジメント部長、社内コミュニケーション部長、エレクトリフィケーションビジネスコミュニケーション部長、デジタルコミュニケーション部長等を歴任。現在は世界初のオール電動化シングルシータ四輪自動車レースの国際選手権であるABBフォーミュラＥパートナーシップの責任者を務める。ロード・アシュクロフト・インターナショナル・ビジネス・スクール（LAIBS）にて国際経営学で学士号、シュトゥットガルト大学にてMBAを取得。

introduction

2018年10月、スイスのグローバル・テクノロジー・リーダーのABBは電気自動車レースの最高峰、フォーミュラEのグローバル・タイトルパートナーとなったことを発表した。

フォーミュラEはガソリンエンジンを搭載するフォーミュラワン（F1）同様、国際自動車連盟（FIA）によるレースであり、化石燃料を使用しない100％電気のみによるフォーミュラマシンを使用した市街地コースでの世界レースであり、2020－2021年の第7シーズンからはシングルシーターカテゴリの世界選手権となった。フォーミュラEの特徴として現在各チームはジェネレーション3（第3世代）と呼ばれる共通仕様のマシンを利用してレースを行う、所謂ワンメイクレースとなっている。世界最速の急速充電器など、EV充電ソリューションのグローバル・カンパニーであるABBはeモビリティ関連の電化とデジタル化技術の技術開発や競争力あるプラットフォーム開発の未来を担う役割をこのフォーミュラEに託した。

その技術提供はマシン本体への充電にとどまらず、世界に向けた放送技術を支える無停電電源装置（UPS）の提供、2022－2023年に開催されるシーズン9に投入されたる次世代マシンのジェネレーション3（第3世代）へのアップデートされた充電ソリューションとエネルギー回生技術など多岐に亘る。グローバル・タイトルパートナーとしてのアライアンスの背景には、単なる企業認知度の向上と言うよりは最高峰のレースをグローバルかつ技術の限界を押し広げる意味での巨大な実験場として活用する姿が垣間見える。ガソリンエンジンのフォーミュラワンでは各チームのコンストラクター（製造者）が自社開発の技術を市販車にフィードバックすることは一般的であるが、ワンメイクレースの特性を活かしてレース運営全体を把握できることはフォーミュラワンの世界では出来なかったことだろう。ABBはフォーミュラEでのチャレンジを通じ、スマートシティ、脱炭素に重要な役割を果たす持続可能なクリーンモビリティを追求する姿勢はより強まっていくことが予想できる。スイス・グローバル・テクノロジー・リーダーの挑戦に迫る。

ＡＢＢについて

――この度は私たちのインタビューにご協力をいただき、ありがとうございます。

「こちらこそ、日本のスポーツビジネスの推進にお役に立てるなら喜んで」

――まず最初に改めてＡＢＢという企業についてお聞きしたいと思います。

「ＡＢＢはグローバルなテクノロジー・リーダーで、日本でも知られているかもしれませんが、社会や産業を変革するということが私たちの使命であると考えています。より生産性を向上させ、サステナブルな社会へと世界を変えていくミッションを掲げ、ビジネスを行っています。また、お客様の成功を目指し、お客様のイネーブルメント（可能性を広げること）を助け、パフォーマンスの向上を支援する様々な分野で事業を展開しており、ソフトウェアからロボティクス、オートメーションなど幅広いポートフォリオがあります。電気、電化、モビリティ関連、プロセスオートメーションやロボティクス、ディスクリート製造など、多様なテクノロジーを有しています」

――ＡＢＢは１００カ国以上でビジネスを展開していますが、なぜスイスには電気・電子や精密機械や時計、製薬など優れた工業の企業が生まれるのだと思われますか。

「スイスは製造業が非常に盛んな国で、また製造業というのはスイスという国にとっては経済のエンジンとも言えるものであり、高度に工業化が進んでいます。スイス企業はこの力をグローバルに拡張し、世界各国で事業を展開しています。また、イノベーションの分野でも世界的なリーダーとなっている企業も多く、スイス企業のクォリティの高さを証明していると思います」

プロジェクトの始まり

――その中でABBの取り組んでいるグローバルな活動として、フォーミュラEプロジェクトについてお伺いしていきたいと思います。2018年10月からABBはフォーミュラEのグローバル・タイトルパートナーとしてスポンサードを開始しました。モータースポーツにはフォーミュラワンやその他にもカテゴリがありますが、なぜフォーミュラEだったのでしょうか。

「モータースポーツの世界においてタイトル・パートナーになるということは、私たちのような企業にとってはあまり頻繁にあるケースではないと思います。最新のエレクトロニクス技術を持つABBが力強くサステナビリティを推進する上で、その分野でのクレデンシャル（資格や信頼性）を

2022−2023年のシーズン9から刷新されたABB Formula Eワールドチャンピオンシップのロゴが展開される

持つためにも、良い組み合わせではないかと考えたのです。世界中のお客様に対して、ＡＢＢはサステナブルな未来をこのような形でも推進しようとしているというメッセージを伝える事ができるのではないかと考えています。昨今ではフォーミュラワンでも、よりサステナブルな視点をもった活動になるべきという動きもありますが、私たちの技術やソリューションの観点からも、フォーミュラＥを活用することで、ＡＢＢとしてより良いメッセージを発信できる環境が整っていると考えています。また、ｅモビリティ、そして電気自動車のチャージングなどの分野で次々と新しい技術が出て来ていますので、タイミングとしても好機であると捉えています」

――このグローバルなスポンサーシップが決まった過程について教えていただけますでしょうか。

「数年前に『ソーラーインプット』と言うプロジェクトがあり、名前の通りソーラーテクノロジーにおけるグローバルなプロジェクトで、私たちにもパートナーシップの打診がありました。しかしその時、よりＡＢＢの技術にふさわしい他のパートナーシップの可能性もあるのではないかと考え、そこから様々な方面でプロジェクトを探していました。その中で完璧な組み合わせだと思えるプロジェクトが、このフォーミュラＥプロジェクトだったのです。ＡＢＢの市場における競争力を高める領域としてｅモビリティ、電気自動車における技術があります。フォーミュラＥでは、レースに使用するマシンのＥＶコンポーネントの設計や機能性におけるテストなども行い、それをグローバルに展開するということを目指してきました。電気自動車であるフォーミュラＥであれば騒音や排気ガスの心配がなく、都市部のよう市街地でのレースが可能であり、多くの人々にｅモビリティをプロモートすることができます。また、ｅモビ

市街地コースを駆け抜けるFormula Eマシン

リティやEVチャージャー（充電ソリューション）については、まだまだ利便性や航続距離に関する疑問が多く存在しています。自動車業界のサプライヤーやOEM企業にも貢献する目的から、私たちがより自動車業界と一緒に取り組んでいくことで、世界の人々がよりEVを信頼して購入できるようにしたいという意図もありました。そして、この取り組みを通じて世界中のお客様のABBへの認知度を高め、私たちの充電ソリューションの販売促進に繋げるという目的もありました。そのためにはレースの経験を通じてABBの持つ技術を現在の性能から、さらに向上させていくという期待もあります」

——このパートナーシップを締結するに至るまでに、最も困難であったことがあれば、それはどのようなことだったのでしょうか。

「パートナーシップの締結自体は実はそれほど困難ではありませんでしたが、もし挙げられることとすれば、大企業であるがゆえにパートナーシップを結ぶ相手や、その世界についての理解が足りなかったということがあると思います。当初、私たちはいかにも大企業的なアプローチで、自社がこれまで行って来たイベントやアクティベーション、ブランディング活動をなどの一環として、いわゆる自分達の持つ経験値の範囲内でパートナーシップを捉えていました。締結する相手側やオーディエンス、周辺環境やスポーツビジネスに順応しなければならないという事に気づいていなかっ

Formula E各チームがグリッドに集結した風景

たのです。プロジェクトが進むにつれ、パートナーシップとは私たちがそれまで経験してきたようなセールスエキシビジョンなどとは全く異なるものだということを理解していったのです。そして、私たちはスポーツビジネスの世界ではどのようにファンやステークホルダーをエンゲージしていくべきか、どのようにこの環境にABBは順応できるのかを考え、学び、時間をかけて順応していくという過程が必要でした。モータースポーツというのは非常にダイナミックな世界で、これほど大規模なパートナーシップ・プロジェクトというのはABBとしても初めてのことであり、そこに対する理解がとても重要になりました。そこから実際のアクティベーションやイベント、ソーシャルメディアの活用方法からあらゆるコミュニケーションに至るまで、何をどのように実施すべきかを決めて行ったのです。こうしたことは困難なことであったというよりは、私たちにとって必要な変化であったと思いますし、私たちも当初よりはモータースポーツの世界を理解し、順応できて来ていると思います」

――パートナーシップのチームはダニエラさんがリードされていますが、どのくらいの人数のメンバーがこのパートナーシップのために動いているのでしょうか。

「チューリッヒにある私のコアチームでは5名のメンバーがいます。その他にはエージェンシーのメンバーもいますので、イベントの規模にもよりますが、3名から5名のスタッフが稼働しています。あと、PRエージェンシーも利用していますし、各ビジネスチームからのサポートも得ています。イベントの規模にも応じてサポートの体制も変化するのですが、たとえばロボティクス分野のイベントであればドイツ・ベルリンのチームのサポートを受けたり、サステナビリティを推進するABBとしてのプロモーションならば、サステナビリティのストラテジーチームやメディアアリレーションズ、ブランディング、インターナルコミュニケーションなどの部門のメンバーがその時に応じて参加することもあります。レースにおけるイベントの規模などによって、何名くらいのメンバーが稼働するかということが変わってくるため、実にいろいろなステークホルダーが関わっています」

フォーミュラEについて

――レースは欧州だけでなく世界を転戦しますので、チームメンバーは社内をはじめ開催現地など、非常に多くのステークホルダーとコミュニケーションをする必要があるのですね。フォーミュラEのレースとしてのポテンシャルについては、先ほどのように騒音や排気ガスの懸念のないレースが可能である点や、サステナビリティ、デジタルミックスのエンターテイメント性など、純粋に自動車の速さを競うことから始まったフォーミュラワンとは異なり、スタート当初から社会課題の解決の観点が組み込まれている点においても、新時代のモータースポーツと言えるのではないかと思います。

「モータースポーツそのものとしてはフォーミュラワンも、このフォーミュラEもそれほど違いはないかもしれません。やはりレースは競うものであり、その本質は変わらないと思います。アスリートとしてのドライバーたちは皆常に「勝ちたい！」という情熱を持って臨んでいます。エキサイティングで高いパフォーマンスのレースを見せれば、それは電気自動車自体の魅力をプロモーションすることに繋がるのではないかと思います。フォーミュラワンのような爆音も害となる排気ガスもなく、高速で疾走するレースマシンはそれだけで電気自動車に「乗ってみたい」と思わせる強い印象を抱かせると思います。仰られる通り、フォーミュラEの進化が今後の電気自動車の世界の発展に寄与することを考えれば、ある意味社会課題に対する取り組みという見方もできるかもしれません。一方で、情熱やパッション、エネルギーといったレースやスポーツに共通する要素は変わることなく存在しています」

――現在フォーミュラEでは、すべてのチームが基本的に同じ規格の車体を使う『ワンメイク』というスタイルを取っています（一部の機能・仕組みについては独自開発が可能）。先日、ジェネレーション3のマシンが発表されましたが、ABBは次世代マシンに搭載される技術の面でもサポートをされているのでしょうか。

「クルマに搭載されるようなコンポーネントについてはまだABBとして提供できてはいません。仰られる通り、（フォーミュラEの中で）バッテリーやタイヤなどのかなりの部分については規格統一された共通部品を使った「ワンメイク」になっています。レースの運営面ではUPS（無停電電源装置）の提供を行っています。これはレースの放送機器をサポートするもので、突如の停電などが生じ、ライブ放送が出来なくなるなどの大損害を回避することができます。また、ABBはオフィシャル・チャージングパートナーにもなっており、FIA、そしてフォーミュラEのイノベーティブかつ安心で安全な電源の提供者として信頼を得ています。シーズン9から私たちが提供するソリューションの中にはポータブルチャージャーも含まれているのですが、これはフォーミュラEのために特別に設計・開発されたもので、80キロワットを２台同時にチャージできる（計１６０キロワットを出力する）能力を持っています。つまり、各チームが必要とする充電器は２台から１台になり、充電器の設置面積を大幅に削減し、輸送時の排出量も減らすことができます。ＡＢＢフォーミュラEレースチャージャーは、ＡＢＢの最新の充電技術を搭載し、この分野におけるＡＢＢのリーディングカンパニーとしての地位を活かしています。その設計は、一般車両の充電アプリケーションですでに実証済みの技術を、要求の厳しいモータースポーツ環境に適合させるものです。市場最速のオールインワン充電器であるＴｅｒｒａ３６０などのＡＢＢの充電ソリューションは、通常、固定式の充電器ですが、それが不可能なフォーミュラEのピットでは、携帯可能なことが非常に有利に働きます。」

2022-2023年のシーズン9から新たに使用されるABB製の急速充電器は非常にコンパクトかつパワフルな性能を発揮する

フォーミュラEがABBにもたらした変化

――フォーミュラEでの取り組みがABBに与えた変化についてお聞きしたいと思います。例えば、このグローバル・パートナーシップを開始してからのビジネス的な影響についてはいかがでしょうか。

「一つの側面としてはグローバル市場でABBの認知度が上がったことがあると思います。それはレースの放送を通じて世界中のメディアに情報が流れることで、ABBという企業があり、まだ私たちのビジネスを提供していない地域に対しても、私たちがサステナビリティの目標に向かって積極的に活動をしていることが伝わっていると思いますし、このパートナシップはそうした私たちの活動の伝達におけるキープラットフォームであると考えています。今では当初よりABBのサステナビリティに対する努力や、サステナブルな将来を目指す私たちの姿を伝える重要なプラットフォームになって来ています。また、顧客エンゲージメントの観点でも非常に効果を発揮しています。私たちのフォーミュラEでの取り組みを伝えることで、ABBに対する信頼度が上がって来ていると感じています。ファンイベントやファクトリーツアーなど、レースを中心として様々な可能性、活用方法が考えられると思います。技術開発の領域でも、レースという極限の条件下で製品のテストをする機会が増えることによって、さらなる製品の開発、効果的なコミュニケーションにも活きてきているのではないかと思います。他にもスマートシティやeモビリティ、サステナブルテクノロジーの面でも影響は波及してきているのではないかと思います。そして、私たちがパートナーシップを組んでから、従業員が会社のことをより誇りに思い、社員にも良い影響をもたらしています。ABBの一員であるということにロイヤリティを感じてくれているという話を耳にするようになったことは、私としてもとても嬉しいです」

ABBとスポーツビジネス

――ABBにとって、今回のグローバル・パートナーシップを今後どのように推進していきたいと考えていますでしょうか。また、スポーツビジネスとABBのビジネスとの可能性についてお聞きしたいと思います。

「現在はフォーミュラEのプロジェクトにフォーカスしていて、少なく

とも今後2年間はタイトル・パートナーとして注力していくことになりますので、フォーミュラE以外のパートナーシップの可能性や、ABBとして今後どのようなビジョンを持ってスポーツビジネスと取り組んでいくかという点については、まだ未確定の部分が多い状況です。逆に言えば現在がスタートラインであると考えています。私たちが今回のパートナーシップで「正しい努力」をし、お客様とグローバル・テクノロジー・リーダーとしてあるべき姿を追求していくことで、次のステップが見えてくるのかもしれません」

——今後、本格的に到来するEV時代には、フォーミュラEで培ったABBの技術が日本でも身近になるかもしれませんね。本日はレースシーズン中のお忙しい中で機会をいただき、ありがとうございました。

（取材日・2022年5月4日）

10 REAL CASES OF INTERVIEWS

5

スポーツビジネスは いかに人材ビジネスを変えたのか。国内屈指の人材サービス企業が見出した“壁”の突破力

パーソルキャリア株式会社

Seiya Oura

パーソルキャリア株式会社

大浦征也

執行役員／エージェント事業本部長 doda 編集長。2002年、株式会社インテリジェンス（現社名：パーソルキャリア株式会社）入社。人材紹介事業に従事。法人営業として企業の採用支援、人事コンサルティング等を経験した後、キャリアアドバイザーに。転職希望者のキャリアカウンセリングやサポートに長年携わる。担当領域は多岐にわたり、これまでに支援した転職希望者は10,000 人を超える。その後、複数事業の営業本部長、マーケティング領域の総責任者、事業部長などを歴任。2017年より約3年間、doda 編集長を務め、2019年10月には執行役員に。2022年7月、doda 編集長に再就任。社外では、公益財団法人スポーツヒューマンキャピタル（SHC）理事、一般社団法人日本人材紹介事業協会 理事にも名を連ねる。※肩書は取材当時

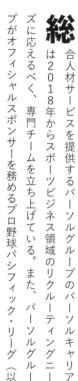

introduction

総合人材サービスを提供するパーソルグループのパーソルキャリアは2018年からスポーツビジネス領域のリクルーティングニーズに応えるべく、専門チームを立ち上げている。また、パーソルグループがオフィシャルスポンサーを務めるプロ野球パシフィック・リーグ（以下、パ・リーグ）や、その他競技団体とのイベント企画などの取り組みを行なってきた。

実際スポーツビジネスにおける人材採用は一筋縄にはいかない。プロスポーツクラブや競技団体・協会であったとしてもそこは企業であり、基本的な内部機能はそこまで大きな差はない。一方で各方面において、自治体・行政や地元企業との繋がり、ファンをはじめとしたコミュニティの存在など、一般的な事業に比べてステークホルダーが多岐にわたるという特殊性がある。これは何を意味するのか。スポーツビジネス領域でソリューションを提供する人材企業には、スポーツビジネスを理解した上で求められる条件を開拓して求職者を育てる、または複雑なニーズに対応できる求職者を見極め、コーディネートする必要性に迫られる。なぜなら、最初からすべてのニーズに応えられる人材はそう存在するものではないためである。非常に難しいミッションだが、これを継続することで人材サービス企業としてスポーツビジネス領域で活躍する人材に対する、他にはない稀有な知見が蓄積してゆくのである。また、スポーツビジネスとは競技者たるプロスポーツクラブだけではなく、テクノロジーや医療・食料、エンターテインメントなど裾野が広い分野であり、今後様々な分野との人材の行き来が活発化するはずだ。そのすべてに〝人〟が関わるのもスポーツビジネスの大きな特徴である。人材サービスの先駆者はいかにして、未知とも言えるミッションを越えたのか。

人材サービス業界における過去20年の変化

――国内屈指の規模を誇る総合人材サービスを提供するパーソルグループですが、スポーツビジネスのお話に入る前に、まずは人材サービス業界のビジネスについて伺えればと思います。パーソルキャリアが属するパーソルグループではこの10年ほどを見ても、事業領域がかなり拡がっていると思います。

「仰る通り、パーソルグループでは「はたらいて、笑おう。」をグループビジョンに掲げ、〝はたらく〟ということにおいては、ほぼすべての領域でサービスを提供しています。SBU（ストラテジック・ビジネス・ユニット）で事業・セクションが分かれており、日本を含むAPAC地域を中心に事業を展開しています。人と組織＝個人と法人に関わる様々なビジネスを展開していますが、大きくは人材派遣事業、採用・転職支援事業、技術者派遣・アウトソーシング事業、そしてソリューションと呼ばれる新規事業などの今後価値を生んでゆくような事業、海外事業があり、その他特徴的なものとしてシンクタンク事業などがあります。その中でもお客様に人材紹介ソリューションを提供しているパーソルキャリアでは、転職だけではなく、その後の定着・活躍という点や、法人であれば採用だけではなく、人事制度の構築や異動・配置転換などの支援、場合によっては個別の採用のご案内をさせていただく事よりも、より踏み込んだ人材戦略を考えて業務提携やM&Aなどのご相談を承るケースもあります。もちろんパーソルキャリアはM&Aファームや金融機関、コンサルティングファームではありませんが、そのようなケースではパーソルキャリアの直接のサービスではなかったとしても、お客様に〝良いサービスと良い人材〟があるのであればお繋ぎしたり、私たちがアウトソーシングとして一部業務を請け負い、三角提携の形態で関わるなど、出来る限りのサポートをしています。日本国内では人材派遣や転職支援、技術者派遣など各サービスごとに特化して行っている企業が多いのですが、パーソルグループでは人材派遣サービスの「テンプスタッフ」、転職支援サービス「doda」をはじめ、人材・組織に関わるほぼ全ての領域をカバーしています」

――2000年代に入ってすでに20年以上が経過しましたが、過去約20年の人材サービス業界の変化についてはどのように見られていますでしょうか。

「人材サービス業界というのは、実は古くからあるようでいながら新興産業の側面がまだまだあるのです。派遣法の改正や職業紹介の規制緩和や拡張というのも、この30年ほどの間の出来事です。転職支援市場については、この20年間で転職が非常に日常化したと言えると思います。定量的には直近データでもコロナ禍を機に転職者数は過去最高となっていますし、パーソルキャリア独自に集計している転職求人倍率も過去最高値になっています。日本では硬直的な日本型雇用を特徴として流動性が低い市場であったのですが、この20年で流動性はかなり高まってきた感覚があります。これは以前は300万人規模であった転職者が350万人規模になっているという変化なので、10％から20％程度の変化率に見えるのですが、その数字以上に〝人の動き方〟が変わっています。一昔前であれば、それこそ鉄道会社や大手総合商社、メガバンクなどのいわゆる〝絶対に辞めるはずのない企業〟に勤めている人材が転職市場に入って来るようになり、そうした人材がスタートアップ企業に転職をしたり、過去は経験者採用で入社する事は考えにくかった出版やマスコミ、官公庁などといった業種へも経験者採用で人がどんどん入って行っています。こうした傾向は、転職が誰にとっても自分事化出来るようになってきたということが言えると思います。また、世の中が紙からデジタル、パソコンからスマートフォンへシフトしたように、人材サービス業界も世の中の影響を受けつつも、それに柔軟に対応して来たのだと思います。昔は多くの人は就職や転職、アルバイト情報を探すには分厚い転職雑誌やフリーペーパーを読んで情報を得ていたわけですが、それがインターネットに移行し、転職ポータルサイトで情報を探すようになり、今ではスマートフォンひとつで転職活動が出来る時代です。履歴書や職務経歴書も自分で書かずとも、ダイレクトリクルーティングやSNSリクルーティングといった形で転職に至るケースも出て来ています。これはやはり個人にとっても企業側にとっても転職が日常的なものになって来たということだと思います。また、派遣の領域についても、20年前であれば派遣とは事務仕事や軽作業を思い浮かべていたと思いますが、そのさらに20年、30年前の1980年代や70年代、一般的な派遣という言葉もまだなかった時代では、派遣というビジネスは翻訳やタイプライティングなど特定技能を持つ人のテンポラリーな働き方でありました。これが2000年代になると事務仕事が派遣の代名詞のようなものになり、非正規雇用の典型で職場のアシスタント的な方というイメージだったと思います。今の時代の派遣は専門性が高い方や技術者、またはアウトソーシングという形で業務を丸ごと人材会社に委託するようなスタイルも増えて来ましたので、派遣というものに対する定義もかなり変化して来ていると思います」

――転職が日常的なものになり、これまで市場の中で動かなかった人材が動くようになって来たという事ですが、この変化の背景にはどのようなことがあるとお考えでしょうか。

「法人については、かつての終身雇用の限界が現実味を帯びて来たということが言えると思います。これは制度の限界というよりも、40代や50代になった時に、それまで長く在籍した企業から突然市場に出たとして通用するのかという危機感を企業も個人も持ち始めたということだと思っています。終身雇用という意識は昔からいつかは終わりを迎えると言われて来たのですが、それが初めて実感を伴ったのは大手金融機関の破綻が起こった頃からではないかと思います。それでも尚、日本国内では終身雇用の意識と観念は強く、その後も大きな変化は起こりませんでした。しかし、2019年頃から経団連やトヨタ自動車など国内の経済団体や企業のトップが終身雇用の終焉を明確に宣言する時代となり、生涯に渡ってその人を雇用し続ける時代ではなくなったということで企

業の意識が変わりました。一方で個人の立場としても、企業側のスタンスに変化があり、自分の身の回りとしても転職すると考えていなかったような社員が転職していく姿を目の当たりにするようになり、意識が変わって来ていると思います。この傾向に加え、文部科学省でも学生のうちからキャリアに関する考え方を養う事を実質的に義務化しました。これによって、かつては大学3年生になって初めてリクルートスーツを着て就職活動をしていた時代から、現在では大学1年生や2年生のうちから当然のように自分のキャリアに関する教育を受けています。今後は高校生や中学生の頃から、キャリアを含めた自分の人生設計についての学びと考え方を養う機会が出て来ると思いますので、私たちが学生であった時代では考えられないような環境になって来ています。相対的にキャリアについて考える機会が増えている中で、転職を検討する方が増えているということが

個人の意識の変化として言えると思います。そして、現在ではそれを支えるシステムや環境が整っていることも変化を後押ししています。ダイレクトリクルーティングやAIマッチング、レジュメの自動生成ツールなども一例ですが、昔は転職活動というものに取り組むには環境面や心理的ハードルがありましたが、今ではスマートフォンからでもそうした入り口に誰でもアクセスすることが出来ます。コロナ禍がオンラインコミュニケーションを押し広げた事で、面談や面接もオンライン上で可能になり、リモートワークも普及しました。その結果、勤務地に対する考え方がより柔軟になり、UIJターンで働くといったことも容易になりました」

――お話しいただいたような、転職市場の変化の中で特徴的なニーズとしてはどのようなものがあるのでしょうか。

「個人の領域については、やはり働き方に関するものが強いです。リモートワークやハイブリッドワーク、副業など、自分のスタイルに合わせて働くというニーズが非常に高まっています。少し前の時代では〝ワークライフバランス〟という言葉で、働く時間の長さや休日や育休の取りやすさなどに意識がフォーカスされた時期もありました。近年ではそうした画一的な視点から、それらを含めた〝自分らしい働き方〟という考え方にシフトしています。法人についてはリスキリング（学び直し）ということがあります。企業からは様々な人材に関するニーズがありますが、市場に期待するような人材が存在しない場合、採用だけに可能性を見出すのではなく、新たな学びの機会を与えて期待するスキルを身につけてもらうという考え方です。これは外部の未経験人材を教育してから受け入れるというモデルだけではなく、既存の社員に対するニーズもあります。そして、女性社員の採用や外国人社員の採用、シニアやミドルの採用など、組織のダイバーシティを意識した採用も傾向の一つと言えると思いますし、求職者個人の動きについて言及するならば、社会人1年目の若手人材において顕著であるのが、社会人になった瞬間に転職サービスに登録するという事です。これは社会人になった瞬間から常にアンテナを張り、外部の労働市場についての情報収集を行っている人が増えているということだと思います。これは私たち人材企業の立場として、転職情報の提供だけではなく、働くという事全般についての情報提供が求められる時代であるとも言えると思います」

――現代の新卒などの新入社員の方々は、就職した時点から転職サービスに登録し、継続的にアップデートをしながら、常に市場や社会における自分の立ち位置を確認しながらキャリアを歩む時代ということですね。

「私たちパーソルキャリアのデータベースを見ると、10年前に比べ全体の登録者数は約5倍になっているのですが、その中で大学を卒業した社会人1年目の方による、4月の登録者数は約30倍になっているのです。仰るように、就職によってキャリアが出来上がるのではなく、就職によってキャリアはスタートし、これから先をどのように描いていくかという考え方であると思います」

――過去2年間はコロナ禍という状況であった事で、人材サービス業界にも大きな影響があったと考えています。パーソルキャリアとして、そうした状況を乗り越えるための施策や努力などについてお聞きできればと思います。

「2020年の3月から4月頃、まさしくコロナ禍の第一波という時期には、企業から当社への受注ニーズは約30%程減りました。突然ビジネスが7割くらいの状況になったのです。しかし、そこから約8ヶ月ほどでニーズは急激に回復していきました。つまり、2021年初頭には以前と同水準のニーズにまで回復したのです。コロナ禍の影響はありながら、一方ではそのくらい企業による経験者採用ニーズの大きさが、コロナ禍のダウントレンドを飲み込んでしまったのだと言えると思います。これは私たちとしても大きな経験でありました。もちろんミクロな観点で見ていけば、業界ごとの差はあります。旅行業界や外食産業などのニーズは約50%程度にまで落ち込みましたし、業回復も他の業界のようにはいかない状況もありました。しかし、政府の助成金などの対応があったり、かつての派遣切りなどのような状況にも陥りませんでしたので、もちろん倒産などの大変な状況になられた方もいらっしゃるのは事実ですが、迅速な業態変更やその他の対処を取られる企業など、全体として見れば社会のレジリエンス（回復力・柔軟性）が向上したという事なのかもしれません。ですので、私たち自身の努力という面だけではない部分が大きいと思います。また、東日本大震災の時にも同様の傾向があったのですが、こうした社会的な大きな出来事は、個人の働き方の価値観を変える機会にもなります。今回のように自宅での時間が増えたり、人との接点がなくなる状況などによって、もっと社会貢献性のある仕事への関心や、身近な人や地域のための仕事への関心など、個人においても法人においても、コロナ禍をきっかけとして今まで顕在化していなかった新たな仕事へのニーズが表出したことで、これまでの仕事に対する判断軸だけではない動機で転職に繋がるということが起きました。結果的にはコロナ禍によって落ち込んだニーズに対して、新たに喚起されたニーズもあったことが、これだけ市場を早期に回復させたのだと思います」

スポーツビジネスチームを立ち上げた経緯

――パーソルキャリアが月次で公表されている転職求人倍率を拝見しても、確かに2019年から2020年の落ち込み、そして2020年から2021年、2022年での回復がはっきり見て取ることができます。これは外部にいる私たちから見ると意外な驚きです。さて、ここまで人材サービス市場における変化・動向をお聞きして来ましたので、いよいよスポーツビジネスの領域についてお聞きしていきたいと思います。パーソルキャリアでは2018年にスポーツビジネスチームを立ち上げられていますが、チーム設置の経緯について、改めてお聞きしたいと思います。

「過去には、お話があった時に個別にご相談をいただく形などでスポーツ産業への支援をさせていただくことはあったのですが、スポーツ産業自体の商業化が進んで来たことやアスリートへのキャリア支援における能力の可視化・言語化を行う事による成功事例などが出て来たなどの経緯もあり、ビジネス的な可能性を感じられるようになって来たということがチーム立ち上げの背景にあります。当社としても事業領域としてスポーツに取り組むことは一つのチャレンジでしたので、パーソルグループとしてもスポーツ領域に協賛を行ったり、受託事業を増やしたりということをしました。まだ事業化前に個別にご相談をお聞きしていた時期から、スポーツ業界が産業化して来ている手応えもありましたし、スポーツコンテンツを活用して新しいブランドメッセージを発信していこうというタイミングでもあったのです。そうした中で、私たちのチームが最初に着手したのがパーソルキャリアのオウンドメディアの立ち上げでした。『SPORT LIGHT（スポーツライト）』というコンテンツポータルサイトなのですが、このトラフィックを見ていてもスポーツ領域でのキャリアに対する一定のニーズがあることが可視化できたことで、しっかりとした事業化ができるのではないかという手応えを掴む事ができました。それだけではなく、スポーツ領域でのサービスに対する社内における反応の大きさに驚かされました。社員による反応というのは非常に重要で、そこに市場が存在すると分かった時に、〝自分が取り組みたい〟と強く希望する社員が非常に多く存在したということは、この市場の求心力や人をエンパワーメントする力のようなものを感じたのです」

――パーソルキャリアが運営する転職支援サービス「ｄｏｄａ」のオウンドメディアである『ＳＰＯＲＴ ＬＩＧＨＴ』は、ニーズがある程度顕在化して来たために用意されたものではなく、ニーズを把握するために用意されたというのは意外でありました。

「スポーツ産業というのは、一見するとアスリートに関するものやクラブ経営などの花形のような領域であると思われがちなのですが、私たちが事業化するならば、その裏側に存在する表からは見えないフロントスタッフや、〝アントラージュ〟と呼ばれる選手の周辺に関わるスタッフや企業としてのクラブを運営するための事務をする方などにスポットライトを当てることが重要なのではないかと考えたのです。そこから私たちのメディアも、現在見えている分かりやすい商業化されたスポーツではなく、もう少し広義の意味での〝スポーツ〟として捉え

スポーツの現場とそこで生きる様々な立場の「人」を紹介するオウンドメディア『SPORT LIGHT』

るという意図を込めて、『SPORT LIGHT（スポーツライト）』というネーミングにスポットライトを連想させるマークを付けたものにしています」

――今のお話というのは、日本のスポーツビジネスの置かれている状況を非常に良く表しているなと感じました。日本においてはスポーツビジネスはまだまだ理解が進んでいない部分があり、スポーツビジネスの認識はアスリートやクラブ経営、市場規模や枠組みについてのものであったりしています。しかし、クラブとは企業であり、そこにはアスリートではない人々が多く働いていて、日常的なビジネスが存在します。これは業界の違いこそあれ、通常の企業経営と共通している部分も多くあることを意味します。

「そうした意味ではクラブ経営の現状は中小企業と非常に近いものがあります。日本国内で最大でも約300億円超という規模です。サッカークラブであれば最も高いクラブで100億円ほどで、平均が50億に届こうかというところなので、バスケットボールや実業団クラブになると10億の売上を持つクラブ自体も少ない状況です。世の中の年間10億円、月商1億円未満の中小企業の姿を思い浮かべると、そこで働く人たちの風景も想像ができて来るわけです。このように考えるに至った背景として、当初スポーツクラブの運営団体から来る求人ニーズは、管理部門のものとマーケティング関連のものが非常に多かったのです。企業経営において、事業性を担保するために守りの部分とマクロで集客が出来る機能にニーズが偏るというのは、私たちの感覚としてはやはりクラブ経営というものも、一般企業と共通する部分は非常に多いビジネスであるというものでした」

パ・リーグスポンサードとのシナジーについて

――チームの立ち上げと共に始まった、パーソルグループのプロ野球、パ・リーグへの協賛も5年目に突入しました。パーソルキャリアのスポーツビジネスチームも成熟していかれていると思いますが、パ・リーグへのスポンサードについてはチームとしてどのように関わられているのでしょうか。

「パーソルグループとしてのパ・リーグへのスポンサードと、パーソルキャリアのスポーツビジネスチームの立ち上げは、社内におけるそれぞれのきっかけは異なるのですが、スポンサードのアクティベーションについては私たちも連携して行う体制になりました。パーソルというブランドを知っていただくために何が最適だろうと考えた時に、日本において最も人気のあるスポーツであるプロ野球の求心力を活かす戦略を取ったのです。スポンサードをはじめた当時はパ・リーグ6球団による出資企業であるPLM（パシフィック・リーグ・マーケティング）が立ち上がったことも重なり、リーグ6球団横断でのスポンサードはそれまでなかったことでしたので、最初の取り組みとして着手してみることになったのです。そして、こうしたスポンサードでは常に議論となりますが、看板を出せば効果が得られるという世界ではありませんので、私たちのチームが入り実際の活動やビジネスに落とし込む部分でPLMやホールディングスと協働しています」

――余談ですが、私もパーソルグループの、スティーブ・ウォズニアック氏の広告をよく拝見しました。そこで感じたのは、ビジネスプレイヤーでグローバルな方は他にも大勢いる中でウォズニアック氏がセレクトされている着眼点です。ウォズニアック氏はパーソナルコンピュータを独力で開発した天才性や、〝ウォズプラン〟など社員に手厚い対応と温厚な人柄で知られる経営者であったと聞いています。知名度だけに依らず、自社のビジネスと起用する人物の人柄も考慮されていることを感じました。また、パ・リーグへのスポンサードについては、日本のパ・リーグとセ・リーグは全く異なる運営があり、そうした点もパ・リーグ

をセレクトされた点なのでしょうか。

「それまでも『パ・リーグTV』というパ・リーグ独自の放送コンテンツとして集約されており、これからリーグとしても収益基盤を作り上げていくというタイミングで『パーソル パ・リーグTV』としてご一緒できたというものだったのです。セ・リーグに関してはまた異なった運営をされているので、こうした動きはパ・リーグならではのものでした」

――パ・リーグのスポンサーシップを開始してから、パーソルグループのブランドに対するバリューなども出て来たとお考えでしょうか。

「当然スポンサーシップだけがブランドを押し上げるポイントになったのではないと思っています。CM等のマス広告の展開の影響もあるとは思いますが、パ・リーグとの協

パーソルグループが協賛する「PERSOL THE LAST GAME 2022」は「引退する選手が、応援してくれたファンや支えてくれた家族に最後の雄姿を見せることができる“場所”を提供し、感動や興奮を与えてくれた選手に謝の気持ちを表したい」という意図で誕生した“特別な試合”。一方で、プロ選手による少年少女たちへの野球教室を兼ねるという驚きのプログラムでもある。ここにもパーソルグループの「人」の成長や教育、キャリアという考え方を見て取ることができる

賛活動により、多くの方々を対象に継続的なコミュニケーションができることは意義があり、社外だけではなく社内向けにも社員や派遣スタッフの方に対してチケットを提供するなどの利用によって、ロイヤリティが向上するといった効果も生まれています。継続的なスポンサーシップを行うことで経営層からも、冗談半分に「パーソルグループはパ・リーグのイメージが強すぎるのではないか」とコメントが出るほどに印象付いたと感じています。また、外部に対しても印象を生み出しているという点では、現在の協賛が良い座組みにできているのではないかと思います」

――なぜプロ野球のスポンサーシップに人材サービス企業が参入したのだろうということは、側からはその真意は分かりにくいかもしれませんが、今のお話をお聞きすると腹落ちして来ます。

「パ・リーグとのスポンサーシップにおいては、パーソルは〝パ・リーグにかかわる、すべての人を応援します〟というメッセージで展開しています。球場ビジョン、特設サイト（ＹｏｕＴｕｂｅ）の中でもスタジアムの用具係の方や、売店、案内スタッフなどの裏方の人々に焦点を当てた内容になっています。選手の活躍の裏で、多くの人の「はたらく」によってパ・リーグが支えられていること。まさにそこが私たちがパ・リーグに協賛する目的と理由になっています。一方で、協賛によって各スタジアムに行けばパーソルの看板が存在感を持って掲出されているかと言えば、実は看板などはほとんどありません。看板に書かれたロゴを見るよりも、そこで働く方々を見て、その向こう側に私たちを感じていただければ嬉しいと思います」

――スポンサーシップも今年で5年目を迎え、『パーソル』という名も市場において定着をして来たと思います。一方で、スポーツ業界は過去2年間でコロナ禍も経験しました。そうした中で、パーソルキャリアの中でスポーツビジネスチームの位置付けはどのように変わって来たのでしょうか。

「2018年にチームを立ち上げてから、この3年あまりの間で確実にリレーションが増えて来ていると感じています。実際に私たちのチームが獲得して来た求人案件に対して非常に多くの応募が集まり、採用選考の事例が年々増えて来ています。転職・人材紹介領域のパーソルキャリアの中で見ても、スポーツ産業の求人というのはこれほどまでに人を魅了するのだという驚きを持って捉えられています。そして、私たちがこの領域に真剣に取り組んでいる事実が市場に浸透して来ていて、スポーツ庁からの受託事業や日本財団との連携事業、パ・リーグとの事業など収益性が一定程度担保出来るような事業が増えて来たことで、広告のためにスポンサーシップやスポーツ領域の案件を扱っているのではなく、収益性を得られる事業としての認知が社内でも得られるようになったことは非常に大きいと考えています。こうしたことによって事業部としての予算も年々増加傾向にあり、投じた予算に対してＰＬ上で成果を出す事業に育って来ています」

スポーツビジネスにおける人材ビジネス

――日本国内には他にも人材サービス企業は存在していますが、スポーツに特化したビジネスチームを有する企業は他に聞いたことがありません。海外で言えば、イギリスの人材ファームのHAYSグループがマンチェスター・シティのシティ・フットボール・グループと組み、人材における課題を一手に担うというアライアンスを結んでいたりしましたが、国内ではこうした事はない状況ですので、この辺りは貴社の独自性とチャレンジ精神を感じます。

「確かに国内他社のケースですと、小さい枠組みでのアスリート支援チームをお持ちの人材サービス企業はあると思います。しかし、私たちパーソルキャリアとしては本当にスポーツ領域での人材サービスを事業化していくことを考えていますので、アスリート支援の観点だけではなく、クラブやチーム、実業団などに対してビジネスを支えられるということが重要ですし、スポーツ庁や国内競技連盟（National Federations）などのスポーツ関連団体の事業など、これらの事業を組織化して全て受けることができる人材サービス企業というのは他にないのではないかと思います」

――パーソルキャリアにおける組織化のお話も出ましたが、スポーツビジネスにおける人材のお話も伺っていきたいと思います。先ほどスポーツビジネスにおける人材と言えど、他の産業と共通したニーズも多いというお話もありましたが、人材ビジネスの領域においてスポーツビジネスと他の産業の同じ部分、そして固有の部分についてお聞きしたいと思います。

「先にスポーツビジネス固有の部分についてお話ししますと、これは収益規模や売上規模に対する影響力があると思います。一個人の仕事という観点で見れば、企業の中で担っている業務を職務経歴書に書いた場合には一般的な企業における業務とさほど大きな違いはないのかもしれません。しかし、スポーツビジネスにおいては、その一個人の仕事が与える社会的な影響力や責任の度合いが非常に大きなものとなる点が特徴だと思います。同時にこの影響力の大きさに紐づく違いとして、ステークホルダーの多さがあります。これは営業部門でも管理部門であっても同様で、関わる人々が非常に多いのです。プロスポーツであればファンがいて、選手・チームがあり、スポンサーや自治体

プロ野球パ・リーグ6球団と、パシフィックリーグマーケティング株式会社による「ビジネスとしてのスポーツの未来」を紹介する中途採用イベント「スポーツキャリアフォーラム by doda」は1,000名を超える求職者が詰めかける大盛況となった。スポーツビジネスへの高い熱量が感じられる［写真／山口剛生］

など非常に多岐に渡ります。ステークホルダーの多さはコミュニケーションの複雑さを生み出します。関わるすべての人々の理想を叶える事は非常に難しく、このステークホルダーの多さを働く人たちが上手くバランスを取って事業を進めていく作業というのは、他のビジネスとはかなり異なる要素だと思います。逆に言いますと、それ以外は一般的な企業と同様に管理部門や営業、その他の会社としての業務が存在していて、業務の中身としてはそれほど大きな違いがないというのが私たちの見方です」

――スポーツビジネスチームが立ち上がって約4年が経過し、パーソルキャリアとして得た知見や、実際にチームを立ち上げて見るまでは分からなかった発見などはありますでしょうか。

「アスリートに対する支援の観点でいくと、セカンドキャリアの支援ということではなく、選手が現役時代からキャリアに対する考え方を持つことや学びの場を持つこと、またはフィールド以外での接点を持つということに対して、それなりのニーズがあることが分かってきました。そして、そのニーズを満たし、価値を感じていただけるだけのコンテンツや手段を私たちが磨き上げて来ましたし、有している事は非常に私たちの自信に繋がっています。競技レベルを上げるというアプローチと、ビジネスの世界で通用する価値となるという、この共通項を見出し言語化出来ているという事は私たちの大きな優位性の一つではないかと考えています。他方、クラブ経営やNF支援では、求職者の立場ではどのような人材が活躍するのかということや、採用側の立場であれば、どういう手段を講じれば良い人材が採用出来るのかという知見であると思います。それはクラブや企業、協会などが採用を行う際のメソッドやノウハウ、採用後の配置や活躍というところに至る知見でありますが、まだまだ発展途上ではあるものの、この過去3年の間にだいぶ得られて来ている実感があります。他にはスポーツ庁や日本財団などの事業があります。スポーツ庁の事業では女性役員・理事のマッチング事業や『スポーツ・オープン・イノベーション・プラットフォーム』と呼ばれる、スポーツコンテンツを使った地域貢献などです。日本財団と私たちが行っている『HEROs AWARD』『HEROs ACADEMIA』という取り組みは、アスリートの力を社会還元していくものです。これらはスポーツのコンテンツやアスリートの力を、社会の何らかの課題と組み合わせる事で価値に転換するということを意図するものです。例えば日本女子プロサッカーリーグのWEリーグは女性の活躍推進という社会的課題に答えを出すものであったり、アスリートの力で子供の孤独化という問題の解決の糸口を見出していくこともそうだと思います。スポーツやアスリートと何を掛け合わせることで、どのような価値を創出できるのかということが知見として貯まって来たということも成果の一つであると思っています」

——そうしたことは、逆にスポーツ以外の領域では難しいことの一つかもしれませんね。

「もしかすると芸術・アートや音楽・芸能の世界でも近いアプローチを取ることができるかもしれませんが、アスリートやスポーツの持つ特殊性であると思います。何よりも人を集める求心力があり、人を元気付け、笑顔にすることができます。また、今後ということで申し上げますと、NFTやベッティングなど、スポーツDXやスポーツ・エコシステムと呼ばれるフィールドは私たちも知見を貯めていかなければならない領域です。スポーツの持つ特異性やコンテンツがデジタル化された時に何と組み合わさり、どのような価値を生むのか。今までスポーツと関わりのなかった人々をどのように取り込んでいけるのかという点についても、私たちの今後に向けた成長ポイントであると思います」

人材ビジネスにおけるテクノロジーについて

――人材サービス業界におけるテクノロジーについても聞きしたいと思います。パーソルグループの中期経営計画の中では『2030年に向けた価値創造ストーリー』という大きなビジョンが描かれています。その延長線上に〝テクノロジーを武器にする〟ということが謳われています。テクノロジーと言っても広大ですが、たとえばマーケティングの観点でいくと、人材ビジネスやECというのは最先端の取り組みや技術が投下される領域の一つです。特に人材ビジネスでは精度の高いパーソナライズが生命線と言っても過言ではありませんので、いかに新しい技術を取り入れ、トライ・アンド・エラーの中で自分達のものにし、ビジネス化していくかという環境だと思いますが、業界の中におられる立場として、このテクノロジーについてはどのようにお考えでしょうか。

「テクノロジーをいくつかのキーワードで切り出しますと、一つは「マッチング」です。人材ビジネスの根本は企業のニーズと個人のニーズをいかにマッチングするかということですが、この双方には意思があり、職業のマッチングというのはそう容易なものではありません。統計学的のように極めて〝合理的に〟考える要素に〝感情〟というものが入りますので、そこにパーソナライズが登場するわけですが、ここに対してはビッグデータを活用した自動マッチングやＡＩマッチングなどの、精度を突き詰めていく道があります。一方で、マッチングの確率の高低だけでは、あまり求職者にとっては価値になりません。ここで重要なのは、どのタイミングで情報を届けるかや、誰が情報を届けるかということなのです。不思議なもので、同じ求人であってもこれらの違いによって、個人の求職者の方には見え方がまるで違って来るのです。こう

した部分はテクノロジーの活用でも深みを感じるところだと思います。そうなりますと、究極的にはコミニュケーションをいかにデジタル化できるかということに至ります。パーソナライズの前提となるアセスメントや感情解析という世界が見えて来ますが、こうしたものはまだ私たちにとっても未知の領域です。キャリアアドバイザーによるコミュニケーションが類型化されていき、〝人の感情〟の機微を可視化・言語化・体系化するということは、人材サービス業界に残されている大きなハードルだと想像しています」

――今後の人材サービス業界の課題に対しても、どれだけ近づいていけるかという鍵がテクノロジーにあるということですね。

「付け加えて言うならば、人材サービス業界のテクノロジーであれば、ブロックチェーンについても語る必要があると思います。それは私たちのビジネスでは情報の確からしさという事が非常に重要であるためです。現在、個人情報は自己申告制であり、人材サービス企業はその確らしさを100％担保することができません。法人側からしても、その確からしさを測る術がほぼない状況です。そのために面接の比重が非常に大きくなります。先ほど転職の日常化のお話をしましたが、私の感覚では働いている全てが転職活動であり、働く日常がデータ化され、そこにクレジットを付与するような仲間からの信頼というものがあり、これを元として自動的にスカウトが来るという仕組みを、ブロックチェーンをベースとして作る事が出来るのではないかと考えているのです。言わば「転職活動をなくす」という考え方です」

――特に外資系の企業ですと、転職時にバックグラウンド調査をする第三の会社が登場して、前職や現職の上司や同僚にコンタクトをして勤務状況を調べ、新しい就業先企業に情報提供するケースが良くあります。

「このリファレンスチェックについては、企業の人事部門向けのパッケージシステムやツールも販売されていますが、日本ではある程度のレベルで法律で制限されています。こうしたことは採用時に改めて行うというよりは、もう少し日常的にオープンになっていたらとも思えます」

――転職活動を意識しなくても次のキャリアが拓けるという、夢のような仕組みが登場した時、日本における働き方は大きく変わるでしょうか。

「近年、大企業を中心としてミドル・シニアのキャリア支援について相談を受けることが多くなりました。役職定年を迎えた方々をどうするのかということなのですが、それなりに給与水準も高く、そしてまだ退職する意思もないわけです。この方々の経歴はひとつひとつ見ていけば素晴らしいものはあるはずなのですが、人材サービス企業の私たちからすると表に出てこない限りは可視化できないのです。本来であればこの方々の経歴には様々なクレジットが付いているはずで、そうしたことがオープンになると、その技術や経験を買いたいスタートアップや中堅企業はいくらでもあるので、新たな可能性が生まれると思うのです」

――日常の働いた経歴が貯まってオープン化された世の中では、日常的な仕事の品質を維持するモチベーションにも繋がる気がします。

「一方で、今後テクノロジーの発達に伴って、様々なものが自動化され機械に置き換えられていくと思いますが、私たちのビジネスの本質である人間的な部分は変わらないと思っています。優れたリクルーターやヘッドハンターは依然として私たちのビジネスの重要な存在であり続けると考えています」

――多くのことがＡＩやロボットに代替される社会では、機械ではなく実際に人がいて対応してくれるサービスというものは、高付加価値サービスに絞られるのかもしれません。その意味では人間がより重要な事に注力出来るためのテクノロジーの活用方法ということですね。

スポーツビジネスにおける人材ビジネスの未来

――スポーツビジネスと人材ビジネスのこの先についてもお聞きしていきたいと思います。パーソルキャリアの中でもかなりスポーツビジネスに対する知見が貯まり、スポンサーシップをはじめとする会社としての取り組みもある中で、今後の日本のスポーツビジネスへの可能性についてどのようにお考えでしょうか。

「やはり現時点ではまだスポーツ領域は、産業化という観点では遅れを取っていると思います。その要因の一つとしては体育教育の延長、体育会文化とも言える、スポーツで稼ぐことへの抵抗感があると思います。今回、夏の甲子園で指定席制が導入された際にも、非常に多くの批判が出ました。やはりもっとスポーツ産業に対してお金を払う文化にしていく必要性があると思いますし、助成金で成り立っている部分も多いので、そうした点はまだまだ発展途上であると思います。他方では、お金はありながら構造的に変革が起こりにくいのが実業団スポーツの世界です。これまではある意味企業の福利厚生やCSRの一環としてスポーツが存在しているために、そのような状況であったとも言えます。スポーツの語源はDeportare（デポルターレ）というラテン語であり、日常から離れ余暇を楽しんだり、リフレッシュするなどの意味がありますので、実業団スポーツのあり方も外れてはいないのですが、競技レベルの高さや日本企業の出資額などを見れば、もう少し産業化・商業化していくという考え方もあると思うのです。毎年何億円もの拠出をしていながら、稼ぐ事を意図していないために収益性が乏しく、マーケティング費用として出資しているので赤字でかまわないのだという実業団チームはまだまだそれなりにあると思います。それであれば、いっそのこと手放してそのチームを買いたい企業に売却し、事業化やクラブ化してもらう方が産業として新陳代謝が働くのではないかと感じます。やはりスポーツというコンテンツそのものが求心力を持ち、人を集め熱狂させることができる。そこに同等の経済的価値が伴うべきであると思っています。

他方で、スポーツのコンテンツがお金以外の価値を生み出せる方向もあると思います。産業化ということを軸にしたスポーツ自体がどう稼ぐかという視点とは別に、スポーツの持つ力を社会課題と組み合わせる事でビジネスを生み出すという方向です。近年でも健康経営などの言葉も聞かれるようになり、ウォーキングやフィットネスなどのニーズが高まっています。ニーズが産業化を促進しますので、これは特定のプロクラブが儲かるという話とは違った、スポーツ自体が別の形で社会と結びつく事で産業が生み出されるという例だと思います。そして、デジタル化やDX化があると思います。スポーツは基本的にルールのある競技がほとんどです。それは一定の規則にしたがってデータ化がしやすいということと繋がると思います。このデータが価値を生み、産業を生み出します。日本は昔からコンテンツ産業の領域では強みを持つ国でもあり、NFTなどを活用した新たなコンテンツ産業にも期待が持てると思います」

――転職が日常化した世代が増え、人材の流動性が増していく今後の日本において、スポーツビジネスにおける人材ニーズの未来はどのように変化していくとお考えでしょうか。

「スポーツやスポーツ産業に関わる人は増えていくと思います。これまでは言うなれば〝村社会〟であったスポーツビジネスの境界線が溶け出し、様々な人材がスポーツ産業で働き、それに見合った対価を得る。そしてスポーツ領域での経験が一つの武器となり、また他のビジネスの世界で活きるという、こうした人材の流動性は高まっていくと思いますので、私たちにとっては現在が黎明期です。アスリートのセカンドキャリアの領域については、ブレークスルーが滞っていると言われて久しいですが、私たちの中ではだいぶ可視化ができてきましたので、アスリートが引退後の人生において、スポーツ産業以外の領域で活躍する事は私たちにとってもビジネスチャンスとなります。海外からの人材がスポーツ領域に入って来るかどうかについては切り口として難しいものがありますが、人材という視点で見れば、実はスポーツ領域はその他の産業に比べ、ダイバーシティが進んでいる領域でもあるのです。特にスポーツの現場レベルではチームに多国籍な選手が所属していたり、オリンピックやパラリンピックというものもあります。スポーツが人種や性別、健常者と障害者などの間にある距離を縮めてくれるものであるとするならば、それはスポーツが元来持つダイバーシティの性格であると思います。そうして人材の流動性が高まるのであれば、それも私たちにはビジネスの可能性を広げてくれるものとなります」

――今後、日本のスポーツビジネスが変革されていくには、どのようなことがキーワードとなるとお考えでしょうか。

「私たちが人材サービス企業であるからではなく、それは間違いなく「人」であると思います。スポーツの産業化やデジタル化、スポーツの盛り上がりや価値創造という未来は、スポーツに関わる人たちがどういった人たちに変わっていくか、またはスポーツに関わっている人たちがどのように変わっていくかということに起因すると考えています。現在スポーツ産業に関わる方々もそのことを良く理解していて、「人」による変革に対する期待値、そして「人」の変革に対する期待値について至るところでお話を耳にします。スポーツビジネスは人の価値がビジネスに直結しやすい、極めて人間的な部分の多い産業です。それは、選手をはじめすべての部分で人間が直接関わらなければ成り立たないという特徴も持ちます。近年、競技においてはAIやロボットが判定を行うような技術も登場して来ましたが、それでもなお議論が出たりするのはスポーツ全体がアナログな生身の人間のものだからです。しかし、アナログのままで産業化されて来なかった状況が今までだとするならば、私たちは人間的な部分を支援することでビジネスとして成立させることが、スポーツの未来であると考えているのです」

――本日のお話は、スポーツ産業に関わられていない方にとっても、自身のキャリアや世界、ビジネスと無関係ではない要素が多分に含まれていると思います。本日はお忙しい中、お時間を割いていただきありがとうございました。

（取材日・2022年9月9日）

10 REAL CASES OF INTERVIEWS

6

世界のトレンド、マルチ・クラブ・オーナーシップを新たな形で達成する、ニュー・コミュニティの誕生。

ACAフットボール・パートナーズ

Akihisa Iizuka **Hiroyuki Ono**

ACAフットボール・パートナーズ
飯塚晃央

楽天（現・楽天グループ）に入社後、ヴィッセル神戸に出向。その後ベルギーのサッカー1部リーグ・シント=トロイデンVVのCFOとして管理部門・クラブ経営の責任者を務め、国内外におけるサッカー事業の経験を積む。現在は、ACA Football Partnersの立ち上げメンバーとしてCOO、そしてACAFPがオーナーとなるベルギープロリーグ2部所属のKMSKデインズではCSOを務め、プロジェクト実行における指揮を執る。

ACAフットボール・パートナーズ
小野寛幸

証券会社に入社後、投資銀行部門で企業買収や資金調達を担当。約10年前よりシンガポールに移住し海外でのキャリアも積む。投資ファンドの組成・運用事業を主とするACA Investments Pte Ltdで投資ファンドの責任者をする傍ら、マルチクラブ・オーナーシップ構想を核にしたフットボールビジネスを行うACA Football Partnersを立ち上げ、CEOとしてグローバル規模での資金調達及び事業構築をリードする。

introduction

イングランド・プレミアリーグのマンチェスターシティを経営することで知られるシティ・フットボール・グループ（CFG）は、世界に11のフットボールクラブを傘下に収め、そのグローバルなネットワークを活かした運営は、マンチェスターシティのクラブ力を押し上げ、世界屈指の強豪クラブに変貌させた。その基盤とも言える、複数のフットボールクラブを所有するスタイルはマルチ・クラブ・オーナーシップ（MCO）と言われ、その後数多くのMCO化する事例が出現し、現在世界のフットボールシーンを席巻する程になった。

そのMCOの考え方に、これまでとは異なったアプローチで挑む日本人による事業者がいる。シンガポールを拠点とし、アジア発のマルチクラブオーナーシップを企図するフットボール事業会社であるACAフットボールパートナーズ（ACAFP）である。ACAFPは世界のフットボールビジネスのグローバル化の進展、科学的アプローチが取入れられる等、ビジネスの側面でも成長が加速している流れを受け、意図的にMCOを構築し、傘下に入るパートナークラブと資本業務提携を進め、データ・スポーツサイエンスによる科学的な分析・魅力的な戦術構築、データ解析ソフトウェアへの投資・開発、スカウティングから選手育成まで一貫したフットボール組織の構築と、独自の動画・デジタルコンテンツ制作とOTTプラットフォーム、グローバルメンバーシッププログラムの構築、など、テクノロジーを利用したコミュニティの成長などを描き、同時に資本の獲得にも尽力する。

2022年2月、ベルギーフットボール・プロリーグ2部のKMSKデインズ（KMSK Deinze）を最初のクラブとして傘下に収め、2023年には早くも2つ目の欧州クラブをその傘下に引き入れる計画も持つACAFPの面白さは、特定のクラブを頂点としたグローバルなピラミッド構造ではなく、経営・ビジネスの知見を集め、ハブとなって各クラブに還元してゆくという、あくまで独自性や差別化の成長を支援するものである（2023年2月　スペイン4部・トレモリーノスCFの買収合意を発表）。これはグローバル企業や大規模なビジネス提携の参入に留まらない、今まで海外のスポーツビジネス案件にも手が出しにくかった多種多様なビジネスオーナーや資本の参入に対するハードルを引き下げる可能性を秘めている。そのビジョンとビジネススタイルを解明する。

２０２２年6月10日、日本人によるアジア発のマルチクラブオーナーシップを企図するＡＣＡフットボール・パートナーズの中心メンバーである小野寛幸ＣＥＯと飯塚晃央ＣＯＯの２人に話を聞いた。

ＡＣＡフットボールパートナーズ社のはじまり

――まずはＡＣＡフットボールパートナーズ社の立ち上がった経緯についてお聞きしたいと思います。

小野「私はＡＣＡグループのファンド運用会社で、マネージングパートナーという立場で運用の責任者を務めております。２０１６年の欧州チャンピオンズリーグの決勝をミラノで見たことがこの事業を立ち上げたいと思った動機となりました。元々投資先の株主とのお付き合いで試合を見ることになったのですが、その時にフットボールとはこんなに人が集まるのかと驚いたのです。ミラノはファッションの街

という認識で散策をしていたのですが、街の至る所で焚かれる発煙灯、鳴り響くチャント、山のような人に圧倒されました。その年はマドリッドダービー（レアル・マドリード対アトレチコ・マドリード）の決勝戦でした。このスポーツは言語や文化を越えるものであると感じたと同時に、その時に味わった高揚感が最初の動機となりました。その時、自分はいつかキャリアの終盤に欧州のフットボールクラブのオーナーになるという漠然とした夢を持ちました。その想いをもう一度確かめるため、3年後の2019年の欧州チャンピオンズリーグの決勝を観にマドリッドに行きました。その時はイングランド・プレミアリーグの2チームが対戦する試合で、トットナムとリバプールの対戦でした。私は二次販売で40万円するチケットを購入したのですが、なぜか2日前に〝あなたのチケットは取ることができないので、15％の解約金をつけて返金します〟と言われたのです。何が起きたのか、私なりに調査をしてみたところ、あまり例のないプレミア勢による決勝カードということで、チケットにプレミアが付き、240万円くらいに価値が上ったとなどの噂も耳にしました。私に解約金15％としての6万円分を払っても、仲介人は約200万円利益を出すことができます。この計算で行きますと、仮に100人似たような状況の買い手がいれば2億円儲かるということになります。フットボールとはそんなにお金を生むのだということを知り、本格的に調べました。フットボールが道楽ではなく、ビジネスとして成り立つのかも知れないと感じたのはそうしたことからでした。もし私がフットボールクラブを運営するならば、一個人としてオーナーをやって行く事が良いのか、組織をしっかり作り企業としてやる事が良いのか、将来的にファンドを呼び込んだりする可能性や、スピード感を持って始めるにはACAという投資グループのブランドを使った共同プロジェクトとした方が良いのかなど、色々な可能性を模索しました。事業構想を練る過程でオランダの大学「ヨハン・クライフ・インスティチュート」というスポーツ経営専門大学にてフットボール経営に関する修士課程で学び、フットボールがある程度事業として成立するという可能性や、構築してきたネットワークを元に、ACAグループにて社内起業としてスタートアップを立ち上げるということに漕ぎ着けたのです。ただ、当然これは一人ではできないと思っていました。私のファンドビジネスでの経験で、集めて来たお金を投資先に入れても、経営者に事業を作る力がなければ経営して行くことはできません。そこで投資を呼び込める人間、クラブ経営を執行できる人間、そしてプロダクトに強い人間が必要だと考えました。この場合はプロダクトはフットボールという競技になり、指導者が必要だと考えたのです。これらの各人材を探していた時に、プライベートバンカーの方の紹介で、当時はまだベルギーのシント＝トロイデンにいた飯塚に相談をしたのです。その過程でACAグループのビジネスモデルを説得でき、いざ本当に立ち上げ段階となった時、飯塚も次のチャレンジを探していたということで参画してもらいました。そこに白石（尚久）も加わり、3人で始めたのです。勝つ集団としてやって行くにはプロを集める必要があり、プロフェッショナルを集めるためにACAフットボール・パートナーズによる〝箱〟を作ったという経緯なのです」

――〝箱〟ができて、実際に人を集めて来ることも大変な作業だと思います。飯塚さんの参画経緯

についてお聞かせ願えますでしょうか。

飯塚「私自身はシント=トロイデンの前に約2年間所属していたJリーグのヴィッセル神戸での経営や運営経験を通じて、フットボール業界やフットボールクラブ経営の実情を知りました。そして、シント=トロイデンに行ってからは日本と欧州の違いだけでなく、共通する点にも気づいたのです。JFA（日本サッカー協会）は2050年に日本代表がワールドカップで優勝するという目標を掲げ、今では多くの選手が欧州で活躍しているのですが、今の状況からもう一段上のステージに行くには何が必要なのかを考えるようになりました。指導者の領域で成果を出す人、そしてビジネスの現場においても欧州で闘って結果を出す人。この両者の人材が台頭する必要があると感じるようになったのです。そうした時にACAグループから相談を受けるようになり、話が進んで行くにつれて、そこに対する当事者意識が強く湧き上がってきました。この挑戦を通じて、欧州を舞台に世界で通用するフットボールクラブを作って結果を出すことが、結果的に日本やアジアのフットボールを向上させると考え、参画する決意をしました」

――少し本題から外れるのですが、最初に小野さんの強烈なフットボール体験があり、そこにフットボールの現場で経験を持った飯塚さん・白石さんが参画をする形で始まっているのですが、改めてACAのスポーツビジネスの枠組みを考える時に、ベースボールやバスケットなど世界に多くある他のスポーツの可能性は考えたのでしょうか。それとも最初からやはりフットボールだと。

小野「前述の大学院にいた時に調べたことですが、北米の4大スポーツと欧州のフットボールは興行市場としてだいたい3兆円ほどで、同程度であると言われています。そこに挑戦するスタートアップとして考えた時、フットボールクラブ経営だけでは規模を拡大して行くことは難しく、どこに成長性や可能性があるかを考えました。フットボールにはエモーショナルに人の気持ちを動かす力のある競技であり、中毒性がある。そして上位クラスのステージとなればなるほど、お金がより集まるということが理解でき、フットボールしかないと思いました。その他にも世界の約35億人が魅了されているフットボールという競技を舞台にしたいという思いもありました」

――日本におけるフットボールについても、ここ10年ほどで急速にフットボールビジネスに参入されるビジネスオーナーが増えていますが、その〝中毒性〟というのは時折り聞かれる言葉で、一度始めてしまうとその魅力にはまってしまうと。クラブの運営方針についてお聞きしますが、ACAフットボール・パートナーズの取り組みはグローバルのトレンドであるマルチ・クラブ・オーナーシップ（MCO）という運営方法を採用されるということで、20年前にはこのようなトレンドが来るとは考えられませんでした。マンチェスター・シティのシティ・フットボール・グループ（CFG）を筆頭に、現在は各国のリーグにおいてかなりのMCOグループが存在しています。MCOを採用される背景はどのようなものなのでしょうか。

小野「実は当初はMCOを意図してはいなかったのです。ACAフットボール・パートナーズを立ち上げる段階で、おそらくMCOの形態でなければ利益を生むことが難しいのではないかという考えに至ったのです。たとえばファンドの考え方を適用した場合、ポートフォリオを組む時に単一クラブを買うことは、エンジェル投資でお金を投じて選手の移籍金で大当たりすることを期待するのに近く、それが数億から十数億円規模のクラブで起こり得るかと言うと、宝くじのような可能性になるわけです。また、グローバライゼーション（国際化）とテクノロジーが2010年代以降のフットボールの発展の要因になって来たことを考えた時、世界のファンが試合観戦をしてSNSなどによって情報が拡散することで放映権が上昇する。先ほどのマンチェスター・シティも元はローカルな中小クラブであったものを中東の王子が買って巨大資本が投入されたことで認知の部分が大きく拡がったことが要因として大きいと思います。巨大資本によってクラブが強くなったことで認知が上がり、そこにファンがついて来ることでスポンサー料や放映権が上昇して良い選手が獲得できる好循環を生む。それが2010年代の動きであったと思います。これを私たちの環境でうまく活かすには、ファンを集めるためにも複数のクラブが必要であると仮説を立て、私たちがある程度の母集団である必要があると考えました。また選手の視点に立った時に、環境依存の適合性のリスクもあると思ったのです。ポルトガルで上手く行かなくても、ベルギーでならば能力を発揮して適合したり、イギリスでは難しくてもスペインでは適合したり、その逆も然りという。そうしたリスク回避の理由もあります。飯塚とも話をしてクラブ経営の観点からもそうした方が良いだろうという判断もありました」

MCOへの取り組みとビジネスモデル

飯塚「フットボールクラブ経営において一番大きいのはやはり競技の結果が予測できないということだと思っています。それによって一つのクラブだけでは上手く行くかどうかの予測がつきません。もしも4クラブあり、1クラブが上手く行かなかった時に、他のクラブが上手く行っていれば、グループ全体としてカバーすることができます。もう一つは選手のデベロップメント（育成）のところで、複数のクラブを持つことによって国によるカルチャーやプレースタイルなど、いろいろな違いがあっても、選手の特性や適合性を見てクラブ間の異動がしやすくなります（2023年2月アドリアン・エスパラガのACAFPチーフ・フットボール・オフィサー就任を発表、グループ全体のフットボール面における情報・体制管理を一括で行う）。これは大きな利点で、手続きや交渉上のハードルが低くなるだけでなく、選手の価値を毀損するリスクを下げることができます。欧州のフットボールビジネスにおいて、最も大きな収入源はスポンサーシップと放映権、そして移籍金であり、この移籍金の部分に影響する機会損失を減らすことができるのではないでしょうか。さらに我々のメソッドやデータ分析もセントライズ（中央集約）することによってより効率的に活用する仕組みを構築したいと考えています。こうした仕組みがあれば、少ないコストでより効率的にチーム強化ができるのではないかと考えています。つまり、より少ない投資でより競争力の高いクラブを作ることができるということです。この競争力が重要であり、競争力が高くなると移籍金が上昇し、放映権も上がり、それに伴ってスポンサー料も上がって行きます。こうした好循環に繋がる仮説を立ててMCOを標榜しています」

小野「ビジネス面では、単一のクラブでやるならば、小さいクラブで経営を伸ばしたとしても赤字や、プラスマイナスゼロの状況を覚悟しなければならず、実際にそうなると思います。そこで、新しい収益源を作り出すと言うスタートアップ的な考え方を持って取り組んでいます。私たちはまだ初期の企業ですから、クラブ経営の部分とどちらが先かという議論はありますが、戦略的にOTTやデジタルチャネルを作ってゆくという点と、MCOにすると言うことは提供できるコンテンツが増えることでもあります。自分達がやりたいクラブ経営は、当然チームを強くする。そのためにはお金が必要になる。お金を呼び込むにはオーナー会社が資金提供するケースもありますが、クラブが価値を作り出すということもできるはずです。その部分で選択肢が増えるMCOは、私たちのビジネスには合うのではないかと言うことです。今となっては、私たちはフットボールを〝メディア〟として定義しています。たとえば『スマートニュース』などのニュースアプリがありますが、彼らは利用ユーザー数と滞在時間の掛け算で、そこに広告価値を生むというビジネスです。似た考え方で、競技は競技として強くしながら、〝フットボールのメディア性〟に注目しているのです。ファンを集める可能性です。フットボールの場合にはローカルだけではなくてグローバルでの可能性があり、あり方は別としてスポーツ以外の接点から興味を持ってもらえても良いわけです。スタジアムに足を運ぶことを究極として、メタバースやバーチャルスポンサー、NFTなども意識し出したと言うこともあります。フットボールのメディア性を最大化できる方法を模索してゆくためにもMCOは適していると思います」

――ACAフットボール・パートナーズのビジネスストラテジーを拝見すると、他のMCOを組むグループにはないような体系になっていると感じます。グローバルでも珍しいスタイルを採られていると思うのですが、欧州のMCOを採用しているクラブは規模によらず、多くはピラミッド構造になっているものがほとんどです。さきほどのCFGはマンチェスター・シティを頂点として、欧州、北米やアジア新興国、オセアニアなどのクラブが並ぶ綺麗なピラミッド構造です。貴社の場合ではそうではなくて、各クラブが並列で存在し、Web3やAIなどがビジネスモデルに組み込まれています。

飯塚「仰る通りです。このモデルが成功したならば、世界初のビジネスストラクチャーとなると思います。さらに先ほどの新しいフットボール体験としてのフットボール3.0を提供する形と言うのは、他に例がないと考えています。MCOの中でコンテンツを提供し、ストリーミングサービスの仕組みにWeb3のコンセプトを組み込んで行く。仕組みとしての面白さにコンテンツとしての面白さを掛け合わせてグローバルでのシェアを取って行きたいと考えています。今着目しているのは東南アジアなので、その市場をまずは意識して行きます。フットボールと言うのはコミュニティがベースにある競技です。実際にクラブが置かれている地域のコミュニティは、欧州であれば現地の人が100年以上そこで育んできたもので、文化や歴史と強く紐づいています。私たちのミッション・ビジョン・バリューの中でも『スポーツの潜在価値の解放』ということを掲げており、何かを頂点に置いて、そのために全てを集約して行くことではなく、クラブが本来持つコミュニティやその他の特徴などの潜在価値を解放したいという想いがあり、このようなネットワーク拡張を目的とした構造になっています」

小野「イングランド・プレミアリーグも、JリーグのJ3も、東南アジアの小クラブもフットボールと言う競技自体は同じです。それにも関わらず、なぜ世界のフットボールクラブにはこれほどまでに大きな収益差が生まれるのか。突然巨大資本がやって来て劇的な変化を遂げたマンチェスター・シティは難しくても、地域に根付き、そこにあるコミュニティやストーリー性を共有しながら、小さなクラブが観客1000人から始まっても、それが2000人、5000人となって行く軌跡に関心を持ってもらうこと（現地スタジアムの観客が増えるという意味ではなく）。それこそが私たちが実行したいこと、つまりはメディアとしてのフットボールです。何かをモデルとしてフットボールを強くすることではなく、関わるもの全てがその価値を解放し、その価値に乗って提供メディアやコンテンツのチャネルが増えて行くことで、私たちのメディアとしての価値が上がって行く。元々のフットボール経営の捉え方が他のMCOとは異なり、より大きな枠組みで捉えて行ければと思っています」

参画クラブの選定・交渉について

――選定すべきクラブについては、一体どのようなクラブに参画してもらうべきなのかというところが重要になると思います。そこについてはどのようなアプローチをされているのでしょうか。

小野「よほどのビッグクラブでなければお金を積めば買うことができるクラブは確認できていま す。しかし、多くのクラブは買収後数年で苦しくなりそうな予想がつきます。そうならずにキャッ

2023年2月、ACAFPはマルチ・クラブ・オーナーシップ2つ目のクラブとして、スペイン4部リーグのトレモリーノスCFの買収を発表

シュフローを生むクラブ経営をするにはどのようにしたら良いのか。フットボールでこうしたMCOの基礎を作るにはどうしたら良いのか、という質問を飯塚や白石にぶつけ、出して来た解があります」

飯塚「〝スポーツの潜在価値の解放〟ということでは、どのクラブでも良いのではないかと思うかもしれませんが、実際には時間軸やその他の要素が複雑に絡み合っています。欧州の5大リーグ（イングランド、ドイツ、スペイン、イタリア、フランス）でクラブを獲得しようとするといきなり莫大な費用が必要となります。しかし、意外にもその次のカテゴリーに入るリーグ、例えばUEFA（欧州フットボール連盟）のリーグランキングで6位から15位くらいに入るレベルであれば、国のレベルも高く、フットボールのレベルも高いものがありながら、実はそこまでの経済規模がないリーグになっています。且つその中でもオランダ、ベルギー、ポルトガルは移籍市場において、最も移籍金が高いリーグです。たとえばＵＥＦＡランキングで15位以下のリーグ（1部リーグ）でプレーしている選手が、そのリーグで移籍をしようと思うと移籍金が１０００万円くらいでなければ移籍ができない状況であった場合に、そうした選手がベルギーリーグで1年プレーすると、次回の移籍時にはすでに1億や2億という移籍金になるのです。1年ベルギーでプレーしたことで、10倍近く違ってくるわけです」

小野「これは金融の感覚では不思議なんです。同じ選手が違う場所でプレーしただけでこれだけの移籍金の違いが出るのです。当然ながら、1年で身体能力も10倍にはなりません。」

飯塚「経済規模的にも大きくなく、買収価格もそこまで大きくないという点で、ベルギーは選手の価値を高めやすいリーグと言えます。また、リーグの中にプレーオフ制度というものがあり、ヨーロッパリーグ（ＵＥＦＡの主催する欧州クラブの参加する国際大会）を目指すのに非常に良い環境が整っている点、そして、クラブにおける登録外国人枠が柔軟に設定されている点、さらに若手選手の育成に関しては税制により給与の源泉税の80％が還付されるなど、フットボール的・経済的・社会的・地理的な観点から、ベルギークラブから始めることを考えました。ここを中心クラブに位置付け、基盤を整えて行こうと考えています。また、ベルギーリーグでは所属クラブの約7割が外

マルチ・クラブ・オーナーシップの最初のクラブとして選んだのはベルギーのKMSKデインズ

資による運営がなされていて、資本の参入に非常に理解がある事も良い点でした」

小野「買収対象クラブは複数国で精査をしてきました。オランダやベルギー、北欧や東欧。東欧はもしかしたら最初のクラブとなった可能性もありました。しかし、私たちとしては最初のクラブは特に注意を払い、必ず上手く行かせなければならないという使命があります。一度昨年10月にクラブ側と面会した際、クラブの台所事情を隠しもせず話し合えたことが印象的でした。飯塚も白石もベルギーの1部クラブでの数年の経験があることも相まって、選択すべきはベルギーであると感覚的に思えたのです」

――選手単位で見れば、Jリーグの選手が欧州にチャレンジする際など、入り口としてはドイツやオランダ、フランスなどは日本人選手も多くプレーし

KMSKデインズは1926年に設立されたベルギープロリーグ2部所属の歴史あるサッカークラブ

ていますが、ベルギーと聞いた時に「その手があったか！」と思いました。先ほどの世界の5大リーグで活躍するベルギーの選手は実は非常に多く、またベルギーはナショナルチームとしても古豪であったものが2000年代に入ってFIFAランキングでもトップ3に入って来ることが多くなりました。世界的なスーパースターがいるチームではないにも関わらず、ナショナルチームとしても非常に強い。これはリーグのレベルが高いということも同義と取れます。ACAフットボール・パートナーズの最初のクラブとしてKMSKデインズが傘下に入ったわけですが、欧州フットボールは文化や宗教に近いものがあり、外資率が高いベルギーリーグと言えども、最初の取り掛かりはかなり大変なものがあったのではないでしょうか。

小野「そこへ行くと投資ファンドという立場はな

かなか便利なのです。ACAグループとして動いていると、投資ファンドと言うのはいろいろな話を持ち込む人だと思われていますし、イメージも先行しますが、お金を持っている所だとも思われます。さらに私たちのようなアジアのファンドに対しては特に詐欺めいた有象無象も集まって来ます。しかし、こちらに選球眼があればスクリーニングもできます。私たちには飯塚と白石がいましたし、オランダとベルギーのどちらにするかという議論でもそうでしたが、検討の過程ではオランダの知名度あるクラブへの欲や、勝つことを意識する必要がある上では、現実路線としての選択肢を整理しました。しかし、いざ実際に話を進める段階になると、重要なところで話が進まなかったり、本音の部分ではアジア人にクラブを売りたくないという考えが見え透いて来たり、伝統はあっても経営が苦しいクラブがプライドだけで価格を釣り上げて来たりなどということも含め、上手くかわしながら正しいものを獲りに行くという、まさに交渉術の部分がポイントであったと思います」

――すでに飯塚さんはシント＝トロイデンでベルギーを熟知されている中で、以前からデインズは意識されていたのでしょうか。

飯塚「正直に言うと、2部リーグのクラブはあまり見ていませんでした。シント＝トロイデンは1部リーグでしたので、どうしてもライバルクラブを見ていました。しかし、2部だから1部クラブと大きく違うのかと言えば、そんなことはありません。クラブのストラクチャーや財務諸表内の動きなどはだいたい想像がつきますので」

異国の地でプロフットボールクラブを経営するという事

――MCOのファーストクラブで、セントラルに位置付けるクラブとして検討するに際して、直面された苦労や困難はあったのでしょうか。

小野「買収する夏からの半年と、買収後の100日という2つのフェーズに分けられると思います。投資の段階では、こういう構想を理解し、クラブを預けてくれる（旧）オーナーをどう見極め、説得していくということがあったと思います。100日プランでは、まず大事になるのは私たち自身が〝ブレない〟ことだと思います。たとえば私たちがポルトガルやイタリアなどの魅力的なクラブに目移りしながら中途半端に交渉をしていたりしたら、おそらくここまでは来れていなかったと思います。ある程度のところで腹を決め、意思決定・合意形成して進める。もちろんデューデリジェンスの途中で何か懸念材料が出て、投資の世界であれば先に進めない案件かもしれないような判断が必要な時も、飯塚とは「この問題は今後のクラブ経営のところで解消可能か、または許容できるリスクなのか」について議論し、飯塚からは『この類の懸念で躊躇していたら、この先何も進まない』というフィードバックをもらったこともありますし、その上で軽度の懸念は後でケアをするこ

ととして覚悟を決めてかかるといった、投資ファンドの感覚で投資先を探す時とは違った、あえてリスクを取りに行くような判断もありました」

飯塚「フットボールクラブ経営で難しいとされていることの一つに、ステークホルダーが多いということがあります。スポンサーへの挨拶や地域や市の首長とのコミュニケーション、ファンやサポーターへの説明、クラブ社員への説明と理解などの周囲との関係作りをまずはしっかり行い、彼らの心を掴むこと。これがありつつも、経営ということでは自分達の意志をしっかり経営に落として行く必要があり、取締役の構成なども過半数を取りに行く交渉などもありました。今回はそれまでの旧CEOが私たちと一緒に働くことが難しいと言うことで、クラブを離れるという状況もありました。また、シーズンが終わった後では現コーチ陣の契約延長をしない判断もありましたし、新しいスポーツダイレクターを招聘し、私たちの元で新しいスポーツ組織を掌握すること、そしてユースの部門も新しいアカデミーダイレクターを招聘して、ストラクチャーをしっかり私たちの意思決定の元で作っていくなど、我々の意思決定がきちんと落ちるような組織をいち早く作るということがまず重要だったと思います」

小野「結果としてスタッフレベルの陣容は変わらなくても、責任者レベルはほぼ入れ替わる事になりました」

飯塚「ただ、やはりこうした変化が短期間で行われるため、内部の人間からすれば〝自分達はどうなるのだろう〟という気持ちにもなったと思います。実際内部でものすごく不安が広がった時期があったのです。そうした時に大切なのは社員一人ひとりと面談をして気持ちのケアをしながら不安を取り除き、全体に向けてはどういったことがいつ行われるのかについてタイムラインを引き、そこに向けて準備をしっかり行うといった作業が必要でした」

小野「私の視点で言うと、飯塚はヴィッセル神戸でもシント＝トロイデンでもクラブ買収後の内部事情を見て来ていますので、経験として感覚的に何が起きるのかが分かっているのだと思います。そうした時にはトップがどういうふうにブレずに向き合うかということの重要性を私にも説いていましたし、私もそれに合わせて慎重に振る舞っていました。買収後はどうやっても何かしらの事件は起きるものです。これは未然には防げません。起きるべくして起きることに、いかにネガティブな方向に向かわないように事を和らげて行くか。これは分かっていても困難な作業になります。そうしたことを何とか上手く捌いて来れたことがこの100日プランでのハイライトかもしれません」

飯塚「情報発信の仕方などでも、旧CEOが離れるという情報のすぐ後にDEA（デジタル・エンターテイメント・アセット社）との業務提携を発表したり、それまでの監督やコーチ陣がチームを離れるという発表と共に、契約更新しない選手の情報も公表し、出来る限り後ろ向きな情報は初期に出し切ってしまうことを意識しました。そこからは新しいCEOやアカデミーダイレクターの発表などのポジティブな発信を続けて行き、情報を出す順番などにも気を配り、整理しながら一つひとつ丁寧にコミュニケーションを作っているところです」

小野「初期はどんな情報を出したとしても意見が出ます。それならば、どのような情報の出し方をすれば、上手くファンの感情に寄り添えるのかというのを現地も含めて見て行っています。これは新しい施策についても同様で、たとえばWeb3についても〝このCEOであればこその、この新しい施策である〟という周りが納得するような情報の出し方をしたいのです」

――コミュニケーションの仕方、情報発信の仕方、この辺りも含めてやはり私たち日本人経営者からすると〝敵陣〟と呼んでもいいくらいの欧州の環境で、プロフットボールクラブを経営して行くということ。その中で日本と圧倒的に違うのはどういったところなのでしょうか。

飯塚「私の感覚からすると、正直大きな違いはないと思っています。クラブ経営の観点で言うならば、収益の項目もほぼ一緒です。使うコストも一緒であれば、行っているビジネスも一緒で、マーケットの場所が違うだけで実質的にはほぼ一緒のはずなのです。私が日本のクラブを経営していたとしても、きっと同じようにやっていると思います」

小野「現地の目からすれば〝アジア人がオーナーになった〟という感情は少なからずあると思います。それを一つ一つ拾って行くことが面倒になり、諦めてしまうアジア人経営者も過去には少なからずいたと思うのです。飯塚も私もですが、何をやりたいかという大目標があり、そのためには時間がいくらあっても足りないと感じています。自分達がクラブのために良いことをしていると信じている部分もありますので、一々そんなことでうろたえません。しかし、メンタリティとして、敵陣に乗り込んで囲まれていても大見栄が切れるというのは強みなのだと思います」

飯塚「私独自の感覚として、日本もベルギーも違いがないと感じているのかもしれません」

小野「それこそオランダでもポルトガルでも、現地ではそれぞれの状況があり、日本にいると海外という一括りで見てしまって解像度が低くなってしまう。本来的に見て行けば、やるべきことは同じはずなのだと思います」

飯塚「私は現地でも日本人ということをあまり意識していないのです。もちろん現地の歴史的背景や、人種の違いは事実としてあるのですが、この企画が日本人だからやりたいというわけでもないのです。中心にあることは、フットボールビジネスで世界に挑戦して、良いものにして行くことであって、たまたま私が日本人なだけであると。そこに関しては非常にニュートラルに捉えています」

小野「何か感傷めいたものというわけではなく、肯定的な意味で言いますが、いろいろなビジネスオーナーの方がJリーグのクラブを買収していますが、郷土愛ということでまさしくファンの代表のような形でやっているケースもあります。私も横浜出身なので、この構想を考えた時に横浜F・マリノスや横浜FCのオーナーになってクラブワールドカップを勝つことを思い描いたりすることもありました。しかし、そこからいろいろと勉強して行く中で、果たしてそれで良いのかと考えたのです。海外で挑戦して行く中で、たまたま自分が日本人であるだけであり、国籍を飛び越えて、世界で最もインパクトあることをスピード感を持ってやるには欧州から始めることがベストであると結論づけたのです。それは北米や他の地域ではなく、欧州のベルギーやオランダであるべきだと。それは小さくても闘えるポテンシャルのあるリーグやクラブを突き詰めて行った結果の結論なのです。そこに、これまでの東南アジアでの投資の経験からその熱を取り込む必要性を見出したり、Jリーグクラブとの連携が武器になるならば、それも可能性の一つであるという感覚に落ち着きました。日本発ではなく〝世界発〟で始めることに全く抵抗感はありませんでした」

――KMSKデインズを出発点として、MCOの傘下として他の国のクラブが増えて行くのだと思いますが、異国間のクラブを横軸で繋ぐという方法は、仰るように〝やることは一緒〟である一方で、フットボールカルチャーは国によって様々です。そのバランスとグループ感を楽しみながら乗り越えて行く感覚ですね。

小野「そのためにはデータで読み解く手法を持ち込めると良いと考えています。データで見て行くとガラスの天井を取り払って進める可能性が高くなります。国を関係なく、たとえばある選手のデータが私たちの組んだスカウティング・スコアリングの上で、適合性が高いと示されていて、将来の可能性が可視化されている。ならば私たちはその選手を獲得するべきだと判断できます。フットボールはミスを前提とするスポーツであり、それを90分の中でいかに減らせるか、その成功確率を上げるためにデータで材料を集めて提供する。それを競技の中で応用し、私たちはビジネスの中で活用するわけです」

――欧州のフットボールクラブの市場動向についてお聞きしたいのですが、欧州では日々M&Aがなされていてオーナーが目まぐるしく変わる世界なのか、またはある一定の波があり、時期によって増減するような世界なのでしょうか。

飯塚「感覚値でしかありませんが、やはりコロナ禍の時期にM&Aや買収・売却がかなり起きた印象はあります」

小野「2010年代に入り、MCOで複数クラブのオーナーシップを持つ方々が台頭して来たことがありますし、2014年くらいから3年くらいの間に中国を含むアジア系による買収が流行った記憶があります。そこでも成功者と失敗者が分かれ、プレミアリーグのレスターなどは成功例だと思いますし、サウザンプトンやエスパニョールを買った例などはそうではなかった結果になっています。私たちとしてはそうした経緯も見ている中で、比較的エンターテインメント精神やビジネスが定着している北米系オーナーは上手くやっているのではないかと感じています。文化的にドラスティックに人を入れ替えたりするやり方をするオーナーが成功している確率が高い印象です。アジア系はお金だけ出して、だんだんと締め出されて、結果お金だけ出して良いようにやられてしまった。コロナ禍では観客の入場料収入が大きく占める地元密着型のローカルクラブが打撃を受けて身売りをすることになったケースも聞いています。実際には〝お買い得〟と思われたクラブを買うはずが、大義を達成するためにクラブを買うことになったケースもあるようです」

――貴社のプロジェクト自体がまさしくコロナ禍のタイミングで進行していたと思います。さらに今年は2月以降ウクライナ侵攻なども起きました。こうした世界的な事象がプロジェクトに与えている影響や、その乗り越え方のようなものがあればお聞きしたいのですが。

小野「ウクライナ侵攻、世界的なサプライチェーンに関する懸念など、投資家として出資を決める、またはそうした投資家から資金を集める時に苦労する要因にはなると思っています。私はファンドマネージャーとして投資家の方も200アカウント超ほど抱え、本プロジェクトもそうした方々の一部の応援によって成り立っているところもあります。私たちはドルでビジネスを行っていますので、ドルを持っているかいないかという問題があります。また、新規の方々とお話しをする上ではもう少し早く決まってもよかったかもしれないと思っていて、時間的な影響は出ていると思っています。今後私たちが作り上げて行くこの仕組みは、日本の事業会社を含め、いわゆる戦略投資家の中で、スポーツやエンターテインメントを次の柱にしたい方々にとっては有効だということで、為替など資本市場の影響で左右されないお金という意味では、ウクライナ侵攻等の影響はありつつも、今後の展開を考えているところです」

飯塚「フットボールの現場としては、ウクライナ侵攻による影響は現時点ではそんなに受けていません。今回のケースではウクライナに限定されたところで起きていることなので、もし少し影響があるとすると、ウクライナ人やそれに近しい地域の選手がいた場合、家族の問題などもあり得ます。欧州では戦争反対のメッセージを掲げるクラブもありましたし、ウクライナにいる選手などはすでにプレーができない状態に陥っていて契約解除になるようなケースも出たために、ＦＩＦＡがそれを支援しようという動きはありました。しかし、それらはミクロな話でマクロ的には影響があったかと言うと、大きな影響には至っていない状況です」

メタバースとＷｅｂ３、テクノロジーについて

――ここまではプロジェクトの話やクラブ運営面でのお話をお聞きしてきましたが、ここからは貴社のお話に話題を広げて、メタバースやＷｅｂ３のお話などにも移っていきたいと思います。メタバースやＷｅｂ３はＤＸとも近しく、近年非常に良く聞く言葉になってきています。貴社ではコンテンツビジネスの計画もクラブ運営と同時進行で行われていると思いますが、これは実際どのようなところまで提供できているのでしょうか。

小野「私たちのコンテンツというのは、現在他の欧州クラブがやっているようなSNSを使って選手のインタビューを載せたり、トレーニングの様子を載せたり、小さいクラブでは手が足りなくてやり切れていない、いわゆる〝非試合日〟の機会の創出です。ほとんどのクラブは試合日での収益を得ることに注力していますが、それ以外の日にもコンテンツを提供することによって収益機会の分散、または機会の拡大というのを目指しています。フットボールの試合は残念ながらどんなに多くても週に3試合くらいしかなく、私たちのような規模のクラブであれば週に1試合です。そのため、ファンとクラブの接点をより増やすためにどんな仕組みを提供できるかという考え方から作って行くことになります。ここから先、地元のファンではなく世界にファンが増えた場合に〝どんな練習をしているのだろうか〟〝そもそもディンズってどんな街？〟などの情報も提供しますし、それこそ20年前に中田英寿選手がイタリア・ペルージャに移籍した時、それまで誰も知らなかったペルージャの街やクラブにも話題が及びましたが、現在ではそれをコンテンツとして提供でき、また環境も整った時代です。私たちはそこにも独自のやり方を考えていて、例えば、あるブロックチェーンゲームをプレイして、1ヶ月や2ヶ月頑張ったら来シーズンのユニフォームが手に入ったり、シーズンチケットが入手できるなどのインセンティブがあるものを考えています。議論の中で面白いアイデアだと思っているのは、100人単位のサポーターズクラブでゲームを頑張るとクラブからアウェイ観戦に行くバスが提供されるというものです。皆で頑張って稼いだポイントでバスをチャーターし、『100人集まってアウェイに乗り込もう！』というのをやりたいと思っています」

――それはキャンペーンとしても新しいですね。欧州ですからUEFAの試合ともなればアウェイの地に行くとなると結構な旅になりますので。

小野「たとえば日本のJリーグでもJ2は北から南までクラブがあり、移動も大変です。それはファンも同じだと思います」

飯塚「これはまさしくコミュニティ支援の文脈であると思っていまして、コミュニティの人たちにコンテンツを通して楽しんでもらうことで、サービスを提供できるというお互い利点のある状況が生まれると考えています。これはさらにアカデミーやユースにも応用できると思っています。たとえば学習アプリやゲームをプレイしてもらい、皆で練習場のゴールを新しいものに取り替えたり、新しいスパイクをチーム全員分購入するなどのことが可能になってきます」

小野「各家庭で頻繁にスパイクが買えないという時に、学習ゲームをやるとボールやスパイクが手に入るとなったら、子供ながらにも面白いと感じるのではないかと思うのです。ゲーム会社とも、そうした仕組みを入れるために一緒に考えて行っています。私たちはWeb3を行動変容のきっかけだと思っていまして、ゲームをする、動画を見る、最初はそれでグッズが手に入ることを動機としてやっていたことが、だんだんクラブを応援することに繋がる。ここには承認欲求も働くと思っています。『ゲームが上手い＝クラブ支援のリーダー』という意識や立ち位置も出現するかもしれません。こうしたことも私たちのコミュニティのアクティベーションの手段として取り入れています。ゲームやテクノロジーが介在していますが、私たちがやる事はスタジアムを満員にしたり、新たな収益化に繋がるような魅力的なフットボールをすることでファンを惹きつけることには変わりはありません。コミュニティの中心にクラブがあるような、そんな仕組み作りを進めているところです」

――今のお話の仕組みですと、そこで登場するゲームも必ずしもフットボールゲームである必要はないわけですね。

小野「仰る通りで、私が今やっているブロックチェーンゲームも、キャラクターの描かれたNFT化されたカード6枚を並べて相手のカード6枚を先に倒すという、ルール的にはポケモンに近いゲームです。ちなみに私は過去に行われた世界大会で世界で250万人いるプレーヤーの中で2位入賞しました」

――2位はすごいですね！

小野「1位と言えたら格好良かったのですが（笑）」

――ゲームを提供しているのはまた別の企業であり、業務提携で裏側の仕組みの中に貴社のプログラムを組み込んで、ユーザーにやっていただいた行動がNFT化されたコンテンツを経由してフィードバックされるという理解で合っていますでしょうか。

小野「NFTを活用したゲームは、ゲームのクエストを攻略したり、一定の活動（歩く、学習するなど）を行うと仮想通貨が獲得できるという仕組みをとっております。現在のNFTはその希少性や一部投機の期待もあり、高額になってきていて、私のプレイするゲームの（世界2位を獲得するための）デッキは2000万円から3000万円（2022年6月当時のレート）ほどになっています。このクラスのNFTはまだ新興国のユーザーでは買えなかったりするので、プレイヤーはたとえば投資用マンションを購入したお金のあるオーナーなどから部屋を賃貸するようにカードを借りてプレイし、後でゲーム報酬の何割かを給与のようにもらうという仕組みが生まれました。これを「スカラーシップ制度」と言います。私たちはこの仕組みを応用し、プレーヤーに仮想通貨を返すのではなく、クラブサポーターとして一元管理しておいた仮想通貨をアウェイ遠征バスのチャーター費やグッズ購入代として利用できるよう取り組もうと試みています。このスカラーシップ制度が活用できるのであれば、媒体は何でも良く、ゲームに留まりません。それなら、最初からバスチャーターのスポンサーをすれば良いではないかということも考えられるわけですが、それだと意味がない。自分達がクラブを意識して何かを行った結果、何かを勝ち取り、その行動プロセスが〝団結〟を生むと思っています。そうした一見〝面倒くさい〟一手間というものが今の時代にWeb3を含めて大事だと思っています」

――そうしますと、利用すべき媒体自体は情報担保の観点からも、やはりNFT化されている必要があるということですね。

小野「仰る通りです。私が利用しているゲームは昨年からプレイしていて、利用実績もあり、スカラーシップのオーナーもやっています。そこにクラブ経営も並行して存在しているため、フットボールクラブに最も合う形を考えながら飯塚が現地でアクティベーションし、フィードバックの元、仮想通貨ではなくてグラブのグッズの方が喜ばれることや、プロフットボールクラブとして地に足のついた形でWeb3の活用の実証実験ができているのは、私たちが世界初だと思っています」

――自社でテクノロジー開発をしなければならないことは、極力減らすことができるわけですね。

小野「〝餅は餅屋〟の感覚で、私たちはフットボールクラブであり、私たちが提供できるものはフットボールの価値とその活用方法だというふうに割り切っています。今ではスポーツテックなどでこうしたソリューションを提供するベンダー企業などもたくさん登場してきていますが、上手く行っている事例はまだ少ないと感じます。おそらくそれはベンダー企業がベンダー中心の考え方で開発したものを、資金に乏しいクラブに使用して欲しいと言っても、需要ギャップが生じでクラブ側のニーズにあまり刺さらないなんて現象が起きてしまっているのかなと遠巻きに見ております。私たちのケースではフットボールのラボとして現場のチームを構築するのと同時に、ファンが求めているものを知ることができるため、私たちが欲しいプロダクトを作るという経営的な目線があることが大きいと思います。先ほどのＤＥＡや、ＡＩ領域で提携できる企業も探していますが、私たちが応用できたり、共同開発できたりするパートナーであることが重要なのです」

具体的に何が起こるのか

——企業によっては多方面に中途半端に手を出そうとして、別機能を持った子会社を買収したりするケースもありますが、そこはプロフェッショナルに任せてフットボール価値を上げることに専念しようと。

小野「私たちの掲げるフットボール3.0で実現したいことは、まずクラブを持つこと、そしてメディアとしてそこにどれだけのファンを集めることができるかに挑戦すること。グローバルのファンを中心に利用時間と月間ユーザーが掛け算となる媒体枠を確保することによって、ローカルのスタジアムとグローバルファン層を交えた〝グローカル〟や、リアル・バーチャルを行き来することによっての価値向上を資金調達に繋げ、MCOプラットフォームに賛同するクラブをより多く獲得していくことに取り組んでいます。マンチェスター・シティやマンチェスター・ユナイテッドのようなプレミアのビッククラブレベルであれば、クラブの企業価値は売上や選手価値の2倍、3倍の倍率の価値がつくことも期待できますが、小クラブですとそうは行きません。ビッグクラブの戦い方・アプローチではなく、これまでグローバルファンの目に止まらなかった小さいクラブに対して注目し、メディアとしての価値を高めるプロジェクトを立ち上げ、その趣旨に賛同するクラブがMCOプラットフォームに参画、横連携されることでさらにファンが集まる。先進的な取り組みを続けることで未来への可能性を感じてもらえ、企業価値が上がることで応援してくれる投資家の資金が集まるというサイクルを目指しています」

――ゲームをプレイするユーザーからすれば、ベルギーのデインズというクラブを知らない可能性もあります。ゲームをプレイしてもらえた仮想通貨やNFTを使う道として、デインズに使ってもらうための工夫などはあるのでしょうか。

小野「ベルギーローカルではアウェイバスやグッズ戦略などがありますが、その対象を既存と位置付けるならば、新規はグローバルファンの獲得です。たとえば本田圭佑選手クラスが私たちのクラブに来るとなったら、多くの日本人が私たちのクラブに興味を持つと思います。私たちのメタバースやその他の仕組みにもきてくれる可能性があります。東南アジアもまさしく今、過去の日本がそうであったような過渡期にあり、次のワールドカップに出るためにその国のスター選手が欧州で活躍し、自分達を引き上げてくれることを遠い未来ではなくリアルに感じ始めているのです。私たちがそうした良い選手を取り入れ、新興国の多くの人口を持つ国の人々が〝見たい〟と思ってくれるならば、同じことが起こるはずです。そこにデインズがあるならばいろいろなものが見えてきます」

——こうした仕組みは、今後貴社のMCOに入ることを検討するクラブにとってはバリューと見られると思いますが、まだ出来ていない今後のものについては可能性としても話しているのでしょうか。

小野「交渉を行う各クラブにはこれから話をする部分もあるのですが、私たちがプロジェクトを進める中で唯一速度を落としたのは、2つ目3つ目のクラブを買うプロセスです。飯塚が100日プランを実行して変革し、デインズのベースを作り、その変革した状況を周りのクラブが見て、デインズまたはACAFPと組んだら面白そうだと感じてもらうことが大事だと思いますので、性急に2つ目のクラブを獲得することよりも今はデインズをしっかり成功させる時期だと考えています」

――まずは足場固めの期間に徹し、モデルケースを作り上げることを選択されたわけですね。東南アジアの新興国をはじめとして、やはりターゲットとなるのは比較的若い方になるのでしょうか。

飯塚「それは間違いなくそうなると思います。日本のJリーグもベルギーもそうなのですが、主要ファンの平均年齢は40代です。若者のフットボール離れというのは欧州でも同様に起こっており、ミレニアル世代からZ世代でネットネイティブの第一世代、その次のα世代がいるわけですが、次の10年でミレニアル世代が40代半ばになり、Z世代が30代半ば、α世代が20代となると、消費行動を取る世代がネットにより通じた年代になると思います。先ほどのWeb3は今黎明期ですが、いかにしてこのポジションをいち早く取るかということが重要だと思っています。それが出来たクラブが次の10年で市場における力を持つと考えており、それをフットボールを媒介として成し遂げたいというのが、私たちのWeb3との組み合わせによる戦略なのです」

小野「私たちにとってフットボールは大事な資産ではありますが、同時に特に私はフットボールにのめり込み過ぎないということを心がけています。フットボールの現場とビジネスの両面をバランス良く見る事が求められるためです。フットボールクラブの経営を前進させながら、ファンやターゲット層へのコンテンツや仕組みの作り込みも判断して行く必要があると思っています」

――貴社のビジネスプランの中でWeb3やメタバース、クラブとしてのMCOについて、ここまである程度作り上げて来られたものが既にあると思いますが、同じくビジネスプランにあるチームの分析力としてのAIの領域についてはいかがでしょうか。

小野「AIについては私が素人であったということもあり、プロダクト開発を甘く見ていた部分もあります。飯塚は楽天時代に要件定義から開発に関わったことがあるのですが、Web3領域が逆にある程度順調に進んだこともあり、AIについては少し検討速度を落として進めることにしています。先ほどのWeb3と同じように、私たちが必要とする開発が出来る方々とジョイントベンチャーを立ち上げるのか、または業務委託のような形式で組むのかも含めて慎重に検討したいと考えています。協力会社については上手く見つけることができたとしても、中身については飯塚や、現場のチームにはしっかりと監修をしてもらうことになると思っています」

――改めてにはなりますが、AIの活用分野というのはどういったものになって行くのでしょうか。おそらくよりフットボールの現場寄りなものであることは理解ができるのですが。

飯塚「大きく分けて3つの観点だと考えています。一つは選手のスカウティングです。選手の価値、市場における価格というものを予測できるシステムを開発すること。今世の中には大量のスカウティングデータがビッグデータのような形で存在しています。それを集約して自分達に最適な選手というのを出すアルゴリズムを組みつつ、選手価値の現在と将来価値を自動計算するものを想定しています。このようなシステムを持つクラブは存在していません。もう一つがライブ・リアルタイムでの戦術解析です。今はビデオアナリストという形で人海戦術でやっていて、どう頑張っても今見ている試合の解析は次の日にならなければ得ることができません。これを試合進行中の時間内に得たいと思っています。これがあれば前半の戦況分析を後半の戦い方に即反映することができます。人とボールが目まぐるしく動くフットボールの分析観点は非常に多岐に渡るため、これはAIの演算能力でなければ不可能です。そして残りの一つは、選手のトレーニングに活用できるもの。身体の筋力量や組成、睡眠や食事、運動量も含めた生体データを取り込み、選手ごとに戦術上の各ポジションにおけるプレーに必要なトレーニングに関する内容と量の両面の情報、また食事や栄養素の摂取に関する情報などを取り出せるようにしたいのです」

小野「私が速度を落とすとお話した背景には、今飯塚が話した世界というのは、現状から三段飛びくらい先の世界とみているからです。現状で人海戦術になっている部分をRPAのような自動ロボットに置き換えるというだけでも作業効率や精度が高まると思います。試合のスケジュールも、

1週間168時間の中でのコマ割の勝負になっている世界を変革しよりクォリティ高く準備ができるなど、AIに行き着く前にエクセルの手計算の世界から解放されるだけでも全く変わるのではないでしょうか。その段階をクリアしてベースができた後にAI活用を検討しても遅くないのではないかと再考したために、AIありきで考えることを一旦中断いたしました。AIは最終的なもので、まずは現場が必要とするものを解決する中で道筋が見えてくると思っています」

――貴社の組織図の中で「ストレングス&コンディショニング部門」「リカバリー部門」という部門があるのですが、これは一般的にはあまり聞かないケースだと感じたのですが。メディカル部門やアナリティクス部門が分かれているケースはありますが、それらとはまた違った機能ということなのでしょうか。

飯塚「ストレングス&コンディショニング部門は、選手のフィジカルコンディションを高めるという役割があります。リカバリー部門は選手が怪我をした時のリカバリーを早めること。そして、メディカル部門は医療の観点での選手の怪我の診断やケアです。リカバリー部門はトレーニングやリハビリの観点により近いと思っていただければと思います」

小野「日本人選手がなぜ欧州で活躍するのに時間がかかるのか、またはなぜあまり活躍できずに終わるのかという点とも繋がるのではと思っていますが、欧州のトップクラスのトレーニングや求められるフィジカルや戦術的な強度に対して、日本人の肉体的特長や特性は一定程度ギャップがあるとみています。このギャップを埋めるために選手個人に応じたトレーニングや体の使い方ひとつについてもアドバイスをします。トップクラスに近くなるほど、こうしたことは教えてくれません。欧州の有名ビッグクラブに日本人選手が入ったとしても同様です。すべては選手自身で気づくしかありません。なぜなら、欧州域外からやって来る外国人選手は助っ人であり加入していきなり活躍して当たり前という前提の元、そもそもそこに問題意識が働かないからです。しかし我々はそこに問題意識を持ち、若い選手がトップリーグに行くためのトレーニングや、日本人選手がクラブに加入した際には、日本の選手の体の使い方などを根本的に底上げするための〝変異〟ポイントを解決する部門として設けています」

飯塚「ドクターは定期的に選手の怪我の状態を診断し、そこに付随してフォジオ・セラピストと呼ばれるスタッフがマッサージをはじめとしたボティケアをします。そこからリカバリー部門でさらにフィジカル的な回復や身体能力を高めるトレーニングに入って行きます。そこの効率を高め、より強くする部分を担うのがストレングス&コンディショニングになります。この部門は大学博士課程を持つ2名のスペイン人スタッフが中心となります」

――それは最終的には選手個々人のトレーニングメニューに落ちて来るわけですね。

飯塚「その通りです」

小野「特に私たちはフットボールメディアとしてファンを集めて行くためには、東南アジアなどの人口や経済が伸びている地域、または日本からきちんと活躍できる選手を獲得する必要があります。あくまでクラブの現場としてはフットボールで勝つための選手を選びます。アジアの地域でも若手選手の中には〝原石〟と言えるような選手もかなり存在します。それこそ18歳未満の選手たちです。彼らをできるだけ早く欧州の私たちの環境に連れて来て、先ほどの欧州の強度あるプレーの環境の中でキャッチアップする時間を作ることが重要だと考えています（2022年11月 ベルギー国内最大級のトレーニング施設・アカデミー育成組織「Futurosport」との提携を発表し育成世代に向けた環境も整備）。試合に出ることが重要、試合に出るためには強度が必要、それ

ベルギー国内最大級のトレーニング施設・アカデミー組織「Futurosport」、そしてムスクロンに拠点を置くスタジアム「La Cannonier」との提携を発表し、トップチームから育成世代への環境も整備。

を選手のベースとして作るには20代では遅いと言われています。そうすれば仮に欧州で活躍できなくても、アジアレベルであればある程度の活躍ができるはずです」

プロフットボールクラブに〝投資する〟という考え方

――プロフットボールクラブに投資をするという考え方があったとして、たとえばＡＣＡフットボール・パートナーズに投資をしたいと考える投資家の方がいたとします。そうしたケースが出て来た場合の収益モデルなども考えられるのでしょうか。

小野「私たちは成長性やそれが今後どんな世界に繋がって行くかの可能性、いわゆる未来への価値を評価していただきたいと考えています。これからシリーズＡが始まるわけですけれども、欧州の小さいクラブを起点として弊社のＭＣＯプラットフォームがグローバルのフットボール市場において、何億とは行かないまでも、１０００万、２０００万人くらいのファンを集める仕組みを作り上げ、メディア価値を上げることで様々なものの交差点になることで企業としての価値を生み、投資家の支援を募ることができればと思っています。私たちはＷｅｂ３やメタバースをはじめとするこれからの成長領域について、ベンチャーキャピタルやその他の資本提供側のニーズに対応可能なソリューションと、フットボールというアセットを持つ企業として、アセットと財務をコントロールしながら、成長性を期待され評価を得ることができればと思っております」

――世界のビジネスオーナーや富裕層の間では、フットボールには関心がある方は直接クラブのオーナーシップを取りに行く事例もあれば、規模の差はありますがスポンサーシップなどからはじめて資金を出し、広告塔として活用する場合もありますが、純粋にリターンを得る目的としての投資の観点で取り組むケースは多くはありません。そこへ行くとACAフットボール・パートナーズのモデルは、近い将来に純粋な投資の観点でも成立しそうな可能性があるのではないかと思われますし、または日本の経営者の方々の中で既にプロフットボールクラブのオーナーや経営もやっているという方の、海外のクラブのやり方を学びたいというニーズだったり、海外クラブとのアライアンスのニーズなどもあるかもしれません。そうした時にどのようなことが提供できそうでしょうか。

飯塚「フットボールビジネスは少し特殊な部分があって、実際に中に入ってみないとわからないことも多くある分野だと思いますので、たとえばノウハウやナレッジの学習についてであれば、我々のクラブに人を出向していただいて、実地の中で知見をためて行っていただくということは可能なのではないかと思います。それは我々も人手の面でリソースが得られるという点で利点がありますし、私たちの元で切磋琢磨した人材が活躍することでフットボールビジネスを良くすることに繋がるという点でも意味があると思います。その中で最も重要な役割を果たすのは人材という要素だと思いますので、欧州クラブの内情を理解し、それを他の環境に応用できる人材が育つ、増えるという事はビジネス全体を伸ばす事に貢献します。私たちがその突破口になるのであればそれは嬉しいことです」

小野「現在シリーズAの準備段階としてブリッジローンなども集めていますが、ここで一度ローンで参画いただき、事業を覗いていただくこともひとつだと思います。その次のエクイティの調達ラウンドで、たとえば一定の出資額と企業からの出向人材受け入れなどの、出資と共に学ぶための人材を送り込んでいただくなどの方法もあり得ます。もちろんスポンサーシップという道もあると思います。スポンサーとして出資いただき、先ほどの人材出向のお話を絡めるという考え方もあると思います。今後の可能性レベルのお話ではありますが、たとえばスポンサーシップを組む時にインドネシアやベトナムの選手を獲得し、インドネシアやベトナムからのファンやメディアの注目が集まって来た時に、ビジネスの海外進出をしたい企業や、すでに進出していて企業の認知度を上げたいニーズに対する戦略的なマーケティング的な支援においても、リクエストに応えることのできるよう十分に準備できればと思っています」

――そうしたケースではACAインベストメント社（グループ会社）は関わって来ないのでしょうか。

小野「ACAインベストメントはファンドを組成する会社なので、まとまった資金でファンドを組む必要があれば、その時にACAインベストメントが関わるケースもあるかもしれません。投資家が増えすぎてしまうとACAFP側の私たちの手が回らなくなってしまうので、ファンドマネージャーが一元的に管理する仕組みなどであれば将来的には不可能ではないと思います」

次なるビジネスマイルストン

――貴社の次なるビジネスマイルストンはいつ頃、どのようなことがあるのでしょうか。

小野「MCOのプラットフォームに乗るクラブの獲得は1年に1クラブを目処に交渉を進めて行きます。そこは無理に開拓するのではなく、私たちのビジネスを理解していただけるような、未来志向を持ったクラブオーナーやビジネスオーナーの方々と組みたいと思っています。サービス面では6月末に「ウォッチ・アンド・アーン（Watch And Earn）」という、私たちが提供するクラブの動画やコンテンツを観て応援してもらえると、プレゼントやリワードがもらえるといった仕掛けの発表をするべく頑張っています（2022年9月より、『PlaysiaTV』をローンチ）。ツイッターやフェイスブックのようなSNSを平面的なネットワークだとすると、来年の春頃に向けて『デインズ・バース』という、メタバースの世界に『バーチャル・デインズシティ』

という立体的なものを作り、アバターを利用したコミュニティとしての場を提供したいと考えています。この主役は参加者で、NFTなどを使って彼らが自ら盛り上げて行くものとして、DAO（分散型自律組織）などがあるWeb3の世界を育てて行きたいと現在試行錯誤しています」

――少し大枠のお話になって恐縮なのですが、かなりのスピード感を持ってここまで来た貴社のビ

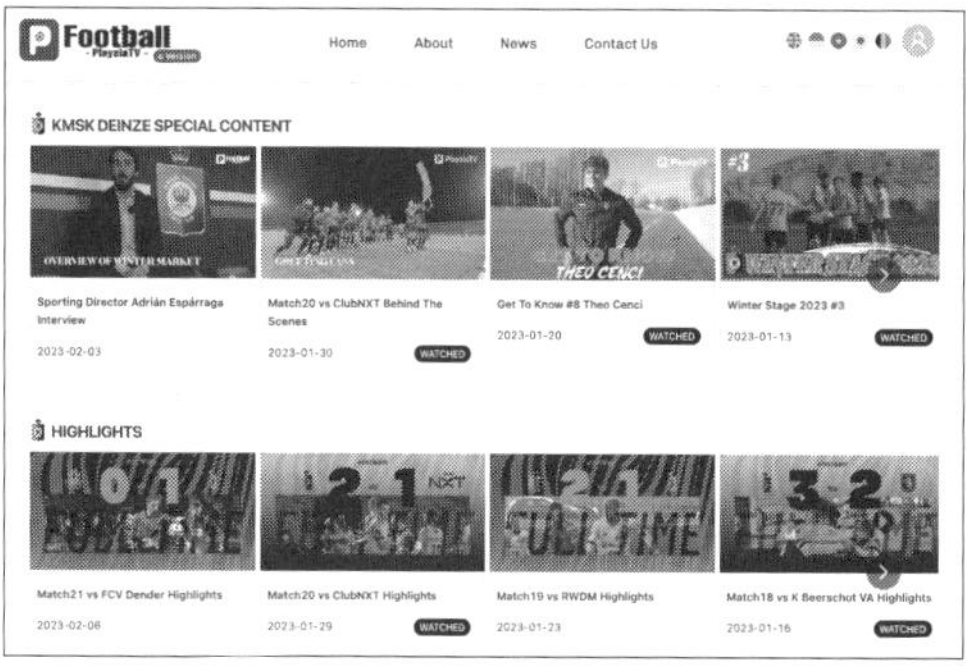

DEA社との共同開発によるWeb3.0を活用した動画ストリーミングサービスの『PlaysiaTV』では試合のハイライト、選手の特別インタビュー、豪華ゲストとの対談など多様なコンテンツが配信され、視聴に応じて宝くじを獲得できる

ジネスの一方で、まだまだ日本の市場ではスポーツと純然たるビジネスがつながりにくい状況でもあります。欧州の中には自クラブできちんと収益を上げ、一本立ちしているクラブも実際にはあるわけですが、そうしたケースなども見られて来て、スポーツとビジネスのあり方について感じられたことがあればお聞きしたいのですが。

飯塚「欧州は欧州で、5大リーグ以外のところでは運営して行くことが難しいケースも多くあります。その難しさと言うのは、日本的な難しさではなく、国単位や地域で見た時の経済規模による難しさがほとんどです。欧州のフットボールに歴史があるのは良いことでもあり、そうではないことでもあるわけです。多くの地域は贔屓のローカルクラブを応援する文化があり、ほぼ他の地域のクラブを応援することはありません。そのようにファンが固定化されてしまっていることなど、ある意味閉鎖的な面も多いのです。グローバルな視点や他から連れて来るという力学を働かせることがなかなか難しい。それこそアジアや新興市場に目を向けたとしても、そこを開拓するためのリソースもないのが現状です。そうした点でも拡大することの難しさは欧州では特に感じています。一方で日本では体育的な教育の感覚と強く結びついて来た経緯があり、その延長で行くとお金を稼ぐということが相反する価値観であると指摘されることが多いですが、日本企業はお金がないと言いながらも、実際はプロクラブに対しても結構資金を提供しているケースがあります。資金を出してくれてしまうが故に、日本のプロクラブはそこに頼り、選手人件費が他リーグと比べて高い傾向にあるのではないでしょうか。正直な感覚で言うと競技レベルに対して、日本のプロクラブの選手人件費も相対的に高くなると思っています。日本のクラブと同等レベルの欧州のクラブの選手たちはもっと給料が低いケースも多々あります。確かに昔に比べて日本人選手のクォリティも上がって来たことで、欧州でプレーする選手も出て来てはいますが、それでも日本人選手の給与は高いケースが多いです。そうなると国内で満足してしまう選手も多くなると思いますし、それが逆に閉鎖性を助長しているのかもしれません。本来であれば日本のリーグはアジアでトップレベルのリーグですので、アジア・チャンピオンズ・リーグで圧倒的に3連覇をしたり、アジアの選手は皆日本のリーグを目指し、アジアの観客は皆日本のリーグを観るなどの状況になっていてもおかしくはないはずですが、実際はそうではありません。リーグとしての価値と規模の拡張をどのように行って行くかだと思います。欧州の5大リーグがなぜ成長したかと言うと、放映権の上昇が大きな要素であり、そのためにはコンテンツとしての価値をいかに高めるかが鍵で、どこからお金を集めて来るかということなのです。私たちはそこを明確にし、グローバルな市場に繋げたいというビジネスモデルなのです。欧州とアジアを繋げることが、我々のプロジェクトで重要なポイントです（2023年2月　ASEANHAM-EUおよびBVAとパートナーシップを締結し、ベルギーを拠点にアジアの企業や団体との関係構築を推進）」

小野「おそらくスポーツ〝を〟ビジネスにしようとすると難しく、私たちはスポーツ〝で〟ビジネスを創るというスタンスをとっています。言葉にするとちょっとしたてにをはの違いですが、この違いが大きいのではないかと思います」

飯塚「小野が言っていましたが、やはりフットボールとしてマネタイズしようとしているのではなくて、メディアとしてマネタイズしようとしているのです。フットボールはコンテンツであり、ファンはフットボールが見たいので、そのコンテンツを提供しようということです」

小野「フットボールをフットボールとして経営し、収益を上げようとするので苦戦するのではと仮説をたてています。それにはフットボールを再定義して、一歩引いて見たらメディアであるというところの置き換えと意識の違いだけであると思います。観客動員数を増やす、スポンサーをとって来る、それももちろん大事ですが、それだけで良いのかと日々試行錯誤しています。私はカスタマー・ジャーニーと言っていますが、ファンがスタジアムに来たいのか、ネットで応援したいのか、メタバースで楽しみたいのか、その選択肢はファンにあるはずなので、ファンにその選択肢を提示することで滞在時間を長くし価値を生む。そうした環境をいかにして作れるかというのが、私たちのフットボールの捉え方が違う点なのかもしれないと最近改めて感じています」

飯塚「もちろんスポーツなので普及という面も大事なのはわかります。協会や各競技団体などは様々な取り組みも行っていると思います。それはそれで大切ですが、ビジネスという文脈とは少し違って来ると思います。私たちはビジネスとしてプロフェッショナルなクラブを経営するということにおいて、フットボールをどのように位置付けるのかということを考え、それにはフットボールを再定義するという考え方が必要なのかもしれないと、このプロジェクトを始めてから特に感じています」

小野「一番最初の話に戻るのですが、なぜフットボールなのかということについては本当に単純で、フットボールは世界で最もメジャーな競技であり世界80億人の人口のうちの約35億人が見ているか競技をしているか何かしら関わっているスポーツです。その35億人の目をどうやって私たちに向け、残りの45億人の目をどうやって引き込むのかという話だと思っています。フットボールは競技人口も多く、観客の熱中度も高い。本来であればスポーツというものの本質を最も持っている競技だと考えられますが、まだまだポテンシャルを活かし切れていないと感じています。私たちが潜在価値を引き出すと言っているのはまさしくそうした文脈からなのです。まず引き出すためには潜在価値を知らなければならない。また、潜在価値が分かったならば現在の状況とのギャップがどのくらいあるのかを測るまたは測ろうとする努力が重要ではないでしょうか」

スポーツビジネスの可能性

――日本のビジネスオーナーや富裕層がスポーツビジネスに取り組んでいるケースですと、すでに自身のコアビジネスがあり、それを伸ばし成長させるためにスポーツビジネスを活用するということが増えて来ています。本日お聞きして来たお話は、そうした方々にも通じる部分が非常にあると感じています。

小野「世の多くの方の主語が、自身の成功したビジネスが主語になっているのに対して、私たちはフットボール〝で〟ビジネスを創るためにやっています。自身のビジネスをベースにした時には力点と集める人材がフットボール事業運営とは必ずしも一致しないのではないでしょうか。自身のビジネスをベースにすると、たとえば飯塚のような人材がいたとしても、フットボールクラブは経営できるが、コアビジネスは伸ばせないだろうという判断がなされると思います。日本のプロ野球がそうですが、母体企業名がついているのも歴史的背景からです。フットボールは街に根付いているので、本来アプローチは違うはずなのです。冒頭にお話しした郷土愛のように〝我が町〟視点は文化や歴史の観点から重要なことですが、ビジネス成長を目指す上では違う視点でのアプローチも必要になってくるのではないかと思っております」

――今現在は枠組みが出来て、まさしくいろいろなチャレンジをしている段階だと思うのですが、ここから先貴社の目指す世界についてお聞きしたいと思います。

小野「それぞれの視点で言語化すると違って来ると思いますが、私たちのフットボール3.0というコンセプトで1兆円、10兆円の価値が付くような企業を作りたいと思っています。やはりツイッターもフェイスブックもテクノロジーと人が集まる場所として広告価値を上げています。フットボールも市場規模を考えれば、私たちもそうした場所を作り得ると考えていますので、市場において〝早く多く〟を取りに行けば、その期待感によって私たち自身に価値がついて来ることを目指していきます。そうするとフットボールの定義や形が変わって行き、小さなクラブにもスポットライトが当たり、皆がよりクラブにお金を使うようになり、クラブはより強くなる。その行き着く先は魅力的なフットボールと満員のスタジアムを世界により多くもたらすということになるのかもしれません。そんなことを妄想しながら、そこに行き着く成長過程で、1兆円、10兆円という価値を生み出せる企業できたらいいなと」

飯塚「私はもう少しフットボールの現場寄りな観点で、やはり欧州のフットボールの進化というのはものすごく早く、それこそ1990年代にJリーグが始まり、同時期に発足したイングランドプレミアリーグは財務規模もほぼ同等だったところから、この二十数年でリーグ規模で10倍以上の差がついてしまいました。日本サッカー協会の掲げる、２０５０年に日本代表をワールドカップで優勝させるという宣言を現実のものとするために、フットボールに関わる者として、いかにしてそのギャップを埋め、時計の針を進められるかということを考えています。それにはやはり先ほど申し上げたように選手だけではなく、ビジネスの人材と指導者の人材が世界のトップレベルで闘えてはじめて時計の針を早めることができるのだろうと考えています。南米のフットボール強国を見ても、彼らはやはり選手だけではなく欧州トップクラブで監督を務める人材も輩出していますし、ブラジルの国内リーグも欧州に負けないくらいのハイレベルさを持っています。最終的には今私たちが行っているプロジェクトが、点と点が繋がって線になるように、どこかで日本のフットボールの成長の手助けになることができたらと思っています」

――巨大資本に拠らず、自らの手でマルチ・クラブ・オーナーシップにチャレンジし、新しい手法を持ってビジネスを開拓して行く貴社の姿は、多くの企業経営者やビジネスオーナーの方々の関心を引き寄せるのではないかと思います。本日はお忙しい中、ありがとうございました。

◆

前回、ＡＣＡフットボール・パートナーズにインタビューを行ったのは２０２２年6月初旬のことであった。その後、8月にはベルギー2部リーグ新シーズンも開幕し、KMSKデインズがACAフットボール・パートナーズ傘下となって初のシーズンを迎え、クラブやチームとしての変化、ビジネス上の進化を経た10月中旬に再びインタビューを行った。

新生KMSKデインズの船出

――新シーズンの開幕から約3ヶ月が経過しました。チームのコンディションについてはいかがでしょうか。

飯塚「6月にお話をさせていただいた時点では、まだプレシーズンが始まっていない時期であったと思います。当時は5月半ばに白石監督就任の発表をした後のタイミングでありました。その後、6月末からプレシーズンが始まり、新シーズン開幕に向けての準備が始まりました。

新チームの体制でコンディショニング・ストレングスコーチやリカバリーコーチの着任、スカウティング部門の拡充、セカンドチームとユースチームの繋がりを促進する方針など、そうしたチームストラクチャーの面においてはかなり連携機能する体制になりました。クラブへの投資の面については、ベルギー国内の2部クラブや1部の中小規模のクラブに比肩するフィットネスジム機材の充実化が図れたと思っています。そして、選手のパフォーマンスを計測するためのソフトウェアやデバイスなどの設備への投資もしっかりと行うことができたと考えています。それらによって選手のスタッツや必要な分析項目を全てデータとして見ることができるようになりました。各試合ごとの選手の走行距離や速度、インテンシティに紐づくデータを全てレポート化し、選手のパフォーマンス改善などに役立てるという、ファクトに基づく状況判断が行える当初やろうとしていた改善行動を取れるだけの状況が整ってきました。そうした中で、白石が監督に就任しプレシーズンから準備を進めて行き、オランダ2部クラブとの強化試合や下位カテゴリのアマチュアクラブなどを含め、プレシーズン5連勝という結果である程度の手応えとともに新シーズンを迎えることができたと思っています。新シーズンの開幕からの3試合では1勝2分とまずまずの船出であると感じていたのですが、9月に入ると状況が一転し、リーグ戦3連敗を喫してしまいました。私たちがその深刻さを感じ取ったのは、3連敗最後の敗戦で当時最下位に位置していたFCVデンデルというクラブに0－2で敗れたところからでした。チーム内で一体何が起きているのかを把握するため、データの分析を行ったところ、各選手のパフォーマンスが昨シーズン比で軒並み落ちていることが分かったのです。中には約半分ほどもパフォーマンスが下落しているなど、かなりの落ち込みを見せている選手がいたことに、迅速に何らかの手を打つべきであると判断しました。分析やヒアリングを進めていく中で、白石監督の理想とするフットボールと、実際に選手たちが発揮するパフォーマンスとの間の乖離が大きくなってきていることを発見しました。今シーズン、チームにはデータ以外の定性的な要素についても様々な角度からヒアリングを実施し、チームコンディションを考慮した結果、私たちの判断としてチームメンバーの半分を入れ替えることを決断しました。こうした状況は、ロッカールームにおける選手たちのモチベーション維持など、チーム作りの観点で少しずつ上手く行っていなかったことが表面化したのだと考えられます。白石はベルギーリーグ初の日本人監督ということで、地元からの目線や評価も厳しいものが注がれていましたし、白石監督の続投に改善が見込めるものであるかという点で私たちにとって難しい判断を迫られました。最終的に、開幕から2ヶ月というタイミングではありましたが、白石監督退任という結論に至りました。現在の状況としてはヘッドコーチであったスペイン人のアントニオ・カルデロンに暫定監督を務めてもらうこととしました。こうした変化を経て、先日ロンメルSKというクラブに3－0で勝利したことで、ようやく連敗を止めることができました。チームの状況としては、各選手のスタッツやインテンシティ、モチベーション的な側面についても大幅に改善されてきていると聞いており、新監督の人選を進めているところです（その後10月24日にマーク・グロジャン監督の就任が発表され、順位も最下位からは脱出し、上位PO進出を狙える位置まで回復）」

小野「前回お話をさせていただいた時から約4ヶ月ほどですが、その間に様々なことが起こりました。当初私たちは初の欧州トップリーグにおける日本人監督の誕生を期待感を持ってお伝えしたことが、この短期間で全く違う状況に置かれています。それだけプロフットボールクラブの現場やスポーツビジネスは変化の大きいものであることを痛感していますし、当時に立てた仮説が通用しなくなっていることがこのビジネスの難しさなのだと思います。しかし、これまでの間に実行できたことや、当初朧げであった物事の輪郭がようやくはっきりしてきた部分もあることは事実です」

飯塚「フットボールの現場における私たちのデータサイエンスやスポーツサイエンスは白石前監督がいたことで構築できた部分もあると思っています。今後は構築できたものをいかにしてクラブに定着させ、次のクラブに活用して行くかということになります」

——白石前監督の今後なのですが、クラブや貴社の会社としての組織からは離れてしまわれたのでしょうか。または組織の中で役割を変えて残られるのでしょうか。

飯塚「KMSKデインズというクラブからは退任をしており、今後は関わることはありませんが、その他についてはどうするのかを現在白石本人も含めて協議しているところです（その後2023年1月5日時点で、ACAFPとの契約も満了）」

——白石前監督はプロジェクトの立ち上げ当初から、飯塚さん、小野さんと共に奔走されてきた方であり、ビジョンを描く段階から尽力をされてきた方であると思いますが、クラブには関わらなくなったとしてもプロジェクトの様々なストラクチャには、その思考が多く反映されているのではないかと思われます。一方で、変えるべきことが生じた時には躊躇せずスピード感を持って対応して行く姿は、欧州の従来オーナー型のクラブにはない現代的な運営がなされていると感じます。

飯塚「このプロジェクトは当初から私、小野、白石がそれぞれに柱となる領域を持ち、相互に連携しながらワークさせて行くというコンセプトの下でスタートしています。そのためには、それぞれが担う領域でプロフェッショナルとして結果を出すことが大前提となり、それぞれが個人として実現・達成したいこともあります。そうした中で、監督の就任についても白石の意思を尊重したものでありました。6月時点でもお話をさせていただいた通り、私たちのビジネスでは地域や多くのステークホルダーが存在します。そうした周囲と私たちとの関係性の構築はまだまだ始まったばかりであり、時間のかかることであると思っています。クラブ買収後、多くの変化を起こし、また同時に対応をしてきましたが、そうした変化についてもきちんと情報をオープンにして伝えて行くことが重要だと思っています。私たちはクラブ買収後、テクニカルスタッフを全て入れ替え、選手も半分入れ替えるなどの大きな決断をしてきました。そうした大きな変化にはやはり混乱も生じますし、リスクもあります。しかし、リスクを取り未来に向けた準備を進めて行くためには、やはり結果を示して行く必要があります。私たちが当初思い描いていた結果が9月以降に出なくなった時、それまで走りながら行ってきたことを一度振り返る必要があったのだと状況を受け止めました。チームの試合数で言えば10試合もしていない中での判断でありましたが、それは試合数に関係なく、結果と私たちが抱えるリスクが顕在化したことのバランスを取る必要があったのだと考えています」

小野「白石、飯塚を含めた3人の中で、フットボールの現場から最も遠い私の立場からは、1勝2分後の3連敗という結果を受け、まだまだこれからであるという気持ちもありました。しかし、私たちが大事にしているデータに基づく判断では、多少の解釈の幅があったとしても、ある程度説明性のある要素を重視するスタンスがあります。そこには必ず原因と結果を読み取れる法則があると考えています。結果としての3連敗があり、さらにはシーズンで1勝もしていない最下位のチームにホームで0－2で敗戦するという事実は、欧州のフットボール文化では〝事件〟とも言えるほどのことなのです。飯塚はチームと選手のパフォーマンスを改めて分析し、経営者として私に警鐘を鳴らしたのです。当初のチーム作りにおける私たちの前提が崩れてしまっていると。私たちは事実に向き合い、苦渋の決断でしたが、このタイミングでの監督退任を決断しました。その後、国際Aマッチデーを挟んでもう1つ敗戦を経験し、そこからチームを立て直して先週の試合では3－0の勝利を得ることに成功しました。この勝利によって、失点の多かったチームの状況から1度浮上できたという手応えを掴むことができました。私たちが出た結果に対して、分析を行い決断をするまで迅速に動くことができているのは、常に何を前提に置き、何を目的として、今どのような状況に置かれているのかを把握できているからであると考えています。先ほどの飯塚が申し上げた結果とリスクのバランスを取るためにも、そうした不変的な考え方が迅速な判断を可能にしていると思います。なお、今回の難しい決断をするにあたり、ローカルの経営陣ともきちんと連携を取れたことが結果として戦果となりました」

苦渋の決断

――プレシーズンはチームとしても良い滑り出しであったが、シーズンインをして数試合を経たところでチームとしてのパフォーマンスが今ひとつ上がらず、分析をすると昨年対比で各選手のパフォーマンスが低下していたという経緯でありましたが、そこまでは白石前監督が標榜するチームの戦い方やフットボールのスタイルとしては監督の意図通りであったのでしょうか、または何らかの変化が出ていたのでしょうか。

飯塚「見た目の試合運びだけではなく、分析したデータからも私たちが本来意図していたインテンシティの高いフットボール、ハイプレッシングや高い守備意識からカウンター攻撃に繋げるようなフットボールがピッチ上で体現できない状況が、シーズンが始まってからずっと続いていたのです。個別の試合単体ではなく、こうした状況が継続してしまっていた点が、先ほどの改善の可能性という観点に立った時に、難しいであろうという結論に繋がりました。意図するフットボールのスタイルがあり、それがなぜできないのか？という状況に対して、どのようなトレーニングをしているのか、トレーニングのデータはどうか。定量的な面と定性的な面の両面から議論を重ねる過程で、白石前監督から得られる改善策が私たちの期待する時間軸に対して乖離があり、それがクラブの運営やビジネスの観点から許容できるものであるかを計った時に、やはりアクションを起こす必要があるという結論に至ったのです」

小野「データに関連したお話をしますと、私たちがリーグ前半の戦績として期待していたものは、〝首位を走っていて欲しい〟といった漠然としたものではありません。費用対効果として、どのくらいの予算をかけて選手を獲得することでどの程度の順位にランクインできるかといったことが、欧州フットボールにおいて成熟したベルギーリーグではある意味相関関係を持って算段ができるということが、これまで多くの方々とお話してきた中で目算がありました。リーグの成熟度から見えてくるものがある。これはアジアや日本でも、その成熟度に応じて言えることかもしれません。その観点で行くと、私たちがこれまで打ってきた手や投じた費用などを考えれば、上位4チームや少なく見積もっても上位半分には入るという規模であり、予算の投じ方や獲得選手の国際性によるばらつきなどによる誤差があったとしても、（序盤戦時点で）最下位に沈むというのは誤差以上の原因があるという問題意識に直結しました」

飯塚「小野が述べたことは非常に重要な視点で、選手の獲得の他に先ほどお話ししたフィットネス機器などの設備投資を含めた投資対効果として、期待値の最低値にも達していませんでした。今シーズンは私たちにとっては最初のシーズンということもあり、全12クラブ中で6位にランクインできれば、プレーオフへの進出ができるなどの理由から細かな点には目をつぶり、極論として6位前後で推移している状況ならば、私たちが行っていることの方向性として大きく間違ってはおらず、一定の結果が得られていると結論付けることもできると思いますが、最下位という事象は受け入れられるものではありませんでした」

――順位については最終的にシーズン最終節が終了するまでは確定しませんし、他のクラブの状況によっても変動するものだと思います。クラブとして行った投資や監督や選手が変わったことによる戦術を含めた多くの変化があった中で、過去との比較や新たに付与した強みなどによる期待値に対して、現実はかなり乖離のある船出となったということですね。

飯塚「仰る通りです。もちろんクラブとして大きな変化を経た今年、すぐに結果が得られて1部昇格を果たせるなどとは考えておらず、ある程度我慢する期間や壁に突き当たることも予想の範囲内でした。そのため、当初から3年以内にはチームを成熟させて昇格を狙うということを公言しています。私たちはこの長期プロジェクトの成功のためにチャレンジを行っており、プロジェクト

フットボールアンバサダーとして日本サッカー界のレジェンド、釜本邦茂氏が就任

の成功とは白石前監督が監督として結果を出すことを主眼に置いているのではなく、クラブとしてのフットボール的な成功を作りつつ、長期的なビジネスストラクチャの1要素として組み込み、サステナブルなフットボール経営を作り出すことです」

小野「前回の取材時との対比という意味で、目標を掲げることは重要であると感じています。ほんの数ヶ月前のことではありますが、その時との違いを再認識することができます。また、同時にスポーツビジネスではこちらが能動的に準備したことではなく、起こった事象に対応して行くという要素も同じくらい重要なものだということを痛感しています。それが難しさの一つであると言っても過言でないと思います」

レジェンド、アンバサダーの就任

――7月のシーズンインの直前、直後といったタイミングで釜本邦茂氏がACAフットボールパートナーズ社のアンバサダーに就任されています。この経緯についてお聞きできればと思います。

小野「6月の取材以降、他のメディアを含めて情報の露出が増え、私たちのプロジェクトが様々な方々に認知され、プロジェクトを応援してくださる方々や協力者が現れるようになりました。その過程で、日本人の私たちが世界で挑戦する姿に若き日の釜本氏を重ね、繋いで下さった方がいたのです。釜本氏ご自身もこれまではサッカースクールでの指導などに注力されてきたのですが、フットボールの将来に対する最後の貢献の場として、私たちのプロジェクトを支援してくださることになりました。私たちとしても非常にありがたいお話であると思っています」

――釜本氏は往年の名選手であり、Jリーグが開幕した当初はクラブの監督も務められていました。日本のサッカーに関わる方であれば、誰もが知る人物であると思います。釜本氏に期待することや役割などはどのようなことになるのでしょうか。

小野「フットボール・アンバサダーとして私たちの活動や状況について定期的に共有をさせてい

ただき、一歩引いた立場で俯瞰し、ご経験やその時々で感じたことをフィードバックしていただいています。また、グローバルに向けたビジネスの展開として『PlaysiaTV』という新しい動画配信サービスを立ち上げたこともあり、こうしたところでもコラボレーションができないかと企画をあたためています（2022年10月にはPlaysiaTV内『ACAFP meets the world』という番組に出演し参画経緯、今のサッカー界等について言及いただいています）」

――釜本氏はWeb3やメタバースなど貴社のフットボール以外のビジネス的な先進的な取り組みについてはどのようにアドバイスを提供されているのでしょうか。

小野「そうした世界があることについては関心をお持ちいただけています。フットボールという普遍的な極めた領域をお持ちなので、ご自身の明るくない新たな領域についても、ご自身のキーワードから手繰り寄せてくるような感覚でご理解を深めて下さっています」

――ベルギーのクラブ現地への訪問もされたのでしょうか。

小野「まだ世界が完全にコロナ禍の終焉には至っていないため、現地でのご案内は実現していませんが、近いタイミングで来ていただきたいと思っています。それまでは試合を映像で見ていただいたり、クラブに関する紹介や解説などを提供させていただいて、状況を把握していただいています」

Web3やメタバースへの反応について

小野「これまでに様々なフットボールとの距離感を持つ多くの方とお話をさせていただいてきた中で、やはりWeb3やメタバースとフットボールがどのような関係性で存在するのかについて疑問を持たれることが多かったように思います。そうした会話の中では、言葉やイメージが先行して、Web3やメタバースを別ものとして意識しすぎているのではないかと感じます。アセットコンテンツとして価値のあるフットボールは限りのあるローカルの聴衆に限定する必要性はないのではないかという発想があり、東南アジアをはじめ世界でニーズのある聴衆にコンテンツを届けるには、バーチャルな世界もあるのではないかという、私たちなりの問題解決へのアプローチなのです。あくまで、問題解決が出発点にあるということで説明をしています」

――Web3のお話に及んできましたので、ここで貴社のビジネスアップデートについてもお聞きしたいと思います。立ち上げ当初から貴社の陣営もだいぶ変化してきていると思います。釜本氏によるアンバサダーだけではなく、新たに広報やセールスのご担当も参画されています。この4ヶ月間での変化についてお聞きしたいと思います。

小野「広報メンバーについては、3月には参画していたのですが、広報の立ち上げを経て最近ではコンテンツ編集などマルチロールになってきています。組織として拡充することで役割や力の配分が変化している部分はあると思います。立ち上げ後の体制がある程度固まってきたことで、私たちのコンセプトに対する理解が深まってきました。私たちはグローバルビジネスとして東南アジアや日本ともビジネスを構築して行きたいという考えを持っていますので、その部分に時間を配分できるようになってきました。フットボールをメディアとして定義することを本格化させてきたことがこの4ヶ月間の歩みであると思います。先ほど名前を触れた『PlaysiaTV』という動画配信サービスを立ち上げたことは、目に見える形として分かりやすいプロダクトだと思います。これはDAZNなどと同様に登録制（※無料登録）の配信サービスで、1週間に5本から6本ほどの動画が配信されています。各動画も平均5分ほどの長さの見やすいものにしてアップしています。試合のハイライト動画や試合前の監督の会見の様子、試合後の選手や監督インタビューなど定期的にアップされるコンテンツに加え、選手のパーソナルなインタビューや、ディインズの街の様子や人々の声などもあります。字幕もベトナム語やその他の言語などで提供するなど、マーケットリーチする制作の仕方をしています。その他では、フットボールを切り口にしたベトナムのアカデミーとの提携に関する活動をフジテレビさんに1時間のドキュメンタリー番組として制作していただき、ベトナム国内で放送しました。また『ACAFP meets the world』と題して世界を舞台に活躍、また挑戦する方々をお招きして、フットボールや海外進出をテーマにお話を聞いたトーク番組も配信しています。Web3としての特徴について言えば、これはユーザーがアカウントを作りマイページで動画を視聴すると宝くじがもらえるという点が他の動画配信サービスと異なるところだと思います。動画プラットフォームのビジネスでは、可処分時間の取り合いであり、試聴中に表示される煩わしい広告を表示させないために月額課金をする方もいます。私たちは逆転の発想で、広告を含めて動画を試聴いただけたら宝くじが獲得できるアプローチをしています。この宝くじは2週間に一度当選発表され、当選すると2万円から3万円（当時のレート）ほどの仮想通貨を獲得できます。そうした常時発動型の仕組みを実施しています」

新メディア『Plays.iaTV』、東南アジアとのリレーション

――動画の視聴に応じて宝くじが当たる仕組みには、貴社のオウンドメディアでアカウントを作成し、マイページなどにログインしていることが必要になるのでしょうか。

小野「仰る通りです。1つの動画試聴が終わると3～6枚のくじがもらえ、くじがもらえる確率

について も4段階用意してゲーム性を与えています。新しい動画が公開されたら広告を含めて試聴していただき、完全試聴することでくじを獲得する権利が得られます。動画はどれも1分から5分程度の長さにしてあり、隙間時間に試聴しやすいように設計しています。試聴が終わり、くじが獲得できた際には画面にポップアップでくじが獲得されたことが表示されます。ブラウザの仕組みを利用しているので、パソコンでもスマートフォンでも同じ体験が得られる仕組みです。グローバルビジネスではこうした『Watch And Earn』という仕組みが立ち上がってきたことがアップデートとして言えると思います。ここで改めてWeb3がなぜ重要であるかと説明すると、売上が20億円以下の欧州の小中クラブですと放映権収入やスポンサー収入ではなかなか大きな収入増には繋げにくいと考えています。当然ながら新しい収入源が欲しいと考えると思いますが、既存の状況でたとえば日本企業にユニフォームスポンサーを募っても、日本人選手も所属していないベルギーのローカルクラブにスポンサードをしても認知の向上やその他のメリットを得にくく、双方にとって利点のあるビジネスにはならないというのは想像がつきます。そこで、私たちは欧州クラブだけでなく東南アジアや日本に提携クラブを作り、彼らを訴求して行くことによって価値を解放することをしたいと考えています。東南アジアにおけるニーズは何であるかと言うと、欧州で活躍する自国の選手を見たい、または自国が成長してワールドカップに出場することに対する期待などです。Jリーグでも近年タイやベトナム、インドネシアの選手が加入して活躍するケースが出てきています。そうした選手が活躍した試合では、Jリーグの動画チャンネル登録は23万人ほどという中で、生中継を8万人が視聴し、その後の15時間以内に93万人に試聴されました。やはり自国の選手が海外のクラブで活躍をする姿が見たいというニーズは強いものがあるとこうした事象からも確認できます。かつて日本でも中田英寿選手や中村俊輔選手がイタリアのペルージャやレッジーナに移籍した時代には、多くの人がｗｏｗｏｗやスカパーに加入をして応援をした時代があったかと思います。そうした熱が今東南アジアの国々にも到来していると感じます。広告主としての日本企業も、やはりこれまでのパトロン型スポンサーシップではなく、ビジネスに効果のあるビジネスアライアンス型のスポンサーシップを探していると思います。そうしたスポンサーシップを行うような企業の約2割から3割程度は1兆円企業などの大企業であると思います。それらの企業としては縮小していく日本国内の市場から、人口の増えている東南アジアの市場にリーチしたいと考えているはずです。ここに私たちのモデルによる補完関係が描けると考えています。そのために今回フジテレビの協力を得て、ベトナムの子どもたちがベルギーに挑戦するという姿を追ったドキュメンタリー番組を制作しました。その中ではベルギーに渡った子どもたちのその後や街の様子、試合の現場での発見などのリアルな様子が描かれています。こうした動画コンテンツをテレビだけではなく、私たちのオウンドメディアである『ＰｌａｙｓｉａＴＶ』でも配信することで、メディアとして広告主を獲得できる可能性が出てきます。広告で得られた収益はデインズの収入へと繋がって行きます。結果、デインズにスポンサードをすることで、『ＰｌａｙｓｉａＴＶ』を通して広告が多くの人の目に触れることになり、広告主としても利点を享受することができる図式です。ここで課題となるのは、東南アジアの聴衆の関心度です。まだフットボールへの関心がそこまでないライト層や他の視聴者層を広げるためにWeb3の活用が重要になるのです。私たちのプラットフォームでは視聴の対価として宝くじを提供するというやり方に対して、たとえばYouTubeでは広告を表示させないためには視聴者側がお金を払う必要があります。これは大きな違いです。この違いが視聴者の行動を生み出します。家族皆で動画を見れば宝くじが手に入る可能性が上がりますし、毎日視聴すればまたその可能性は高くなります。こうしたサイクルによって、私たちのプラットフォームに対する日常的なアクセスと動画の視聴を喚起したいと考えています。現在はまだ登録者数は少ないですが、登録者の約25％から30％の人が毎日アクセスしており、平均視聴時間も12分から15分と長く、それだけ多くの動画を視聴してくれています」

――この辺りは前回の取材時からサービスが具現化されてきたことのひとつですね。

小野「競合となるサービスは、当然ながらAmazonプライムやNETFLIXのフットボール番組、Disneyプラスなどになってきます。グローバルで展開されるサービスが並びますが、一方で市場の環境を見ると現在の東南アジアの動画サブスクリプション市場の規模は人口は北米の約2倍であるのに対し、売上金額は約92分の1という規模なのです。逆に言えば伸びしろが大きいわけですが、同時にお金のない市場からお金を稼ぐことは難しいわけです。ドイツのドルトムントやマンチェスター・ユナイテッドなどの動画配信が月額5ユーロや8ユーロですので、あれほどのクラブとしての知名度や人気があって、ようやくそのレベルの月額費用を払ってもらうことができるのです。そのため、フットボールコンテンツを見てもらう入り口でお金を取る仕組みでは難しいと考えます。私たちはクラブを保有していることによって、自国の選手たちの活躍や挑戦日記を毎日手軽に見ることができるというニーズを満たし、さらに視聴者側にインセンティブを与えることによって市場の課題を乗り越えて行けるのではないかと考えています」

東南アジアにおけるフットボール熱

――東南アジア市場におけるアプローチについても具体的にお聞きしたいのですが。

小野「今回ベトナムのフットボールアカデミーと組んで、先述した、ユース選手が欧州で挑戦するテレビ番組を制作したのですが、ベトナム現地での制作発表もテレビ局に加え、現地の新聞媒体が約13紙ほど取り上げてくれました。彼らの注目ポイントは〝日本人初の欧州を舞台にしたプロジェクトが、ベトナムのフットボールに着目してくれた〟という点にあります。さらにこの話をインドネシアのフットボール関係者に伝えたところ、インドネシアのフットボールの将来にも繋がりそうであるため、彼らも支援をしたいという意志を示していました」

KMSKデインズはベトナム最大級のフットボールアカデミーPVFとパートナーシップを締結。選手育成面での連携が期待される

――現在ＫＭＳＫデインズに東南アジアの選手は所属しているのでしょうか。

小野「現在はまだ所属しておりません《２０２２年11月には浦和レッズより３選手の練習受け入れで協業、２０２２年12月イルハン・ファンディ選手（シンガポール代表）、２０２３年１月宮本優太選手（日本）、２０２３年２月マルセリーノ・フェルディナン選手（インドネシア代表）の加入を発表》。７月にＰＶＦと業務提携を行い、ベルギーへのフットボール留学プログラムとして、10月末から15歳前後のユースの選手たちを受け入れる取り組みが始まっています。この後は、先ほどのテレビ番組でベルギーに挑戦した子どもたちの姿のその後を『ＰｌａｙｓｉａＴＶ』で追っていく動画コンテンツも配信されて行く予定です」

――日本にいますと、なかなか東南アジアにおけるムーブメントを知る機会がありませんが、私たちが20年ほど前にそうであったように、自国選手の海外挑戦を通したフットボールの成長に対する熱量はすごいものがあるのでしょうか。

小野「その通りです。ベトナムでは10年ほど前にフットボールアカデミーにおいてフィリップ・トルシエさんをテクニカルディレクターなどの要職に置いてチャレンジをしていた時期もありましたし、釜本さんによると50年ほど前には日本はインドネシアに勝つことが難しかった時代もあることを知り、非常に驚きました。その後日本は経済の成長やJリーグの開幕などを経て指導者や環境の整備が進んだことで現在の姿がありますが、現在ベトナムではアカデミーを整備したことによってU－23アジアカップで優勝するなどの成果を上げてきています。そうしたベトナムやタイを筆頭に東南アジアにおけるフットボールの隆盛は非常に強い印象を持っています」

――確かにタイの選手はJリーグでも活躍していますし、ベトナムやインドなどの隆盛は理解できます。一方で中国についてはどのような印象をお持ちでしょうか。現在、中国はアジアの経済圏の中でも非常に大きな影響力を持っており、フットボールにおいても大きな資本が動いています。しかし、投じられているお金に対して中国スーパーリーグがそこまでレベルの高いものになっていない状況があり、中国ナショナルチームについても、かつて日本代表が登ってきた階段を後追いするのかと思われましたが、なかなかそこまでのレベルに達してはいません。ナショナルチームのクオリティが上がるには中国リーグの向上が直結するはずですが、果たしてそうなっているのかどうか。タイやベトナムなどでは良い選手も台頭してきている状況がある中で、アジア全般という点で見た時に中国は少し状況が異なるのではないかという想像をしています。

飯塚「習近平国家主席がフットボールに投資することを始め、中国のフットボールが拡大路線に入ったのが5年前ほどであったと記憶しています。そうした流れの中で、中国の資本が欧州のクラブを買収する動きがより活発になった時期がありました。また、中国スーパーリーグでも外国人選手や外国人指導者などを大金をはたいて呼び込むことも加速しました。しかし、中国スーパーリーグの各クラブのほとんどは親会社の資本ですべて運営されており、ビジネスとして大きく成長していたわけではないという実態があります。その後、中国の不動産バブルがはじけたタイミングで明らかになった広州広大（中国スーパーリーグ有数のクラブ）の親会社による巨大負債のスキャンダルなどは象徴的な事象であったと思います。他にも重慶両江といったアジア・チャンピオンズリーグにも出場するような強豪クラブが解散に追い込まれるなどの事態も起きており、中国スーパーリーグ全体が縮小してしまっているという印象です。拡大路線を標榜して投資を呼びかけていた中国政府もフットボールへの投資をしない旨の方針を打ち出したという記事も目にした記憶があります。このような流れを受けて、中国ではフットボールに対する熱が急速にしぼんで行っている状況だと思います。イングランド・プレミアリーグの視聴率の高さなど、市場としては非常に大きな可能性を秘める地域であることには変わりはありませんが、放映権の支払いに関するトラブルなども耳にしており、政治的な文脈と経済的な文脈が絡み、ビジネスとして成長するには不安定な要素が多いのかもしれません。ナショナルチームについても仰る通りで、以前ほどの期待値が投資に見合う結果として出てきていないのではないかと思います。アジア市場をアセスメントする過程で、私たちとしてはやはりベトナムやその他の東南アジアの国々を最初の事業として捉えるべきだと考えたのです」

小野「私たちのプロジェクトでは、各メンバーが過去に培ってきた知見をそれぞれの領域で発揮することがスピード感を持つ上で重要な働きをしています。東南アジア市場については私が過去10年ほどファンド事業で関わってきた肌感覚があり、どのような人物と会話をすれば物事が進み、期待感を持ってくれるのかというコミュニケーションの仕方において、土地勘のない市場に比べると格段の違いが出てくると思っています。ベルギーの状況については飯塚が状況を理解していたことでアドバンテージがありましたし、ビジネスの業務提携先としても日本のJリーグよりもベトナムの方が近い関係にあったというのも、私たちメンバーの長所によるプロジェクトの特色が出ている

提携も発表）

と思います」（※2023年3月にはJ3のFC今治を運営する株式会社今治夢スポーツとの業務

マルチ・クラブ・オーナーシップ（MCO）も、より幅を持ったものに

――以前の取材時に、少し速度を落として行く考えであると仰られていた、マルチ・クラブ・オーナーシップについての状況はいかがでしょうか。

小野「マルチ・クラブ・オーナーシップについての方針も変わってはいません。クラブフットボール事業の目標として複数のクラブを持ち、相互に連携して行くネットワーク型のクラブ運営を実現したいと考えています。今回の監督交代や『PlaysiaTV』事業の拡大スピードを考えると、優先度は変わることになるかもしれません。まずはディンズをしっかりと立て直し、『PlaysiaTV』のモデルをきちんと立ち上げ、東南アジアでの認知を向上させることが最優先だと考えています。そして、やはり改めて一つのクラブを100%保有するオーナーとなったことの大変さを痛感しています。飯塚があと5人いれば5つくらいクラブを運営できると思いますが、やはりそのようなスペシャリティのある人材が多く存在しているわけではなく探すのも大変です。ビジネスを進める中で、出資をするクラブや業務提携を行って行くクラブなども登場してきていますが、業

務提携をするクラブでも私たちのプラットフォームを利用して相互成長に繋げてゆくことはできるはずで、その意味では業務提携をもっと活用して行くべきではないかという議論もしています。一方で、出資を伴う必要性があるならば、出資の必然性について私たちの中できちんと定義して行くことが重要であると思っています」

全貌を現し始めたWeb3とメタバースの活用、その3本の柱

――ビジネスの立ち上げフェーズと考えますと、まず最初のクラブがあり、内部やビジネス部分の整備がなされ、収益モデルが回り始めることで初期プランの全体像が具現化されたことで、外部から見ても理解のしやすい状況になって行っていると思います。業務提携や新たに加わろうとするクラブにとっても、理解・参加がしやすいのではないでしょうか。『PlaysiaTV』のモデルによって、前回取材時に仰られていたWeb3の取り組みが具現化されてきているわけですが、メタバースについても状況をお聞きできればと思います。

小野「Web2の世界観ではソーシャルメディアというものが非常に盛んになり、人による認知を上げることに大きく貢献し、各リーグの放映権を高騰させる要因にもなったと考えています。メタバースやWeb3は形成されたコミュニティの拡大と深堀りの役割を果たして行くのだと捉えて

います。メタバース自体は1980年代からある概念ですし、バーチャルの空間で人と触れ合うということはいかに技術が発達しても、本質的には変わらないものであると思います。しかし、そこに対して人を集めるためには目的や動機付け、中毒性も含めた日常性が必要であり、様々な施策が最終的に集約される場所であると見ています。フットボールはスタジアムにおけるリアル観戦が全てと思われていたところに、ソーシャルネットワークがグローバルな軸を持って放映権を高騰させました。メタバースはバーチャルなものですが、私たちはリアルとバーチャル、ローカルとグローバルを融合する集約点であると考えています。すでにあるソーシャルネットワーク、ゲームをプレイすることでチケットやユニフォームを獲得できる「Play And Earn」や動画視聴の「Watch And Earn」などの集約点としてメタバースがあります。そのためには、それぞれのコミュニティがきちんと形成され、それを立体的に掘り起こすものがメタバースであると思っています。当然ながら、Web3もメタバースもまだまだ完成されたものではなく、現状における限界もあります。そこで重要になるのは、私たちがそれらをどのように定義するのかであると思います。それは大きく二つであると考えており、一つは「コミュニティアセットの最大化」です。フットボールクラブを軸としたコミュニティと、クラブに対する応援、『Plays.iaTV』による挑戦する姿への応援などの隠された動機の解放です。二つ目が「インセンティブの革命」です。ゲームをプレイしてユニフォームが獲得できる、バスをチャーターできる、人を雇用できるなどということは、これまでユーザー自身がリーチできなかったことに対して関与することを可能にする富の再分配です。こうしたことはクラブが全てを負担し、提供する方法も多く取られて来ましたが、ユーザー自身が何かを行ったことで、結果を得られるということが重要であると考えています。そこに存在する達成の感覚や共有する喜びといった心理や欲求を満たす形で、様々なことを仕組化できるのではないかと思うのです。そして、三つ目がそれらの「集約点」としてのメタバースです。先日、東京ゲームショウで、Web3コンセプトを活用したゲームや仕組みが、プロフットボールクラブの経営にどのように応用できるのかのユースケースについてお話しをさせていただきました。私たちのスタンスとして、プロフットボールクラブの経営課題から出発し、それを解決するためにWeb3を活用する考えを持っており、目的不在でWeb3を利用することから出発すると、おそらく失敗するのではないかというお話もしました」

――東京ゲームショウのオーディエンスからすると、貴社のお話などはどのような反応を持って受け取られるのかが気になります。

小野「プロフットボールクラブにもWeb3の世界の波がきていることや、その導入の仕方、私たちのケースではゲームをプレイしたり、動画配信サービスで広告やコンテンツを視聴することで視聴者側にインセンティブが発生するという考え方は、ゲームの領域、特に制作者側とユーザー、ビジネスの三者の関係性の観点でも問題提起になったのではないかという手応えがありました。W eb3の世界においては、フットボールもゲームも、これまでとは違った関係性を築くことができるという可能性を感じていただけたならば嬉しいです」

――今回の取材では、シーズンの開幕を経て紆余曲折も一つひとつ向き合いながら進む貴社とKMSKデインズの姿、そしてその後のビジネスアップデートについてお聞きいたしました。既存のビジネスを新たな角度から捉え直し、ローカルとグローバル、リアルとバーチャルを行き来しながらビジネスモデルを具現化して行く考え方は、多くのビジネス領域に通じるものであると思います。今後も貴社の活動を注視させていただきたいと思います。本日はお忙しい中、ありがとうございました。

（取材日・2022年6月10日／10月13日）

【ACA Football Partners について】
シンガポールを拠点とし、アジア発のマルチクラブオーナーシップを企図するサッカー事業会社。2022年よりベルギープロリーグ2部所属のKMSKデインズをコアクラブに据え本格的な活動を開始し、2023年2月からはスペインセグンダ・ディビジョンRFEF（4部相当）に所属するトレモリーノスFCも傘下に。
ACA Football Partners 公式サイト　https://acafp.com/
PlaysiaTV Football　https://playsiatv.com/ja

10 REAL CASES OF INTERVIEWS

7

消費から創出へ、より地域の中へ。UBSアリーナの使命。

UBSウェルス・マネジメント

Sven Schaefer

UBSウェルス・マネジメント

Sven Schaefer

スヴェン・シェーファー

マネージング ディレクター／UBSグループ ブランドアクティベーション スポンサーシップ&イベント ヘッド。アート、文化的活動、スポーツ等の持続可能性を持つ領域における戦略的パートナーシップ責任者。UBSのスポンサーシップ全体のポートフォリオを意識した、グローバルなブランド アクティベーションを担う。広告およびコンテンツ マーケティングの責任者を経て2020年3月より現職。UBS以前では、BMWグループやザウバー F1 チームにてスポンサーシップおよびビジネス構築、スポーツマネジメント、戦略的コミュニケーション等の業務に従事。

introduction

2019年9月、UBSウェルス・マネジメントは北米NHLに所属するホッケーチームの古豪ニューヨーク・アイランダーズの新しい本拠地となるアリーナのネーミングライツを取得した。これだけを見ればこれまでのスポンサーシップと何ら変わりはない。しかし、実態は単なるスポンサーシップとは大きく異なる。

UBSアリーナ建設の総投資額は約1600億円（15億ドル）、アリーナの建設に関わる1万人の雇用とアリーナ開業後の恒久的な三千人の雇用の創出。また、事業費の100%を地域の企業が請負い、マイノリティ及び女性が経営者である企業に対する建設費用として30%、6%を障害等を有する人々の企業が担うことを定めるなど、地域企業の偏りの少ない参加と投資の分散が意識され、アリーナの建設だけではなく、〝キャンパス〟と呼ばれる周辺エリアの広大な敷地の公園整備化、アリーナ直結の鉄道新駅の建設までをも含む一大事業である。また、アリーナの経営によって得られるデータや経験は地域の教育機関に役立てられ、実際のビジネスの場で生まれたケースを使ってのプログラムの検討など、余すところなく社会・地域の繋がりに活かされることを想定している。地域に対するその経済効果は契約期間の20年間で約2兆6千億円（250億ドル）を見込む。

ニューヨークは世界で最も地価の高額な地であり、世界有数の富裕層が集う経済中心地でもある。それだけUBSウェルス・マネジメントとしても多くのステークホルダーを抱える地域であり、この地での〝投資の仕方〟には神経を注ぐ必要がある。アリーナや競技場と商業施設などを併設する所謂〝箱物〟を作るケースはよく聞かれるが、広大な周辺エリアを緑地化・公園化することで周辺地域のライフスタイル（ヘルスケアやランニング、フィットネスなどの日常的なスポーツ習慣）を支えることは、これまでのスポンサーシップとは明確にメッセージが異なる。そこには消費ではなく、「より地域へ」「よりニューヨーカーの生活の中へ」という姿勢が見て取れる。雇用然り、いかに持続可能な関係性の構築を目指しているかに重きが置かれており、「何を消費させるか」ではなく「何を創出するか」が主語になっている。

2021年11月、約2年を経てUBSアリーナはついに完成した。しかし、周辺地域との長い社会計画は始まったばかりである。言わずもがな、ニューヨークは新型コロナウィルスの世界的なパンデミックでも大きな影響を受けた地域である。想定していなかった未曾有の災害を経て、UBSアリーナの社会性は逆に脚光を浴びることとなった。この奇跡的とも言えるプロジェクトの過去、現在、未来に迫る。

冒険のはじまり

――まずはプロジェクトのスタートについてお聞きしたいと思います。UBSアリーナのプロジェクトはどのようにして始まったのでしょうか。

「このプロジェクトのスタートには二つの要因があります。まず一つの要因には、非常にタイミングが良かったということがあります。UBSにとって南北アメリカは重要な市場でもあるので、以前から北米で何か良いプロジェクトがあれば検討したいと考えていたのです。それと言うのも、この市場におけるUBSの認知度はさほど高くないのが現状で、北米でもまだ（純粋想起で）50％程度という状況ですから、認知度の向上のためにも大きなインパクトのあるプロジェクトがあればと思っていました。同時にまた、オーク・ビュー・グループ（OVG）社（※1）からの打診があったことが二つ目の要因でした。彼らから私たちにビジネス提案があったのです」

――UBSアリーナのプロジェクトは、UBSそしてOVG、スターリング・プロジェクト・デベロップメント（SPD）社（※2）の3社によるコミュニケーションの主体で始まったと聞いています。

「その通りです。OVGはスポーツエンターテイメントプロジェクトの領域で最も急成長を遂げている企業の一つで、実に様々なプロジェクトを手掛けています。最近もスポーツ用巨大アリーナをシアトルやオースティンでもオープンさせていますし、イギリスのマンチェスターなどでもプロジェクトが進行中です。彼らからの話は純粋にビジネスとしてのものでした。私たちはこのプロジェクトをUBSのスポンサーシップのポートフォリオに加えることで、どのようにして北米でのビジネスに繋げ、ネーミングライツを含めてどういったベネフィットを得られるのかという事を検討して来ました。ネーミングライツとなると、多くのスポンサーの中の一企業として企業名が出るスタイルとは異なり、従来のスポンサーシップとは違った利点もあるのではないかという考えを持ったのです」

かつてない規模のプロジェクト

――今回のプロジェクトは全体の規模として、15億ドルという費用が動く事が見込まれ、その後20年間に渡って運営されるという大きなものです。その中でUBSのネーミングライツを含むアリーナの建設も組み込まれているというものになっています。これは当初からこのような巨大なプロジェクトとして立ち上がったのでしょうか。または議論の過程で徐々に規模が拡大されていったのでしょうか。

「今回はアリーナの建設から、ホテルや商業施設の建設、新たに鉄道の駅も建設されます。ベースとなる周辺環境のベルモントパークは以前から競馬場があり、広大な敷地が存在していましたが、今回の計画では日常的な公園としても活用できるように再開発されると聞いています。私たちはまずはアリーナ周辺のことについて重点的に議論をしていますが、プロジェクトの内容としては当初からそうした規模感であったのだと思います」

――プロジェクトの中心となる新アリーナの建設と、周辺環境の開発などの議論にもUBSとして関わっていたりするのでしょうか。

「今回のプロジェクトはOVGからのアプローチで始まっていますが、私たちとしても当然その中身についてはレビューをしました。その時には現在の計画の中にある大まかなものは既に入っていました。アリーナそのものの役割や機能に関する内容については、私たちの検討や議論によって付け加えられた要素もあります。少し話がずれますが、金融商品面でのプロジェクトへの参加や支援について言うならば、それまでUBSは北米ではいくつかのキーとなる金融プロダクトにフォーカスし、その他はあまり積極的に展開されて来なかったという経緯があります。今回のプロジェクトに関連するならば、アリーナやその他の施設の建設などに対するローンなど、いわゆる伝統的な金融商品についてのニーズはあり得るかもしれません。今後もプロジェクトが進んで行く過程で、新たな計画や施策が出て来た際は、私たちの金融機関としての機能も踏まえながら、UBSのビジネスセンスに合うかという点を見定めた上で実施すると言うことになるはずです」

――今回UBSアリーナが建つニューヨークはパリと並び、世界で最も地価の高いエリアということで、UBSウェルス・マネジメントのターゲットとなる富裕層や超富裕層が多く集まる地域でもあります。そのエリアでプレゼンスを高めたいと言う意図は理解出来ますし、またその地域にアリーナを必要としているNHLのクラブがあったということもベストタイミングであったということですね。

「まさしくその通りで、ちょうど場所もタイミングもこれ以上ないものだったと言えると思います。ニューヨークエリアはビジネス戦略上も最重要マーケットですし、UBSグローバルで見ても米国の本社が置かれている地域ですので、非常に理に適っていると思いました。建設地のロング・アイランドも裕福な世帯が多く居住するエリアです。そこにアリーナを建設出来るというのは本当に幸運だったと思います。さらに施設としてのアリーナだけではなくて、そこを実際にホームとして使用するプロスポーツクラブも伴うことで両方に関わることができるというのは本当に理想的です。それ私たち自身としては競技についてはアイスホッケーに注目していたわけではなかったのです。それがバスケットのNBAや野球のMLB、アメフトのNFLのクラブであったとしても同様にチャレンジしたと思います」

――もちろんプロジェクトをリードされたのはスヴェンさんだと思いますが、このプロジェクトをスイス本社の中で意思決定していくのはとても大変だったのではないでしょうか。

「確かに大変なものがありました。相対的に非常に大きなプロジェクトですし、UBSとしてのフラッグシップ・プロジェクトということになるので。従来UBSがやって来たフォーミュラワンや現代アート（アート・バーゼル）などの主要なプロジェクトと比べても、格段に規模が大きなものでした。初期の取り掛かりの所は少し複雑な部分があって、UBSにとってもこのアリーナのプロジェクトは北米市場特定のものとなるということで、どのようなメリットが出せるのかという議論がなされました。UBSのブランドとして合い、ビジネスとしても合理的であり、クライアントエンターテイメントとしても十分に成立するということも説明しました。それから南北アメリカ市場におけるUBSのポジショニングについての利点についても説明をしました。シニアマネジメントの大きな関心を引きつけることになったこのプロジェクトも、プレオープンから約半年が経過し（2021年11月にプレオープンとなった）、現在ではこのプロジェクトの効果を認めて支援してくれていて、UBSがこうしたプロジェクトを行っていることを誇りに思ってくれています」

――このスポンサーシップの情報が発表されたのが2020年であったと思います。OVG社が最初にコンタクトをして来て、コミュニケーションが始まってから発表に至るまで、だいたいどのくらいの時間がかかったのでしょうか。

「発表は2020年でしたが、ビジネスのコミュニケーションが始まったのが2019年の後半で、その間に様々なことが詰められていきました。そして2020年の7月に対外発表をしたと思いますので、約8ヶ月程度であったと思います。実質的な契約交渉は6~7ヶ月程だったと思います。私たちとして特に意欲的に進めたいと考えていた背景には、2021年の11月が新アリーナのオープンという時期が決まっていたことがあります。そのために、私たちとしても出来るだけ早い時期に発表をしたいと考えていました。コロナ禍でのことだったので、誰もが明るいニュースを求めていました。特にニューヨークは惨憺たる状況で、ロックダウンもありましたし、経済的なダメージも甚大なものがありました。ニューヨーク州知事と私たちプロジェクトチームもしっかりとこのプロジェクトにコミットし、是非ロング・アイランドの地域を盛り上げ、ニューヨークの経済活動全体に貢献するという思いで取り組みました。私たちの戦略的な観点からも、人々が明るいニュースを求めているまさにそうした時に発表をするということが重要でした。そうした理由が重なり、2020年の（UBSにおける）第二四半期に対外発表をすることになったのです」

――ニューヨークはコロナ・パンデミックによって米国の中でも特に惨憺たる状況になったことは世界中に報道されました。その中でこのUBSアリーナをはじめとするプロジェクトは、建設に1万人の雇用を生み出し、完成後は毎年3千人の雇用を恒久的に生み出すということで、コロナ禍という状況が、逆に経済面でもかなり注目を集めることになったのではないかと思います。おそらく現地の反応はすごいものがあったのではないでしょうか。

「まさにその通りでした。発表時の状況を考えれば、建設時に1万人も雇用をコミットすること自体が異例であり、恒久的な雇用についても、その3分の1はロング・アイランドやエルモントという周辺地域からの雇用とすることになっていましたので、ローカルコミュニティにおいても大きな経済開発がなされるということで、大注目を浴びることになりました。それだけ地域に対するコミットするのだという姿勢が、非常に多くの方面からこのプロジェクトへの支持を得ることが出来たのです。メディアの反応も大々的かつ非常に好意的なもので、それは驚くほどのレベル感でした。私たちのリリースや記事を読んだり目にしたというインプレッション数が10億を超えるなど、文字通り〝興奮を持って受け入れられた〟という状況だったと思います」

UBSのスポンサーシップに対する考え方

――ここでスヴェンさんのリードされている、UBSのスポンサーシップについてもお聞きしたいと思います。UBSは自動車レースの最高峰であるフォーミュラワンや「UBSキッズ・カップ（子供の陸上競技大会支援）」、アイスホッケーの「スプレンダー・カップ（スイスのダボスで行われるアイスホッケーの国際トーナメント）」やアルプスの山岳レース、そして今回のUBSアリーナなど多くのスポンサーシップを実施していますが、UBSのスポンサーシップの基準や考え方について教えていただけますでしょうか。

「まずは全般的な点からお話しします。スポーツにどのような考え方を持って、どのようなものをスポンサーシップするかについては、目的によって変わってきます。昨年「UBSパーパス」というものを出したのですが、これに私たちのスポンサーシップはどのようなスタンスで取り組んでいくかということが書かれています。たとえばフォーミュラワンはUBSグローバルとして実施していて、私たちのフラッグシップの一つとなっていますが、スポンサーシップの全体の計画については〝ポートフォリオ〟という考え方を持っています。投資におけるポートフォリオと同じで、多様な要素で構成することが大事であると考えていて、偏りなく重要な領域をきちんとカバーできているかどうかが重要です。さきほどの「UBSキッズ・カップ」などのスイスの陸上競技へのスポンサーシップは、スイス国内で展開されているリテールビジネスのために実施しています。子供たちの陸上競技大会では、選手として参加するのは子供たちですが、当然その親たちの大きな関心を集めることになります。競技会としてそこに良いストーリーが存在すれば、体験や記憶として残り、UBSも良いイメージとともに残ります。「UBSキッズ・カップ」をきっかけとして、参加した子供たちが成長し、国際大会などで競うような一流のアスリートも現れるかもしれません。そうした楽しみもあります。フォーミュラワンにスポンサードを開始した時には、UBSとして市場での存在感を高める必要があったことが背景にありました。〝UBSここにあり〟という強い印象を与えるためには、それに応じたインパクトある取り組みが必要です。フォーミュラワンは一競技でありながら世界を転戦するグローバルなレースが毎年行われる数少ないスポーツで注目度が高く、世界中に多くのファンを持っています。こうした点から私たちはブランドのビジビリティも高めることが出来ると考えたのです。また、富裕層という私たちのクライアント層を考えた時にもこのカテゴリは非常に有効だと言えます。戦略的にビジビリティも必要でありながら、UBSのブランドバリューに沿うものであることが必要なのです。クライアントエンゲージメント、サステナビリティ、UBSのエコシステムなど意図する目的を大別して6つほどの観点に分け、私たちの更なる強化に繋がると考えられるものをセレクトしています。それによって先ほどの私たちのポートフォリオとして偏りのないものにしています。また、単位としてはアスリート個人を対象とした支援やスポンサーシップではなく、チームやオーガナイザーなどの団体や組織に対するスポンサーシップということを念頭に置いています。スイス国内は陸上競技、フォーミュラワンはグローバルとした時に、ニューヨーク、ロング・アイランドのＵＢＳアリーナのケースは、一見ニューヨーク・アイランダーズというクラブが単位のものにも見えますが、どちらかと言えば地域やフェスティバルのような、より大きな単位であると捉えています。そのために特定のクラブに対するスポンサーシップだとは考えておらず、様々な人々が私たちのＵＢＳアリーナに集い、楽しむことが出来たり私たちとのコミュニケーションの場として活用出来たりということを意図しています」

――ＵＢＳのスポンサーシップはスポーツだけではなく、アート・バーゼルやロカルノ国際映画祭などの文化イベントへのスポンサーシップもありますが、特にスポーツに対する見方やスポーツビジネスの活かし方に対する考え方についてはいかがでしょうか。

「確かに仰る通り、アートやカルチャーのプラットフォームがあって、それと同じようにスポーツビジネスの活かし方があると思います。ＵＢＳとしては〝強いブランド〟であるということを印象付けたいと考えていて、アート・バーゼルなどのインターナショナルアートフェアも、リージョンベースのアートフェアももちろんありますが、こうした〝パッション〟を伴う取り組みによってもクライアントと繋がりたいと考えているんです。スポーツの領域はＵＢＳもターゲット層である富裕層にも関心や共感を得られるという特徴がすでにあり、ブランド的側面やコミュニケーションの側面においてもクライアント・エンゲージメントに繋がりやすいということがあります。もう少し具体的に中身を見ていくと、そうしたスポンサーシップによるイベントの会場で、クライアント同士が出会いネットワークが広がります。また一方でクライアント・アドバイザーの立場では、一度に複数のクライアントに会うことが出来、コミュニケーション上も効率的です。さらにクライアント同士が繋がることで、リファーラルを得られる可能性も高くなります。これらのことは私たちのビジネスを生み出す助けとなる重要な要素です。スポンサーシップを行うことで、ビジネスリレーションシップを生み出しているという多くの報告も聞いています」

――スポンサーシップの社会性というところになりますが、今回のUBSアリーナのスポンサーシップはこれまでのスポンサーシップとは異なり、プロジェクトの中にあらかじめ〝社会性〟たとえばサステナビリティの観点や社会的弱者の方々の参加、女性の参加などが組み込まれた新しいタイプのスポンサーシップではないかと思います。

「前述の「UBSパーパス」のフレームワークの中で、そうしたサステナビリティやその他の目的の実現性に沿うかどうかを判断しています。もしギャップがある場合は、それは施策を詰める中で埋める事が出来るものかどうかも検討することになります。もちろん、プロジェクトは最初から私たちのためだけに存在しているものはなく、すべての目的と要素を兼ね備えているものはありません。その際にはプロジェクトを検討する中で、どのようにサステナビリティの要素を実現するのかなどといったカスタマイズや追加の議論が出ることも珍しくありません。UBSとしても今回のUBSアリーナのようなスポンサーシップは初めてになりますので、プロジェクトの全体像を決める交渉の時から〝それならば、こんなことが出来るのではないか〟という議論は活発に行われました。私たちとしてはローカルのコミュニティをサポートしていきたいと考えていましたし、施設としてのアリーナもフードウェイスト（食料廃棄ゼロの取り組み）や先進的なエネルギー効率システムを導入することで、公的な認証施設としても評価を得ることが出来るのではないかと考えました。また、地域の環境を一緒に開発をしてくれる方々を募り、今後10年間で約一千万ドルを慈善事業への寄付をしていくことも決まりました。アイスホッケーというスポーツは道具も高価で、お金のある人のスポーツという認識もあります。そこで、子供たちを中心に道具を寄付したり、場所を提供したり、コーチを派遣したりする活動も予定されています。そこで才能を見出された選手はより良い環境でトレーニングが受けられるようにするプログラムも用意される計画です。UBSのコミュニティプロジェクトとしては、退役軍人を対象としたギターのプロジェクトもあります。これはオンラインでギターを習うことができるというもので、UBSアリーナを中心として地域のエンターテイメントの促進と貢献という意図があります。このように今回のUBSアリーナプロジェクトはホリスティック（包括的）に様々な側面で活用されていくという役割があります。これはおそらくUBSの今後のスポンサーシップの方向性にとって大きな意味を持つことになると考えています」

――私がはじめてこのUBSアリーナプロジェクトのサマリーを見た時に、施設としてのサステナビリティと社会性、雇用創出、周辺環境の公園としての再整備や鉄道新駅の設置、アリーナを運営することで得られるデータを周辺教育機関と連携して活かしていくことなど、これはもはやニューヨーカーの生活の中に入り込んでいくプロジェクトであると感じました。UBSはニューヨーカーの生活の一部になりたいというメッセージで、これが次世代のスポンサーシップの在り方のひとつの姿なのではないかと感じました。

「まさに仰る通りであり、またそのようにありたいと思っています。正直に申し上げますと、当初はこれほどのことが出来るとは期待していなかったのも事実なのです。ですが、現在はネーミングライツのパートナーとして（情報に触れた）8割の人々がUBSを知ってくれています。そして、その中で約3分の1以上の人々は今回のプロジェクトにUBSが参画していることに対して〝良いことだと思う〟という意見を示してくれています。発表から2年近くが経過し、またプレオープンから半年近くが経過しようとしている中で、UBSアリーナの名称はかなり浸透しました。しかし、重要なことはファンやこれまでニューヨーク・アイランダーズに関わって来た人々に寄り添うことで、クラブが過去にホームとして使用して来たアリーナから急激すぎる変化にならないようにも気を配っています。人々が慣れ親しんだナッソー・コロシアム（ニューヨーク・アイランダーズの旧アリーナ）から、UBSアリーナへの移行に慣れていただくには時間もかかることだと思っていま

UBS ArenaはNHLニューヨークアイランダーズのホームアリーナとして使用される

す。新しいアリーナはUBSと共に、ローカルコミュニティであるこのニューヨークのメトロポリタンエリアに、プラスとなる取り組みをいろいろと生み出していくものだということを伝えていく必要があります。ファンの方々もこの新しい動きを受け入れはじめてくれていて、自分達の新しいホームアリーナに対する概念を変えようと努力してくれています。嬉しかったのはファンがアリーナに行く時には「今日はUBSに行くんだ！」と呼んでくれていることを知った時です。それは選手も同じで、皆さんがこのアリーナを〝UBS〟と呼んでくれています。これはすごいことです。ちなみに明日（2022年5月20日）はハリー・スタイルズ（元ワン・ダイレクションの英国の歌手・俳優）がニューアルバムを出すためのコンサートがあるのですが、このコンサートのニューヨークで唯一の会場として、UBSアリーナが選ばれたのです。これはアリーナのホスピタリティを示す絶好の機会となります。また、実はこのUBSアリーナはロジスティクス面でも非常に優れた機能を持っているんです。ステージの建て込みや解体、機材の搬入搬出でもトラックへの積み下ろしが非常に迅速に出来るように考えられているのです。ロング・アイランドというと、立地の面で不利に思われるかと思いますが、近くにはハイウェイもあり今後鉄道の駅も出来て条件が整って来るとアクセスは格段に良くなっていくはずです」

次世代型施設としてのUBSアリーナ

――ちょうど建物のお話になりましたので、アリーナそのものについてもお聞きしたいと思います。UBSアリーナの外観・内観のデザインはとてもクラシカルでありながらモダンな印象で、タイムレスなデザインになっています。そして先ほどの立地についても元々あったベルモントパーク駅に加えて、現在敷地の中に新たにエルモント駅を建設中だと思いますが、これが出来るとマンハッタンの中心部からのアクセスもより容易に便利になりますね。

「エルモント駅が出来るとマンハッタン中心部からのアクセスは格段に良くなります。駅の名称も〝UBSアリーナ〟となるようなので、路線図に名前が入ることになり、これは認知の面でも非常に有効です。デザインコンセプトはグランド・セントラル駅などのニューヨークの象徴的なラン

UBS Arenaエントランス。懐かしさも感じるタイムレスな建築デザインはスポーツ施設というより、歴史建造物のような趣を備える　Photo: Dennis DaSilva

ドマークから着想を得ており、ホスピタリティエリアはよりプレミアムな雰囲気を重視しています。ラウンジやボックス、スイートなどは上質で仕上げの質感にもこだわっています。ホスピタリティエリアのデザインコンセプトには1930年代の伝統的なニューヨークのバーのような雰囲気を感じると思います。サービスとしてもプレミアムなホスピタリティを提供出来るように重視しています。コロナ禍を経て、人々が以前のようにコンサートやエンターテイメントを体感できるようになって欲しいと思っていますし、年間のイベント数も150以上が計画されています。アイスホッケーの試合として50試合程度、その他のイベントで100程度になると思います。この頻度と規模ですとクライアント・エンターテイメント・プラットフォームとしても大掛かりなものとなります。そのためにもやはりホスピタリティは重要で、特に重視しているのです」

――SNS上で、クライアント・ラウンジの『UBSクラブ』でリラックスして過ごされているクライアントファミリーの写真を見かけました。こうした風景は現地のUBS社員の方々にはとても誇りに感じられるのではないでしょうか。

「『UBSクラブ』についてはキャパシティが250名から300名ほどだったと思います。そこでは様々なホスピタリティが提供されます。下にあるスイートやボックスでは、一つのボックスで16名が寛いで過ごすことができます。こうしたボックスは約30室用意されています。各ボックスからはすぐに『UBSクラブ』に行くことができるようになっています。もちろんクラブもUBS以外に、BMWや他のブランドが契約をしてクラブを設けていますが、やはりこうした空間の有効性はネットワーキングの場として大きな意味を持つと思います」

――クライアント・エクスペリエンスの素晴らしさというのもありますが、施設としても極めてエネルギー効率の高い施設になっているというお話がありました。再生可能エネルギーの機能や廃棄物ゼロの仕組みが整っているなど、そうした先進的な取り組みがふんだんに使われた施設であるとも聞いています。

「ＵＢＳアリーナは、施設としても最新のスタンダードにのっとったもので、サステナブルな考え方に基づく機能や仕組みを検討・交渉時から組み込んでいます。せっかくこうしたプロジェクトをやるのであれば、〝最も高いスタンダード〟に基づくものをやろうと。そうすることで私たちの意欲的な意志を示したのです。サステナブル、クライメート・ニュートラル（気候中立）など、ゴールドスタンダードなものをということで追求して来ましたし、こうしたことを考えるにつけ、非常に良く考え抜かれて造られたアリーナだと感じています。実際にこのアリーナはサステナビリティについての意識を高める場所として存在していくと思います」

――ＵＢＳアリーナが示している現在の社会課題に対する解決策の一つの提示の仕方や継続性などを見ますと、一つの街を作りに行っているような、そんなプロジェクトになっているのではないでしょうか。

UBS Club。広々としたラウンジとあたたかな雰囲気に包まれたスイートラウンジは来場者に豊かな時間をもたらしてくれる　Photo: Giada Paoloni

「このアリーナには今後ホテルも開業します。ベルモント・パークは元々競馬場として有名でしたので、その魅力は今後も存在し続けますし、近隣にはスコット・マルキン（グローバル小売企業のバリューリテール社オーナー、NHLニューヨーク・アイランダーズの共同オーナー）氏が手掛けるデザインアウトレットもあります。パークだけではなく近隣を含めたエリアで人々は日がなゆっくりといろいろなものを楽しむことが出来ます。パークには周辺エリアとしても最大の駐車場を用意しますし、電気自動車の充電設備も完備します。クルマを充電している間に過ごすにも快適な場所になると思います。そうした意味でも街の新たな一部を作っていると言えるかもしれません」

UBSのビジネスに対するインパクト

――このUBSアリーナのプロジェクトが、UBSそのものに与えている影響についてもお聞きしたいと思います。たとえばビジネス的なインパクトについてはどのようなものがあったのでしょうか。

「ビジネス面においてもかなり成功を収めて来ていると申し上げて良いと思います。既存のクライアントだけではなく、見込み顧客の獲得についてもこのアリーナの関連で見えて来ているものがあります。なかなか名前を出すことが難しいですが、プロジェクトに関わるステークホルダー間

広大な敷地に立つUBS Arena全景。屋根のロゴはニューヨークに降り立つ旅客機からもはっきりと見て取れる　Photo: UBS Arena

でもこのプロジェクトを通じてビジネスが拡がって来ています。その意味でもビジネスだけを見ても大成功であると言えると思っています。ニューヨークエリアでのUBSの認知度は、全米レベルで比較しても非常に上がって来ています。また、マーケティングファネルの観点でもアリーナは潤滑油やきっかけの役割を果たすと考えています。まずはUBSという企業を知っていただき、その延長線上にアリーナがあり、見聞きしたことのあるその場所（UBSアリーナ）があることで商談や取引などの検討というステージに進むことが出来ると思います。そしてアリーナ現地での体験が素晴らしいものであれば、さらにその先へと繋がるはずです」

――このUBSアリーナのプロジェクトでは様々な経験をされたと思いますが、思いもよらなかったような発見などがあればお聞きしたいのですが。

「端的に言うならば「想像以上にリーチが広がった」ということでしょうか。UBSアリーナがある事でビジビリティが高まり、驚くほどの反応と情報の広がりを見ました。同時にいろいろなタッチポイントが出来たということも感じました。つい先日私もニューヨークのJFK空港に飛んだ時、上空から滑降していく時に、アリーナの屋根に描かれている本当に大きなUBSのロゴが目に入って来るんです。余談ですが、このロゴのサイズはUBSとしては世界最大で、香港の有名なビル上のUBSロゴよりも巨大なものです。こうした人々がふとした時に目にする機会というものが本当に増えました。ハイウェイを走るクルマにも標識上で表示がされていますし、先ほど申し上げたように鉄道駅にも名前がつきます。ミュージシャンやアーティストがUBSアリーナを使用すれば、それは場所の情報として拡がっていきますし、報道などでも〝今日UBSアリーナで〟といった伝わり方になります。プロジェクトの検討や交渉期間では書類上で認識しているだけであったこうした要素が、実際に実現されると膨大なタッチポイントとなって形になっているわけです。そうしたことは体感的には雪だるまが斜面を転がるように拡大していっていて、今後はさらに広がるはずです。このような、それまでなかったものを生み出せた感覚。この感覚に今は大きな喜びを感じています」

UBSとスポーツビジネスの未来

――UBSとスポーツビジネスの未来についてお聞きいたします。UBSのようなグローバルな金融機関にとってのスポーツビジネスのポテンシャル、またはUBSのような金融機関とスポーツビジネスの未来の関係性についてはどのようにお考えでしょうか。

「いま金融業界においては、スポーツに対するスポンサーシップという大きなムーブメントが来ていると思います。暗号通貨関連の事業者などはかなりの投資額でスポンサーシップを実施していますし、それ以外でもスポーツ領域でのスポンサーシップでは金融セクターの企業はかなりの存在感を示しています。もちろん私たちとしても、今後もスポーツ領域での取り組みを強化していきたいという考えは持っていますが、UBSがこれまでフラッグシップとして大々的に実施してきたようなフォーミュラワンなどは将来に渡って実施していけるかどうかについては分かりません。こうした特定のスポンサーシップについては変化がある可能性はありますが、スポーツ産業全般に対しては今後も私たちが大きな関心を持つ領域であることには変わりはありません。たとえば北米ではCAA（米国4大スポーツエージェンシーのひとつ）とも近い関係性でありたいと考えていますし、また金融業界が金融リテラシーの分野でも若いアスリート向けにファイナンシャルプランニングの領域で何か出来ないかというアイデアであったり、スポーツ産業向けにパートナーシップを組んで、ウェルス・プランニングやウェルス・マネジメントが提供出来ないかなどのアイデアも考えられます。今後もスポーツビジネスとUBSの関係性という意味では、様々な方向性で共に取り組める可能性があるのではないかと思っています」

――本日は外から見ているだけでは知ることが出来ない背景など、貴重なお話をたくさんお聞きすることができました。これらのお話が企業経営者や投資家、それ以外の多くの方々にとって発見になればと思います。本日はありがとうございました。

（取材日・2022年5月20日）

（※1）オーク・ビュー・グループ（OVG）は米ロサンゼルスを拠点とする、スポーツ及びライブエンターテイメント業界向けのアドバイザリー、案件開発、投資を扱うグローバル企業

（※2）スターリング・プロジェクト・デベロップメント（SPD）は米ニューヨークを拠点とする不動産管理・開発企業であるスターリング・エクイティ社のグループ企業。スターリング・エクイティ社はニューヨークメッツやニューヨークジェッツ等のスポーツ中継等の権利を有するスポーツネット・ニューヨークの経営企業でもある

10 REAL CASES OF INTERVIEWS

8

世界で最も有名なスタジアムが日本企業の手で生まれ変わる日。バルセロナ「新スポティファイ・カンプ・ノウ」プロジェクト

株式会社 日建設計

Tadahiko Murao

株式会社 日建設計
村尾忠彦

執行役員。設計監理部門グローバルデザイングループプリンシパル。1985〜1987年文科省国費留学でワシントン大学大学院で都市デザイン、建築デザインを学ぶ。1988年神戸大学大学院修士課程を修了し日建設計に入社。「クイーンズスクエア横浜」「パシフィックセンチュリープレイス丸の内」「ミッドランドスクエア」「さっぽろ創世スクエア」などの大規模プロジェクトや「日本経済新聞社本社」「SUBARU 本社」「オンワード本社」「日建設計東京ビル」など企業の本社ビル、「合同庁舎8号館（内閣府）」「福岡高等裁判所」などの官庁舎等数多くのプロジェクトを担当。2016年のカンプ・ノウ国際コンペに当選。これまで手掛けてきたプロジェクトは日本建築学会賞（業績部門）、日経ニューオフィス賞をはじめ多くの賞を受賞。

introduction

2016年3月、株式会社日建設計（以下、日建設計）はスペインFCバルセロナの本拠地「カンプ・ノウ」スタジアムの改築設計を受注した。「カンプ・ノウ」は、誕生から約60年以上の長きに渡りバルセロナの人々に愛され続けて来た、世界で最も知られるスタジアムの一つである。しかし時代の変化と共に、収容人数の拡張、屋根の設置、使い易さの改善、老朽化への対応などが求められるようになり、改築プロジェクトの検討が進められた。この世界一有名とも言えるスタジアムの改築プロジェクトに名を連ねたのは、世界的に著名な建築・設計事務所の錚々たる組織群であった。その中にアジアの設計事務所として唯一エントリーを果たした日建設計がいた。世界的なプロジェクトを成功させて来た各国の設計事務所の巨人たちの優位予想を横目に、日建設計は独自のスタンスを貫き、次第にスペイン・カタルーニャの世界的なフットボールクラブを魅了して行く。そして、数ヶ月間に及ぶ国際コンペティションの後、誰もが予想しなかった日建設計による受注が発表された時、欧州はもとより世界のニュースを席巻することとなった。FCバルセロナを感嘆させたのは、緻密な技術力と〝日本の感性〟そのものであった。〝あのカンプ・ノウが日本企業の手で生まれ変わる〟この紛れもない事実はすべての日本企業、日本人にとって大きな意味を持つに違いない。2026年に完成を迎える新カンプ・ノウは、新たな時代を迎える。プロジェクトの開始から折り返し地点を過ぎた2022年6月、現在のプロジェクトの状況と共に改めて会心のプロジェクトの足跡を辿る。

プロジェクトの概要、そして〝エスパイ・バルサ〟

――まずは今回のプロジェクトの概要について、改めてお聞きかせいただければと思います。

「今回のプロジェクトの全体概要ですが、老朽化したアリーナやスケート場、小規模スタジアムなどを壊して移動させ、できたスペースにホテルや商業施設と共に新たなアリーナなどを建設し、その中心にはスポティファイ・カンプ・ノウの改築があり、併せて周辺地域を公園化しようというものので、これら全体が〝エスパイ・バルサ〟と呼ばれる大きな都市計画になっています。玉突き方式で段階的に実施される都市開発プロセスであり、日本でも東京大手町などではこうした手法で都市開発されています。私たちはスポティファイ・カンプ・ノウの改築設計を受注しましたが、その他の開発については他の建築設計事務所が進めており、非常に大きなプロジェクトとなっています。そのために、プロジェクトの要件も純粋なデザインコンペによる改築や建設ではなく、都市の問題解決ソリューションの側面が強いプロジェクトであると感じています。公園化することで過密化する都市にパブリックスペースを増やし、人々とスタジアム、

スポティファイ・カンプ・ノウを含む「エスパイ・バルサ」プロジェクトの完成予想図全景

そして街をよりシームレスに繋いでいくものを想定しているのですが、これは日建設計が最も得意とする領域でもあります」

――公園化してスタジアムと街を繋ぐということは、日常的に人が歩いて回れるということなのでしょうか。日本ですと、スタジアムがあっても普段は入れないケースが一般的です。

「現在のスポティファイ・カンプ・ノウも敷地がフェンスで囲まれていて、普段は決められた部分以外には入ることができないのですが、今回はスタジアム周辺に十分なオープンスペースを設けることによって、普段でも自由に行き来できるようにしたいと考えています。スタジアムも公園の一部であり、生活の一部にしてもらうという考えです。そのようなスタジアムとはどのようなものであるべきか、そこがテーマとなったわけです」

コンペティションの流れ、参加の背景について

――コンペティションの流れはどのようなものであったのでしょうか。

「コンペティションの流れは大きく2段階となっていました。第一段階では実績やチーム体制、コ

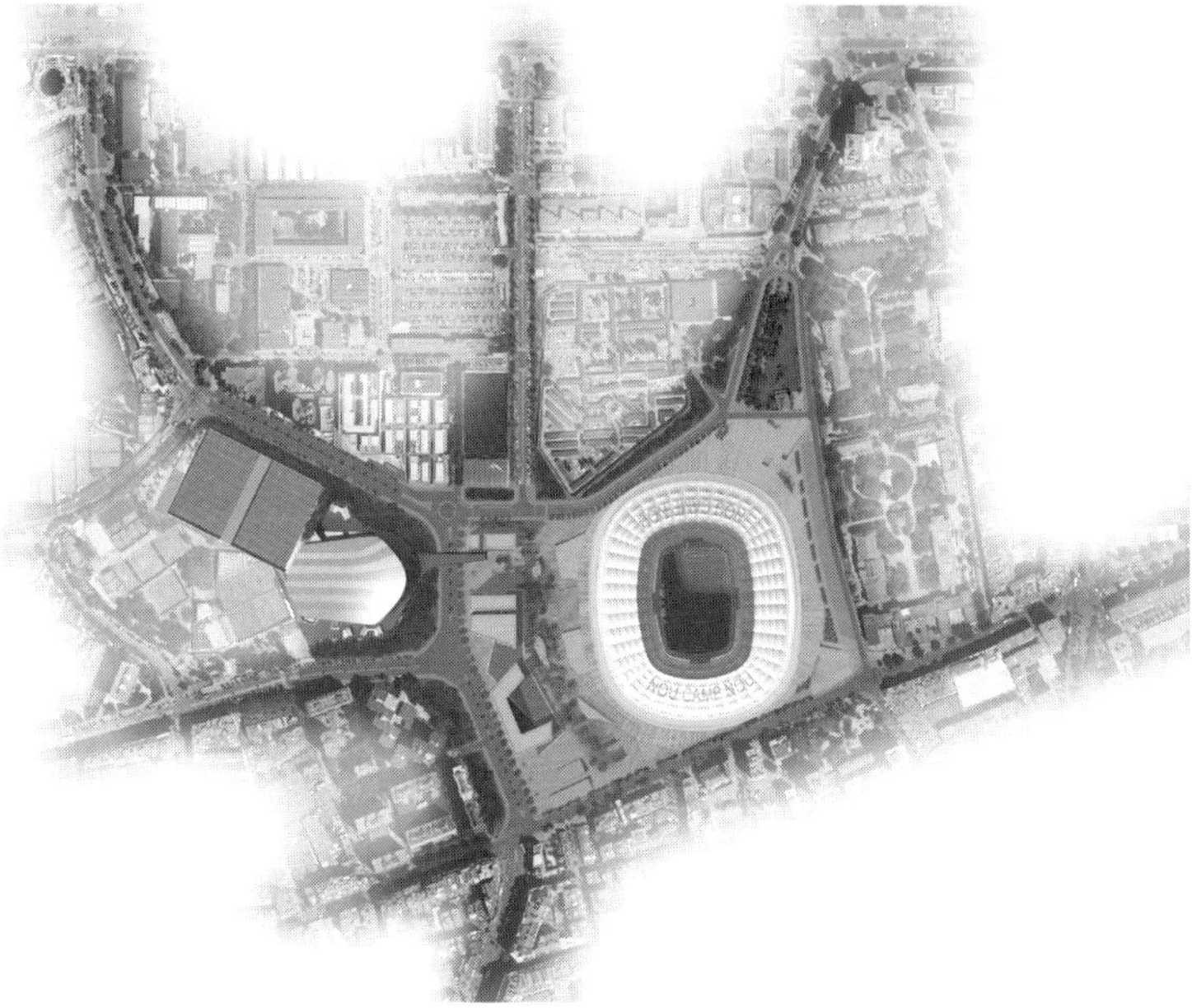

新カンプ・ノウを含む「エスパイ・バルサ」プロジェクトの完成俯瞰図。敷地内のスタジアム周辺は公園化・緑地化されることが分かる

ンセプトなどによる審査があり、第二段階では課題や要件に対する具体的な設計案の提示でした。スケジュールは2015年6月5日に始まり、私たちは7月6日に第一段階の提案を提出しました。その後、9月8日にファイナリスト8社の発表がありました。

要件の中には、各社ともにインターナショナルな建築家と現地のローカルな建築家が一つのチームとして組んで検討することが盛り込まれていました。これはFCバルセロナの以前のプロジェクトで、インターナショナルな事務所だけが主導で行った際に、行政との議論などローカルの現場との調整がなかなか進展せずに終わったという反省のもと盛り込まれていたのだと聞いています。日建設計はパスカル・アウジオ・アルキテクテスという事務所と組むこととなりました。この事務所との縁は、弊社のスペイン人社員に繋がりがあったことがきっかけです。コンペティションの話も彼らから持ち込まれたものでした。世界的なスタジアムのコンペティションでありましたので、最初はとりあえずエントリーしてみてはどうかというくらいのニュアンスであったため、まさかこのような巨大なプロジェクトに取り組むことになるとは思ってもいなかったというのが正直なところでした。(笑)

当時、私たちは東京オリンピックを想定した新国立競技場のザハ・ハディド案の日本側の設計者JVの一員の役割を担っていました。それが様々な問題で白紙になるかどうかの瀬戸際であったために、FCバルセロナのコンペティションに応募したと聞いた時には、本当に〝そんな場合ではない〟といった心境だったのです。その後、周知の通り新国立競技場のコンペティションがやり直しとなりましたが、日建設計は諸事情から結局はそのやり直しコンペへの参加が叶わなかったのです。そうした経緯があり、私自身はFCバルセロナのコンペティションについては第二段階の審査に向けた提案から参加をすることとなりました」

――参加していた競合企業も世界的な設計事務所であったと聞いています。

「ファイナリストに残った弊社を除く7社はいずれも世界的に有名な建築設計事務所ばかりが並ん

でいました。一例ですが、ポピュラス社は米メジャーリーグの半数以上を設計している事務所であり、RCRはスペインの事務所ですが世界的に著名な建築事務所です。HKS社はアメリカの事務所でNFLのスタジアムなど数多くのスタジアムを手がけています。コックス社はオーストラリアの事務所で、オーストラリアで数多くのスタジアムを手がけているなど、まさに超一流の設計事務所がラインナップされていました」

——FCバルセロナのコンペティションの特徴的なものはあったのでしょうか。

「こうした国際コンペティションにおける第二段階の選考では、要項書の発表と説明会とヒアリングの機会が一回ずつあり、その後最終案を提出という流れが一般的ですが、今回のケースではワークショップを複数回行うと言うのです。それは選考に残っている8社のアイデアが似通ったものとならないよう、特徴と思われる点を伸ばしてバリエーション豊かな案にしていくためのものでした。一方で選考は、このワークショップの期間を通して8社から4社を残し、そして2社が残るというふうに段階的に勝ち残っていく方式であったことは後で知りました。チームが脱落していくということではなく、ワークショップ期間の様々な課題にチャレンジする結果を見ながら徐々に意思決定の方向性が蓄積していくということです。9月8日にワークショップ形式の発表があり、詳しい要項の発表と説明会がありました。その2週間後に最初の課題として、スタジアムの最も重要な要素の一つである「人の流れ」をどのようにコントロールするかというテーマが与えられました。その次は外装をどのように考えるのか、その次には環境やサステナビリティについての考え方についての課題が出されていきました。こうしたプロセスを経て私たちが感じたことは〝これはお見合いである〟ということです。すぐに結論を出すのではなく、考え方やアプローチ方法について深く議論をしながらお互いを理解していく時間なのだと捉え、各課題に対してそれこそ全力で臨みました。その私たちの力となったのは、他でもない新国立競技場ザハ案の設計での経験でした。私たちが設計していた新国立競技場ザハ案は間違いなく当時世界最先端のスタジアムであったと思っています。すべてのことをあらゆる角度から検証し、実施設計まで行った経験は、あらゆるロジックが私たちの中に植え付けられていました。これが功を奏し、ワークショップでどのようなことを聞かれてもすべて明確な意図を持って回答ができました。スタジアムのピッチはどうあるべきか、屋根はどうあるべきか、スタジアム全体の構想など、それらは皆FCバルセロナ側の想定を超えていたのだと思います。ワークショップを始めた初期は8社中、私たちは最下位であろうという認識であったのですが、課題を経ていくうちに次第にFCバルセロナ側も〝これは何かあるぞ〟という雰囲気に変わっていったのです。最終的にはお互いにワークショップの時間を楽しむようになっていきました。彼らは私たちのアイデアを聞くことを期待し、私たちも彼らの反応がどんどん良いものに変わっていく過程は非常にやりがいを感じ、情熱を注ぐことができたのです」

スポティファイ・カンプ・ノウについて

――スポティファイ・カンプ・ノウという、今では誰もが知る世界的なスタジアムについて、改めてお聞きしたいと思います。

「スポティファイ・カンプ・ノウのある場所はバルセロナの中心地から若干離れた市街地で、かつては郊外であった場所です。その名残として、スポティファイ・カンプ・ノウのあるFCバルセロナの敷地のすぐ脇には墓地があります。スポティファイ・カンプ・ノウの名称は〝Camp＝スタジアム〟〝Nou＝新しい〟という意味であり、昔はバルセロナのより中心地に近いところにあったスタジアムを移転して新たに建てた時代を表しています。今回のプロジェクトではそのスポティファイ・カンプ・ノウを改築するため、さらに新しいという言葉が継がれ、コンペティション時のプロジェクト名は〝Nou Camp Nou〟という名称でした。〝エスパイ・バルサ〟のプロジェクトで出来あがるのは、サッカー専用スタジアム、スタジアムツアーと連携するショップとミュージアム、スポーツとイベントに対応するアリーナ、商業施設、ホテルなどです。今回のプロジェクトで建て替わってしまいますが、バルセロナオリンピックで吉田選手が柔道で金メダルを獲得した施設もこの中にあります。日本人としては印象深い場所ではないでしょうか。既存のスポティファイ・カンプ・ノウは約9万9000席を有するスタジアムではありますが、席や通路の間隔が十分ではなく、観客席の屋根もメインスタンド部分にしかないという問題点があります。現在ではFIFAやUEFAの規定では、たとえばチャンピオンズリーグの準決勝以上の試合を行うスタジアム要件として全席屋根があるスタジアムであることなどが定められていたりします。また、高いグレードのスタジアムとして、VIPエリアの面積が十分に確保されていることも非常に重要です。FCバルセロナというクラブは、元々〝ソシオ〟と呼ばれる個人の会員によって運営されており、オーナーがいない民主的な組織のクラブです。スポティファイ・カンプ・ノウの約9万9000席の内、約8万席はこのソシオのものなのです。スポティファイ・カンプ・ノウができた1957年当時はまだVIPという概念はなかったわけですが、現在では海外から多くの観客が訪れるスタジアムとなったために、VIPエリアも欧州の他のスタジアム並みに増やしたいと考えているのです。今回のプロジェクト要件では座席を10万5000席まで増やすことが盛り込まれています。現在のスタジアムの約40%が竣工当時のまま使用されており、老朽化も進んでいます。駐車場への動線も良くなく、施設としても便利な利用方法ができないものとなっています。

コロナパンデミック前のスポティファイ・カンプ・ノウのスタジアムツアーの年間来場者数は約180万人で、それこそ世界各国からやって来ていました。サグラダ・ファミリアを訪れた人々はツアーなどで大概スポティファイ・カンプ・ノウにもやって来るケースがほとんどです。スペインで最も年間の観光客が多いのはプラド美術館で約400万人ほどらしいのですが、バルセロナにあるピカソ美術館の来場者数が約100万人ほどであることを考えると、FCバルセロナのインパクトが分かります。もっと人の流れがスムーズで、見るべきものがたくさんあれば、より入場料やスタジアムショップの売上を見込むことができます。今年になり、FCバルセロナは初めてネーミングライツを適用することを決めました。音楽配信サービスのスポティファイが落札したため、名称は今年から『スポティファイ・カンプ・ノウ』という名称になることが決まりました」

FCバルセロナの要件

――〝エスパイ・バルサ〟におけるスポティファイ・カンプ・ノウの設計の要件とは具体的にどのようなものであったのでしょうか。

「今回は改築であり、座席を10万5000席まで増やすのですが、スタジアムの座席数計画を見ると興味深いことが分かります。現在の一階席は3万2000席、二階席が3万9000席、三階席が2万8000席となっています。しかし、今回の要件では座席を増やすはずでありながら一階席を1万2000席減らしています。二階席はほぼ同等で、逆に三階席を大幅に増やしているのです。通常は一階席から三階席へと座席が減っていくものですが、逆に上層階ほど座席が増えています。これは一階席の観戦しにくい席を取り壊し、その分一階席をピッチにより近づけるという設計を行なっているためです。そのためにイレギュラーな座席配分になっており、このことが同時に設計を難しくもしています。全席に屋根を設置する必要があることやバリアフリー対応、VIPエリアの確保、ミュージアムとスタジアムショップの拡張。そして何より、上層階に行くほど増える観客のスムーズな動線計画が必要となったのです。また、コンペティションの要件には、コンペに当選した場合はスペインに事務所を開設することも条件に入っていたため、日建設計は当選後スポティファイ・カンプ・ノウの近くに事務所を開設しました。現在は主要な設計業務が終了したために閉じてしまったのですが、最盛期は日本からの赴任者、現地採用の人材や協力事務所からのメンバーを含めて約80名ほどが働いていました。日本から考えれば大所帯になるのですが、これには理由があります。ここスペインでの働き方を当初私たちは全く分かっていなかったのですが、労働就労者の保護が非常に厚く、法律で残業時間が年間80時間までと定められているなど、日本と大きく状況が異なりました。そのためにある程度の数の人員がいなければ作業が進まなかったのです。

余談ですが、私たちのバルセロナオフィスは当時ビルの10階にあったのですが、偶然にも同じビルの9階にはリオネル・メッシの個人事務所が入っていました。また1階にはネイマールの個人事務所も入居していたのです。こうしたところでもFCバルセロナとの不思議な縁を感じました。コンペティションにおいて印象的であったのは、審査員にファン＝パブロ・ミチャンスという、現在のスポティファイ・カンプ・ノウを設計した建築家のご子息が入っていたことです（当時の設計者はフランセスク・ミチャンス）。そして、バルセロナ市からは都市計画リーダーの人物も入っており、現在のスポティファイ・カンプ・ノウのDNAをどのように活かすかということを重要視しており、やはりこれは単体の建築物ではなく、私たちには都市デザインとしての建築が求められているのだということを再認識したのです」

日建設計の過去のプロジェクトについて

――ここで、日建設計の企業やこれまでに設計されてきた建築物、関わられて来たプロジェクトなどについてもお聞きしたいと思います。

「弊社は設立が1900年の設計事務所で今年は122年目（2022年）ということになります。日建設計はこれまで約2万5000のプロジェクトを国内外約50カ国で携わって来ており、グループ全体で約3000人の社員が働いています。この規模は、日本国内の設計事務所としては最も大きな企業となります。今回FCバルセロナとのプロジェクトをきっかけとして、バルセロナにもオフィスを構えることとなりました。社内は都市計画・都市デザインを行う分野と建築設計を行うアーキテクト分野、構造・設備分野、ディザスタープランニングという防災シミュレーションを行うエンジニアリング分野など、建築設計分野のほぼ全ての領域をカバーしています。建築分野はオフィス、商業ホテル、病院、そしてスポーツ施設、空港などの大規模施設も手がけています。空港は成田空港や関西国際空港、中部国際空港なども弊社の設計になります。ワールド・アーキテクチャー・

新カンプ・ノウ内部の完成予想図。10万5000席となる圧巻の風景。スタジアムにはVIPルーム、ショップ、カフェテリアなどが併設される。また外観はファサードのない、特徴的な3層バルコニーが見られる

TOP100という、世界の建築設計事務所（ゼネコンは除く）の売上高の世界ランキングがあり、ここ数年のランキングではゲンスラーという北米の建築設計事務所が1位、日建設計は2位という状況であります。私たちはデザインのポリシーに「グリーン」「ソサイエティ」「ジャパン・クォリティ」そして「イノベーション」ということを掲げており、古くは東京タワーの設計から、神戸ポートタワー、その後の東京スカイツリーなど主要都市のランドマークとなっているタワー建築も多く手がけています。ユニークな設計技術という点では、さいたまスーパーアリーナで採用している、「ムービングブロック」と呼ばれる可動式の観客席を備えた施設などがあります。これにより、一つの施設でありながらアリーナ形式とスタジアム形式の両機能を備えた施設として利用することができます。こうした日建設計のユニークな技術や画期的な事例なども今回のコンペティションのエントリー資料では紹介をしました。オフィスビルでは大崎にあるNBF大崎ビルが面白いと思います。〝バイオスキン〟と呼ばれる、外装の中に雨水を通して周辺環境を気化熱の利用で冷却しヒートアイランド化を抑制する、日本古来の打ち水をヒントにした世界初のビル冷却システムを考案しました。銀座のヤマハビル、京都迎賓館、リッツ・カールトン京都、箱根ポーラ美術館、ホキ美術館なども印象的な建物だと思います。東京駅八重洲口の〝一枚大屋根〟グランルーフも弊社の設計になります。私がコンペティションの時から関わった、横浜みなとみらいにあるクイーンズスクエア横浜という複合施設は約50万平米という巨大なもので駅と一体となった複合開発（トランジット・オリエンテッド・デベロップメント＝TOD）の先駆的なプロジェクトでした。その後、南北線六本木一丁目駅を中心とした泉ガーデン周辺、また現在は渋谷駅周辺なども同様の考え方で都市開発がされています。また、東京ミッドタウンは六本木の再開発のランドマークとなりました。海外の事例で面白いのは、中国にある広州図書館なのですが、弊社の設計者によると中国の書籍は天面の断ちがギザギザであることが多いらしく、そのような書籍を開いた様子をイメージした建物であると聞きました。屋内空間は非常に近代的で美しい図書館です。中東ではイスラム開発銀行などのシンボリックな建築もありました。来年に竣工となるドバイのOne Záabeel（ワン・ザビール）という、ホテルとオフィスを一本の巨大なスカイロビーで結ぶような建築も進んでいます。スタジアムの設計例では東京ドームをはじめ、京セラドーム大阪、デンカビッグスワンスタジアム、カシマサッカースタジアムなどがありますが、その中でもカシマサッカースタジアムは日韓ワールドカップの開催に向けた改築プロジェクトでありました。今回のFCバルセロナのスポティファイ・カンプ・ノウも改築計画であり、スタジアムの改築事例を持っていたことは良い材料であったと言えます。弊社の創設が1900年、FCバルセロナが1899年であり、日建設計はFCバルセロナの1歳違いの弟なのですと自己紹介したところ、同じ時代を経た間柄という共通認識が生まれ、これはなかなか受けが良かったのです。（笑）」

バルセロナという街

――スタジアムの設計を始めるに際して、取り掛かりやアプローチはどのような所から始められたのでしょうか。

「私たちは設計を始めるに際して、まずバルセロナという街の研究から始めました。地中海に面したサグラダファミリアのような有名建築物がある街であるという以上に、街の変遷や街にあるものの関係性などを知ることにしたのです。現在のバルセロナ市の中心地の近くには中世の時代にあった旧市街地や城壁の跡が残っている場所などもあり、かつての街の姿が時代とともに少しずつ拡張して行った形跡の残る街なのだと分かりました。サグラダファミリアなども実は旧市街地から拡張された比較的バルセロナの歴史の中では新しい地域にあります。あまり印象がないかもしれませんが、バルセロナという街は、上空から俯瞰すると非常に美しく街が整備されていることが分かります。現在サグラダファミリアは2026年に完成予定で工事が進んでいますが、近隣の土地を改修して公園化する予定であると聞いています。この公園地域ができると、上空から見た時に何の形に見えるか分かりますか」

――十字架ですね。

「そうなのです。バシリカと呼ばれる古代ギリシャ、古代ローマを経た建築様式の十字架になるのです。各住居ブロックの中にも必ず中庭が計画的に作られているなど、かなり中世以降から先進的な考え方を持って都市が計画されてきたことを伺い知ることができます。バルセロナはそのような美意識を持った都市計画をする街であるということです。

〝エスパイ・バルサ〟の計画が実現すると、バルセロナの街に溶け込むようなスポティファイ・カンプ・ノウやスポーツ施設、商業施設などが誕生することになります。この考え方は大学の〝キャンパス〟のような考え方で、より街に開かれたスタジアムとして次の時代を迎えることになるのです。そして、バルセロナという街の人はどうかと言うと、非常に話好きです。基本的に人々は時間に余裕があるのか、非常にゆったりとしています。そこでは家族も友人も近所の人も皆仲が良く、結束力の強いコミュニティを感じます。バルセロナのお祭りでは、大勢の人間による塔を築いて、頂上に子供が上がるまでを各地域が競い合う〝人間の塔〟という催しもあります。海が近いために誰もが海が好きで、ランブラス通りというメインストリートは非常に広々としていて快適です。パブリックスペースもたくさんあります。金曜日は午後2時か3時くらいになると仕事を終えて帰り始めます。そのまま子供を迎えに行って遊びに出かけたりという感じです。実際に第二段階のコンペが始まるとFCバルセロナ側も私たちがスポティファイ・カンプ・ノウをはじめFCバルセロナをより知ることができるよう、様々な体験を用意してくれました。VIPシートでの観戦もその一つで、メインスタンド側の二階席の中心に位置するその席は、モニターが備えられており、ピッチ全体を見ながらより詳しい映像をモニターで見ることができるようになっていました。私たちが観戦した際には、斜め前の席にリオネル・メッシとアンドレス・イニエスタも観戦していました。彼らはちょうどその試合は負傷のために欠場していたのです。私たちは思いもよらずスーパースターたちと共に観戦する経験もさせてもらうことができたわけです」

スペインという国のリズム

――文化的背景も人々のライフスタイルも、当然ながらまるで違いますね。特に時間との向き合い方は大きな違いを感じます。

「建築目線でスペインと日本を比べますと、日本のプロジェクトはやはりスピーディです。スペインではサグラダファミリアをずっと建築していて、ガウディも〝神は完成を急がない〟と言ったそうですが、本当に誰も急いでいないように感じます。（笑）お昼にレストランに入っても注文を取りに来るのは座って15分後くらいで、そこから料理が出て来るのが30分後くらいで、その間にワインが1本空いてしまって、もう1本注文しようとしてようやく料理が出て来るくらいの感覚です。これはランチに2時間かかる理由が分かるわけです。特にバルセロナは首都であるマドリードと異なり、独立した自由都市の印象が強くまた自分達はスペイン人ではなくカタルーニャの人間であるという意識があります」

新スポティファイ・カンプ・ノウの設計

――バルセロナという街の背景を理解した後、いよいよ設計が始まるわけですが、どのような方向で進めようと考えられていたのでしょうか。

「今回のスポティファイ・カンプ・ノウの設計にはデモクラティック〝民主主義的であること〟というキーワードが重要でした。これはスタジアムの屋根における議論に端を発します。私たちは当初大きな屋根をかけることに対しては懐疑的でありました。というのも、すり鉢状のスタジアム全体に屋根をかけると、大事なピッチに陽が当たりにくくなり芝の育成などには不向きではないのかと思えたからです。しかし、バルセロナのボードメンバーの一人がなぜ屋根が重要であるのかを説明してくれました。FIFAの規定に沿うという目的もありましたが、ことスポティファイ・カンプ・ノウにとって屋根は民主主義の象徴だと言うのです。今までは昔からのクラブ会員（ソシオ）や高額なチケットが購入可能な観光客の席の上部だけに屋根がありました。他のソシオたちの席は皆雨晒しだったわけです。大きな屋根を設けることによりスタジアムに入ればどの席にいる人にも誰もが同じ環境で、一つの屋根の下で一体感を持って観戦ができるということが約束されることになり、それが欧州における民主主義であると言うのです。だからデモクラティックなスタジアムにしたいのだと。FCバルセロナ自体がデモクラティックな組織であるため、それを象徴するようなスタジアムが必要なのだという話をされたのです。私はこれにも非常に感動しました。30年以上建築設計の仕事に関わってきましたが、クライアントからデモクラティックな建物を作って欲しいなどと言われたことはかつてなかったのです」

コンセプトの誕生

――欧州の歴史あるビッグクラブの思想の大きさとクラブの社会的な位置付けを表すようなエピソードだと思います。側から見ればただの屋根ですが、そこには彼らなりの理由と意味が存在しているのだと理解しました。同じことが他の要素にも言えるのかもしれません。

新カンプ・ノウ全体図。構造が外観に直結する特徴的な断面を持つスタジアムであることが分かる

「欧州のスタジアムでも、席から見上げると似たような断面になっているスタジアムはたくさんあります。時には特徴ある屋根を持つものもありますが、先ほどの話を聞いて私たちには人が集い、想いを一つにする場所、たとえば寺院や聖堂のようなものがインスピレーションとして浮かび、そのような屋根をかけたいと思ったのです。Sense of Equality（平等性）を象徴するようなものです。そしてもう一つ、スポティファイ・カンプ・ノウを考えるにあたってのキーワードが出てきました。それはメディテレーニアン（地中海的な）です。先ほどカタルーニャ州の人間は自分達をスペイン人ではないと考えているという話がありましたが、彼らは寧ろ〝地中海人〟であると言うのです。現代でこそ地中海は欧州に共通の海となっていますが、中世スペインが力を持っていた時代はまさにバルセロナは交易をはじめ地中海のすべての中心地でありました。その後、ビジネスの中心もフットボールの中心もロンドンやパリ、フランクフルトやアムステルダムなど北へ北へと移って行きました。スペインでも中心は北にあるマドリードに移って行きました。そうした中で、地中海と共に生きてきたバルセロナはメディテレーニアンとして、地中海人のスタジアムを作って欲しいということなのではないかと解釈しました。そこから、〝地中海人〟を私たちなりに消化するための議論が始まりました。タッグを組む現地の設計事務所の人たちとも議論を重ね、メディテレーニアンとは光や風、人々の結びつきの強さなどから、欧州の他のエリアにある卵の殻のように閉じたスタジアムではなく、「光・風・人」を感じるスタジアムなのではないかというところに至りました。そのため、デザインコンセプトは〝Open to All〟という誰にでも開かれたスタジアムであり、そして〝タイムレス〟なもの。今の時代を刻印するものではなく、時間を超越し、50年先や100年先であっても時代を感じさせない不変のコンセプトに貫かれた建築物であり、〝デモクラティック〟な誰にでも平等な観戦環境を提供するスタジアムということになったのです」

ノンファサードへ逆張りの発想

――コンペティション時の要求事項の中には新しいファサードの提案や外観を付与することが盛り込まれていたとお聞きしました。しかしながら、日建設計のデザインにはファサードは見られません。それどころか、現在の欧州スタジアムのトレンドに見られるような外観とは明らかに異なるスタイルです。

「欧州のフットボールスタジアムは老朽化しているものも多く、増設や部分改修などでつぎはぎになっていたりして、ある時点で外観を覆うファサードを採用するスタジアム改修が主流となっています。ドイツのミュンヘンにある、アリアンツ・アレーナなどが代表例ですが、レアル・マドリードのサンチャゴ・ベルナベウスタジアムもドイツのGMPという建築設計事務所による改築案を発表しており、宇宙船のようにも見える一体的な外装材に覆われたスタジアムです。こうした流れを受け、FCバルセロナのコンペティションも当初は外装を設けることが要件に入っていました。実はコンペティションの要項には参考案がついていました。座席数が増え、人の動線も課題なるためにデッキを設けた上で、ファサードのような外装をつけることが記載されています。このイメージはアリアンツ・アレーナやサンチャゴ・ベルナベウの改築案そのものです。当初FCバルセロナ側が考えていたものは、そうしたこれまであるようなものだったのです。逆に、その参考案を見た時には私たちは釈然としなかったのです。地中海の日差しと温暖な気候に恵まれたこの地に相応しいのは、やはりオープンなものなのではないかという気がしたのです。要件に応じて設計を進めてみたものの、やはり私たちとしては煮え切らない案になっていく。そこで、外装を議論するFCバルセロナとのワークショップの場で外装をやめることを提案したのです。デッキもやめましょうと。その代わり既存の頑丈な柱を利用して20メートルのバルコニーを3層作りましょうという提案をしたのです。私たちは公園のように人々が自然に集まる場所にしたかったのです。そのため、スタジアム自身の中にも公園を設けましょうと。私たちはその上で課題に対する回答も用意していました。スタジアムのコンコースは15メートルほどを確保する事例が多いのですが、そこを20メートルとすることで、人の流動性の課題が解決させ、尚且つ余剰部分には商業施設を展開することが可能になります。現在スポティファイ・カンプ・ノウの試合がある日は、観客は5分前くらいに大挙して押し寄せ、試合終了15分くらい前に帰り始めるのです。約10万人がほぼ同時に移動するために非常に混雑しますし、スタジアムを楽しむという空間にはなっていないのです。そうではなく、試合が

設計検討時のスケッチ。3層のバルコニーが明確に描かれている

始まる前や終わった後も人々がゆっくり滞在することを楽しめるような場所であれば、そこでグッズ販売や食事などのプラスの商売もできるはずです。何よりも大群が一度に移動することを緩和できます。公園を含めた周囲のランドスケープも緩やかな起伏を持たせ、これも地中海にインスピレーションを得ており、〝バルセロネータ〟（地中海沿いのビーチ）に見立てたバルコニーからの眺めは、海岸に座って地中海を臨むような気持をもたらすはずであると。外装のないスタジアムに10万人が訪れた時、外からはバルコニーで寛ぐ人々の姿が見えることになります。私たちのスタジアムではまさにそこに集う人々そのものが外装であると。これらのアイデアは非常に良い印象で受け入れられました。私たちがプレゼンテーションのビジュアル拘ったのも、やはり絵を見ることで視覚的に理解をしてもらうことができるためです。こうしたやり取りを経て大きく信頼を勝ち得ることができて行ったと思います」

——まさかの逆張り発想による要件回避ですね。（笑）

屋根に託した〝記憶〟

――今回のプロジェクトは改築であり、建替ではありませんが、主要構造を除けばほぼ全く違うスタジアムとなりますね。現在のスタジアムから活用できる要素などはあったのでしょうか。

「スタジアムにおける人々の記憶とは、どのように継承されていくのだろうと考えた時、そこでは屋根が大きな影響を与えていることが分かりました。今回のスポティファイ・カンプ・ノウの設計では3階席を増やすために現在の屋根を取り壊さざるを得ないのですが、非常にシャープな印象を与えている現在の屋根も長年そこにあった風景であり、愛着があるものです。私たちはこの屋根の記憶を新しい設計にも取り入れたいと思ったのです。そこで、このシャープな屋根のエッジ形状をバルコニー側に反転して利用し、3層のバルコニーすべてにこのモチーフを用いることで、現在の屋根の記憶が新しいスタジアムでが生まれ変わるという設計を考案しました。人々がバルコニーに出て、空を見上げるとかつての屋根の風景がそこにあるという、記憶の継承と発想の転換です。もちろん、そこには設計上の利点となる理由もあります。エッジが効いた傾斜したバルコニー形状とすることで、幅の広いバルコニーの奥まで光が入り、風も流れます。その風はスタジアム内のピッチまで届きます。外装のないスタジアム全体が自然な換気装置の役割を果たすのです。これはピッチの芝生の育成にも寄与します」

――設計を進めるにあたり、最も難題となったことはどのようなことであったのでしょうか。

「設計上で最も私たちを悩ませたことが、改築工事の期間中であっても8万席以上を確保するというコンペ要項に記載された工事条件でした。これは改築期間中もスタジアムで試合を行うことを意味しています。FCバルセロナのソシオは1900年にクラブができて以降、代々シーズンチケット（年間チケット）を購入し続けている会員が多く、改築期間であるから今年は席がないなどとは言えないというのです。これは難題中の難題として私たちにのしかかって来ました。改築工事の期間中でも8万席以上を確保す

現在のカンプ・ノウの持つシャープな形状の屋根を外側に反転させ、バルコニーの意匠に活用するという“屋根の記憶”の保存も試みた

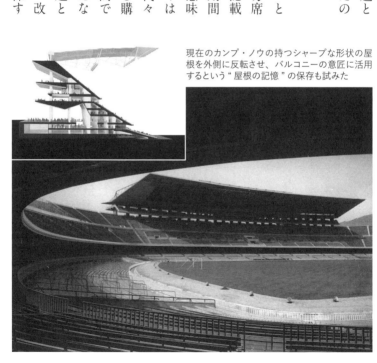

る答えとして、既存のスタジアムの外部に先にエレベーター、エスカレーター、階段、設備のシャフトを纏めた〝コア〟を作ることに最終的に行き着いたのです。このコアを先に建設すれば、工事期間の観客の上下移動もここを使用すれば良く、工事する側も作業効率が上がります。通常オフィス設計ではこうしたコアをビルの内部に設置することが多いのですが、今回の提案ではコアを外部に12機設置する〝12コア〟というネーミングで提案に盛り込みました」

――これは一つのコアで大体どのくらいの人間の移動を担うことになるのでしょうか。

「単純な計算ならば1階席を除いた約8万人の来場者を12のコアでまかなうことになりますので、約6000人から7000人という計算になります。コアの設置数については解析シミュレーションを行い、コアが6つや8つなどのケースも試して行ったところ、12くらいに分散することで、人の流れがスムーズにいくであろうという結果になりました。また、フットボール的にもサポーターは12人目の選手であると言われたりもしますので良い数ではないかということになりました。この際の人流シミュレーションについてはかなり時間をかけました。一方、FCバルセロナ側では事前の外部コンサルタントによる検討で1階席と2階席の間にデッキを設けることが人流上はベストであるという結論を持っていたのです。ところが我々がデッキを設けた場合と、12コアを設けた場合の両方でシミュレーションを行ったところ、デッキを設けた場合では実はかなり人の滞留が起き、混雑の解消が難しいという結果が出たのです。この比較シミュレーション結果はFCバルセロナ側に衝撃を与えました。当然、コンペティションの事務局側では議論となりました。しかし、粘り強くエビデンスをもって丁寧に説明したところ、もしこの12コアの仕組みによって、より人流がスムーズになるならば、その方が良いではないかという意見がコンペ事務局の主要な担当者側から出てきたのです。私たちは彼らの心をさらに掴むことができたと実感しました」

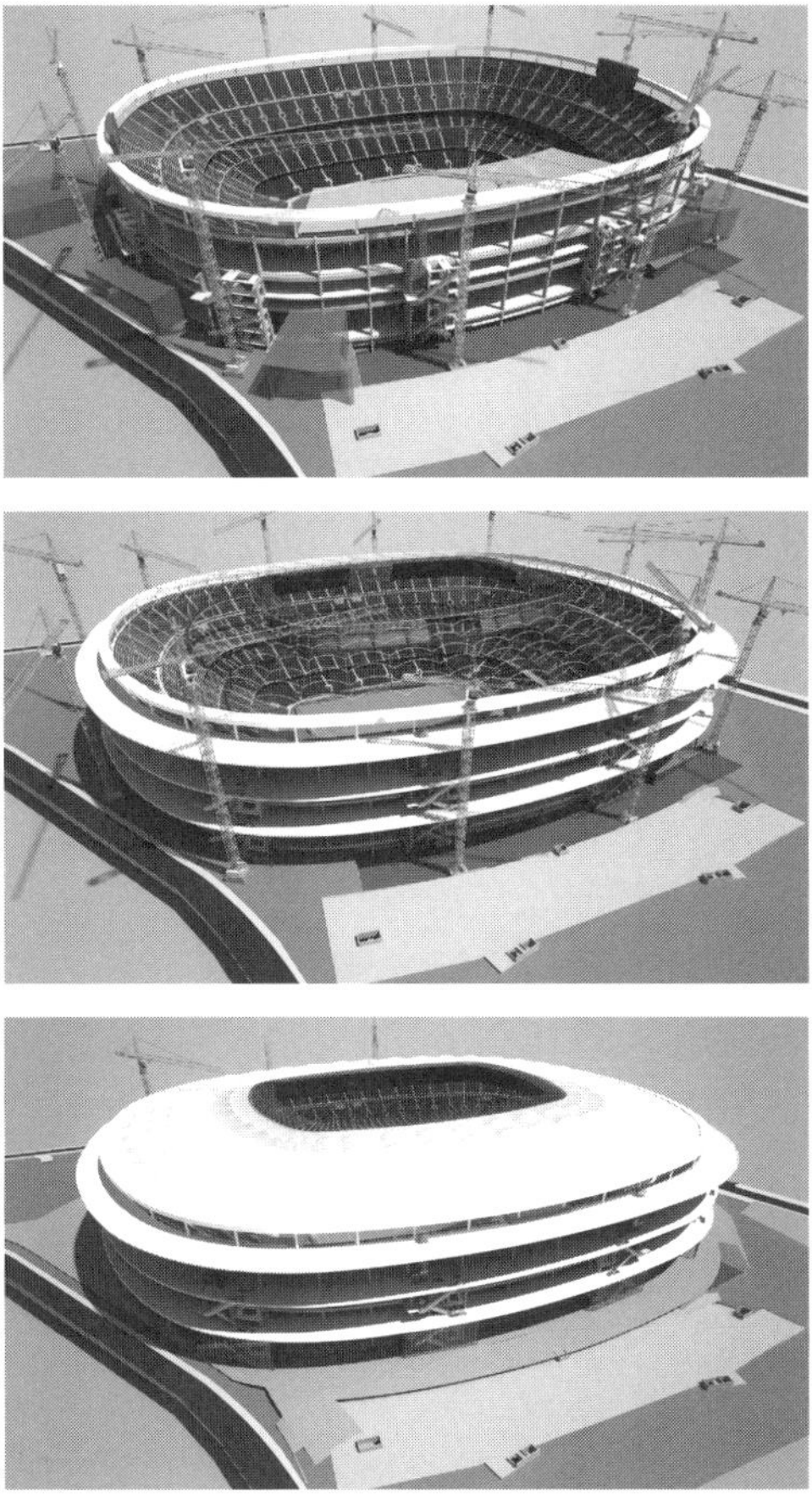
既存のカンプ・ノウからの改築プロセス。スタジアム外周に先に12のコアを建設していく流れであることが分かる

ユニークかつ唯一無二の〝当選〟

──お話からもコンペティションの最終盤に向かう高揚感が伝わってきます。積み上げて来たプランをどのように表現するのかについてはアイデアがあったのでしょうか。

「私たちはこうした今までのオリジナル性や彼らと共感したことを、全て最終プレゼンテーションの映像に盛り込んだのです。そこではスタジアムを中心に公園で寛ぐ街の人々の様子を描き、また試合のある夜の情景では、最大の特徴である3層バルコニーにクラブカラーのライトが照り返しで輝く、ライトアップされた姿のスポティファイ・カンプ・ノウに10万人の観客が集う風景を描き出しました。ラストは前年のUEFAチャンピオンズリーグでの優勝のシーンを使用して感動的な映像の締めくくりにしました。スペイン語や英語がそれほど達者ではない私たちのプレゼンテーションは可能な限り絵を見て理解できることを重視し、3D映像など徹底的にビジュアルを突き詰めたのです。私たちのプレゼンテーションが終わった時、審査会場ではスタンディングオベーションが起こったのです。ファイナリストの8社中、最下位からのスタートだと感じていた時と比べ、少しはやれたのではないかという手応えを感じてコンペティションは終わりました。そして、2016年3月8日最終プレゼンテーション当日の夜、私たちは当選の連絡を受け取ったのです。結果は満場一致での当選でありました。翌日公開された審査講評では、日建設計による提案は〝ユニークかつ唯一無二、オープンでエレガントで静謐、そしてタイムレス、そしてメディテレーニアン、デモクラティックという言葉に集約される〞と記されていたのです。これを読んだ時の感動は忘れられません。審査講評に並んだこれらの言葉のほとんどは、実はプレゼンテーション資料にはあえて記していませんでした。審査員が私たちのアイデアを見て、そこに盛り込んだメッセージを読み取って審査講評に書いてくれたのです。そのような経験は後にも先にもありません。スポティファイ・カンプ・ノウの設計を日建設計が行うこととなったニュースは、翌日からスペイン国内の新聞はもちろん、CNNやBBCで取り上げられるなど世界中では非常に大きなニュースとして駆け巡ることとなりました。翌月には世界的なお披露目会としてワールド・プレミアが開催され、日本から200分の1の完成模型を空輸してバルセロナへ飛びました。そこではメッシやイニエスタなどFCバルセロナのすべてのトップ選手たちと共に記者たちの前で改修計画が紹介されました。最終的に私たちは新国立競技場を設計することはできませんでしたが、世界では私たちの取り組んだことをきちんと見てくれている人たちがいるということを改めて実感した瞬間でもありました。その後、新スポティファイ・カンプ・ノウへ向けての第一歩として、バルセロナ市民から許可を得るための説明として、スタジアムコンセプトの紹介ビデオが作られました。このビデオの中では〝エスパイ・バルサ〞プロジェクトとして、アーバンスペースを創出すること、既存の施設やアセットのリサイクル、公園の誕生など緑地化の促進、パブリックスペースの創出、そして施設は市民へ365日開放することやスマートコンセプトの紹介、騒音の周囲への配慮、屋根に設けた太陽光発電から得られた電力を利用したLED照明装置による芝育成、屋根を利用した雨水の集水と再利用など、この計画全体が一つのサステナブル装置のようなものとして説明されています」

キーとなったテクノロジーについて

――今回のプロジェクトで採用した設計技術において、日本特有のものなどはあるのでしょうか。

「私も日本を離れて3年半ほど現地に行っておりましたので、その間に日本がそのくらい進んでいるのかは分かりませんが、設計技術において日本特有のものというのはないかもしれません。今回私たちはすべての設計図面をＢＩＭと呼ばれる図面を3次元化して設計する手法で設計を行なwhile-ました。細部に渡ってどのような設計になっているのかを立体的に視覚的に把握できるものになっています。世界でもここまで精緻にすべての図面をフルＢＩＭで設計したという例はないのではないでしょうか。新国立競技場ザハ案を設計した際は建築図面として約３０００枚ほどでしたが、スポティファイ・カンプ・ノウの設計では約３００００枚になっていますので、ボリュームと情報量が圧倒的に異なっています。この技術の活用によって、仮想空間でスタジアム10万席すべての席からの視覚的な景観を確認することが可能になり、また選手側からの目線でもピッチのどこにいるとスタジアムがどのように見えるのかを確認することが可能になっています。また、詳細な設計データが豊富にあるということは、竣工後はこれらのデータを使ってメンテナンスにも有効なものとなります」

世界的な設計事務所としての道を拓く

――今回のプロジェクトを通して、日建設計としての財産になっていくであろうと思われることはどのようなものでしょうか。

「まずは設計技術のバリエーションが格段に増えたことであると思います。先ほどのＢＩＭを使って全てを設計し切ったということは、設計の実務レベルでは大きなチャレンジでありました。しかし、こうした負荷を与えることによってハードルを乗り越えていく力を蓄積していくことにも繋がりますので、日建設計としては一段も二段も技術的にジャンプアップが図れたのではないかと思います。また、会社としてはブランディングの側面も非常に大きく、国際的な知名度が飛躍的に向上したと感じています。ヴェネチアビエンナーレへ招待され出展したり、ミュンヘンの著名な建築ギャラリーに招待されて日建設計の個展を開催したりと、世界における弊社への興味関心が増しました。また、マドリードの日本大使館で開かれた天皇誕生日記念イベントに招待され今回のコンペ当選案の模型展示したり、六本木のスペイン大使館でのイベントにも招待されました。フットボールやスポーツ関係で、これまであまり繋がりのなかったキーパーソンとの接点も増えています。スポーツ庁長官や日本サッカー協会の会長、前日本代表監督に始まり、Jリーグ各クラブの方々やサッカー関係者、政治家の方々に至るまで、このプロジェクトを軸として弊社としてコミュニケーションできる幅が格段に広がりました。これも大きくはスポーツビジネスの持つ影響力なのかもしれません。グローバルなリクルーティングという観点でも良い影響が出ています」

――プロジェクトの期間中に発生した、新型コロナウィルスのパンデミックによるプロジェクトへの影響などはあったのでしょうか。

「実務的なところではスタッフが事務所に来て設計を行うということが難しくなり、2020年の3月にはバルセロナ市がロックダウンとなり、すぐにリモートワークに入りました。しかし、すでに実施設計に入っていましたが、BIMを活用していたおかげでリモートワークによる業務遂行もつつがなく進行できました。一方で建設工事の方はコロナによる試合中止による資金調達の不透明性からすぐには工事が開始できない状況となり、プロジェクトの遅延が生じました。その間にFCバルセロナの会長が変わり、それまでのバルトメウ氏から現在のラポルタ氏になりました。役員体制の交代に伴い設計についても見直しがあり、1階席にあるソシオの席を既存のままにするため、1階席と2階席の間に計画していたVIP席を2階席と3階席の間に移すこととなりました。これは大きな変更でスケジュールにも大きく影響を与えるため、やはり工事期間中の1年間は他のスタジアムを利用することが意志決定されるなどの変化がありました。設計の見直しが入ったタイミングで、サステナビリティやジェンダーレスと言った今日的な対応についても再検討ができたため、この設計変更のタイミングは良いものであったと前向きに捉えています。やはり2015年当時と2022年の状況では、7年の開きがありますので、アップデートする必要があったと思います」

より普遍的な価値を求めて

――今回のプロジェクトでは日建設計はかなり施工の分野にも関わっています。本来設計会社と施工会社となるゼネコンの領域は明確に分けられているケースが多いかと思いますが、このスタンスは欧州では一般的なものなのでしょうか。

「今回のケースではスタジアムを稼働させながら工事を進める必要があり、より施工時を踏まえた設計が必要になります。与件的にも特に施工の工程についてはかなり踏み込んだ説明をする必要があり、仮設をどのように立て、何をいつどのように解体し、また施工していくかまでを含めて私たちで提案し、コンサルタントも入れて丁寧に説明をしました。ここまで施工側に伴走するプロセスは本プロジェクト特有であったと思います。欧州特有の進め方ということでもなく、やはりスタジアムを利用しながら工事を行う期間をできる限り短縮したいというFCバルセロナ側の意向を汲み、設計者の立場の責任においてこのようなスタンスを取っています」

――今回のプロジェクトではアジアを代表する企業として、完全にアウェイの環境でコンペティションを獲得しました。何か日本企業としての価値を提供できたと感じられることはどのようなことでしょうか。

「実は日本企業であるという枠組みでは捉えておらず、日建設計自身が世界においてどのような価値を提供したいと考えているかと言うと、それはかなり明確で〝人々のための場所を創る〟ということなのです。スタジアムに限らず都市や建物の建築設計、アーバンデザインやシビルエンジニアリングなどを含めて、どのように人々を幸せにできるのかということを日々追求しています。その中で〝パブリックスペース〟と呼ぶものを私たちは非常に重要視しています。スポティファイ・カンプ・ノウの改築に際しては、それはランドスケープやスタジアム内のコンコース、バルコニーやスタンドに至るまで全てがパブリックスペースであると捉え、それはFCバルセロナのコンセプトそして民主的な組織であるソシオによる運営方針とも合致すると考えたのです。もちろん私たちは日本的なきめ細かさを持った設計をしようと常に心がけてはいますが、それが欧州で通用するとも限りませんし、そのように施工がなされるかも分かりません。そうしたことよりは、もう少し大きなコンセプトとして普遍的な解を提供できるのであれば、欧州でも中東でもアジアでも世界中で私たちを必要としてもらえるのではないかと考えています」

――そのように考えますと、今回のスポティファイ・カンプ・ノウの改築プロジェクトは日建設計が知見を積まれてきた分野の延長として、その先にあるものに取り組まれていると言えそうです。

「仰る通りです。私たちは「エクスペリエンス・インテグレーテッド」というスローガンを掲げ、多様な経験を統合することによって、揺るぎない価値を人々や社会に提供しようと考えています。この考え方は今後、どのような時代において、どのようなプロジェクトに挑もうとも変わることがありません」

――本日は2016年の開始から取り組まれている新スポティファイ・カンプ・ノウプロジェクトについて、過去を遡りながら改めて現在進行形の姿をお聞きしました。2026年の完成を楽しみにしております。その時、貴社の日本のスポーツビジネスへの関与もより深いものとなっていることを期待しております。本日は貴重な機会をいただき、ありがとうございました。

（取材日・2022年6月16日）

10 REAL
CASES OF
INTERVIEWS

9

『プレシジョン・ヘルス』を通じて質の高い医療の提供を目指すGEヘルスケア・ジャパンが描く、医療の社会課題を解くスポーツビジネスのポジショニング

GEヘルスケア・ジャパン株式会社

Soichiro Tada

GEヘルスケア・ジャパン株式会社

多田荘一郎

代表取締役社長兼CEO。法政大学経営学部卒業、シカゴ大学経営大学院修了（MBA）米国医療機器・IVD工業会（AMDD）副会長、公益社団法人経済同友会　幹事、一般社団法人日本循環器協会 理事。1995年、直販PCメーカー日本ゲートウェイの法人設立に従事。その後、体外診断薬大手の日本ベクトン・ディッキンソン、2008年よりGE横河メディカルシステム（現GEヘルスケア・ジャパン）に在籍、要職を歴任。2014年ボストン・サイエンティフィックジャパンの専務執行役員として、心血管・末梢血管・構造的心疾患部門と全社広報部門を統括。2017年GEヘルスケア・ジャパンに代表取締役社長兼CEOとして着任。1人ひとりにあった質の高い医療を効率よく提供し、少子高齢化に伴い複雑化する課題解決の為の社会実装に取り組む。社外においても、共創基盤の構築やリアルタイムデータの利活用に向け産官学の活動に参画し、政策提言に関わるなど幅広い活動に従事する。

introduction

GEヘルスケア・ジャパンでは、超高齢化および労働人口の減少という世界の先を行く日本の社会課題解決に貢献するべく『プレシジョン・ヘルス』を掲げ、限られた医療資源の効率的な活用を通じて、未病の段階から診察・検査、治療、予後の経過観察・モニタリングに至るまでの全工程で医療の個別化・精密化を目指す。患者さんやそのご家族、そして地域の人々が本当に必要とされる質の高い医療を提供するために、医療従事者や様々な（医療に限らず）企業、学会、行政とも連携し、未来の医療を共創するべく取り組んでいる。

この中には今回テーマとなるアスリートや関係者の健康管理、病気や事故などの有事の際に迅速かつ的確な対応を可能にする医療機器やサービスの提供も含まれている。長らくオリンピックの公式パートナーを務めてきた経験からもアスリートの健康管理についての見知に詳しく、昨年の東京五輪でも活用されたポケットサイズのエコー機、MSとデータクラウド、DXAなどをはじめとしてアスリートやスポーツにおける自社技術の活用に早くから着手し、市場をリードしてきた。これらの革新的な機器やソリューションは会期後も医療の現場で活用されており、例えばポケットサイズのエコー機などは、高齢化・過疎化が進む日本で必要となる地域の医療連携を強力に推進するソリューションとしてニーズが拡大の一途にあり、今年6月には累積出荷台数1万台を超えるに至っている。また、高齢化で「健康寿命」が注目されるようになり、病気やその兆候の早期発見のための新たな手法に加え、予後の長期にわたるモニタリングシステムの開発・提供もビジネスの重要な一部としてある。ここには、高齢者を含む多くの人々が様々なスポーツを健康増進に加えて予後の回復ためにも取り入れるようになっている現実も考慮されている。GEヘルスケアは大学病院や研究施設などと連携し、最先端の研究活動（心不全など）や人材育成を支援している。中でもAIデータサイエンティストの育成へのニーズが高まる中で、慶應大学病院といち早く連携し、医工連携による育成プログラムを実施している。

このように、医療領域の革新には企業の技術革新に加え、それを実装していく上で自治体による制度、医師や医療機関などの専門家との連携など、広範囲にステークホルダーが存在することから、規模の差こそあれ社会計画ともいえるインパクトがある。また、健康への意識が高い日本を含む先進国ではスポーツがアスリートのためのものと限定されることなく、多くの人々に開かれていることから、ビジネスとして大きな可能性が潜む領域である。GEヘルスケア・ジャパンのビジネスにおけるスポーツビジネスの位置づけはどのようなものなのかに迫る。

GEヘルスケアの進化

――電機・電子、エネルギー、医療領域、かつては金融事業など、世界最大のコングロマリット企業とも呼ばれるGEグループですが、スポーツビジネスのお話に入る前にGEの日本におけるビジネスについてお聞きしたいと思います。

「GE（ゼネラル・エレクトリック）グローバルとしては誕生から130周年、そして日本ではGEの事業が初めて展開されてから、2022年でちょうど40周年を迎えました。その中でもGEヘルスケアでは、「患者さんのために誇りを持つ」という事を当社の社是にしており、日本のお客様の成し遂げたい事や課題に寄り添う事を会社としてのポリシーとしています。発明家トーマス・エジソンらによって創業されたGEグループですが、イノベーションを社会に実装していくという事を実践する企業として、これまで事業を継続して来ています。テクノロジーを持つ企業であれば、イノベーションの部分についてはイメージが湧きやすいと思うのですが、それを社会に実装していくという作業は非常に大きな努力を必要とします。GEとしては、イノベーションを最終的に社会で利用していただく形にまで落とし込む事を実践し続けてきた130年であったと言えます。GEでは社会インフラ構築・維持・発展に関わる事業を非常に多く手がけていますが、その中で次の新たな130年を見据え来年にはグループの分社化を控えています。GEヘルスケアはその先陣を切り、新たな一歩を踏み出します。この分社化が目指すものは、より医療に特化した技術開発への注力と、私たちの事業に期待をする投資家の方々との距離を縮める事で、GEのヘルスケア領域での進化を加速させる事です。私たちはこの変化を非常に楽しみにしていますし、今後のヘルスケア業界の動きにも期待していただければと思っています」

――来年2023年にはいよいよGEグループの3事業を柱とした分社化が始まりますが、この分社化に期待される効果としてはどのような事が考えられるのか、もう少し詳しくお聞かせいただけますでしょうか。

「GEグループとしてコングロマリットである事の優位性もありますが、今後は各事業ごとの専門性をより高め、注力していく必要性を感じています。特に医療の領域では、これまでは人が病になった時に対応していく〝メディカル〟の時代であったところから、病になる前からのケアを含めた〝ヘルスケア〟の時代に移り変わっていくと考えており、より幅広い技術の進化が求められる時代であると感じています。これは外部の方々や投資家の方々などから見た場合には、他の事業を含めた巨大グループ企業であるよりも、その領域に特化した企業に投資をしていただけるという意味でも分社化の利点はあると思います。私たち社員の立場でも、お客様や患者さんのために事業をフォーカスしていく事が出来ることは、ヘルスケアに対して同じ使命感を持った人材が獲得しやすくなるという期待感もあります」

――今回の分社化では、GEブランドのアピアランスにも変化が見られます。GEヘルスケアには〝コンパッション・パープル〟というカラーコンセプトが与えられ、これまでの象徴的なGEモノグラムはそのままに、ブルーで統一されていたブランドが各事業事に新たなブランディングが施されていくとお聞きしました。

「日本語での表記は変わらないのですが、英語表記のロゴマークではこれまで小文字であった「C」が大文字になり『GE HealthCare』となります。これはお客様や患者さんや社員など、私たちの様々なステークホルダーへのCare（ケア…思いやり）という意味により強い意識を持ちながら事業を行っていく意図があります。カラーコンセプトにある〝コンパッション（思いやり）〟にも同様の意図が込められています。細かな変化ですがこうした所にもこだわりを持ってブランド刷新がなされています」

――ヘルステックの領域は今後の成長領域と捉えられていますが、GEグループは日本においても約40年ビジネスを継続されて来ている中で、ヘルステック領域の変化についてはどのように見られておりますでしょうか。

「スポーツに関連した観点でいきますと、まずはスポーツ医療の進化、そして健康寿命の延伸があると思います。技術の進化やニーズの多様化などにより、提供される医療がより一人ひとりに合ったものになっていっています。スポーツ医療の領域では、私たちでもこれまでは高機能・高性能の機器を多く手掛けて来ましたが、その多くは大型の機器であり、設置出来る場所や機関も限られたものでありました。こうしたものが技術の進化によってバッテリー駆動によるモバイル化・小型化がなされたり、操作のしやすいユーザーインターフェースによって、使用できる場面や利用者が大幅に拡大される事になりました。こうした変化は、より医療がスポーツの現場に近づいていく事を可能にしました。たとえば、現在の超音波測定器は身体の筋肉や腱、靭帯、さらには神経までを診ることが出来ます。過去はエックス線を使って骨を診る事が一般的でありましたが、そこに超音波の技術が加わることで、腱や靭帯の断裂といった損傷を診る事も出来るようになっています。MRIもスポーツ医療に機能を絞り込んだ低価格帯の製品の登場などによって、整形外科施設におけるMRI機器の普及率が格段に上がりました。こうした機器があれば骨だけではなく、軟骨などの軟部組織も診ることが出来、精密な診断だけではなく、怪我の再発防止のための対応を可能にしています。状態が可視化出来る事は医師の診断に説得力を持たせ、競技の継続を望むアスリート患者に対して情熱を維持しつつ、休養やリハビリテーションなど次のステップを示しやすくする効果もあるという声も聞いています」

――GEヘルスケアでは、早くから「プレシジョン・ヘルス」という考え方を打ち出しています。直訳しますと〝精密医療〟というニュアンスですが、今お話をお聞きしていますと、その考え方の中にはテクノロジーの進化・発展だけではなく、その後の対応まで含まれているような印象がありました。

「仰られる通りで、これは健康寿命の延伸の話にも繋がるのですが、今までは病気などになった時にそれぞれの医療機関で最善を尽くす医療が取られて来ました。今後の課題は、患者さんが健康に暮らせる時間を長くしていくという考え方である、健康寿命と平均寿命との乖離を埋めていくということが必要になると考えています。現在、要介護となる理由の多くを占める脳卒中や心不全などの循環器病は、罹患すると寝たきりの状態となる可能性の高い病気です。こうした病に備えていくために最も効果を持つものは、やはり運動・スポーツなのです。フレイル（健康な状態と要介護状態の中間に位置する心身状態）やロコモティブシンドローム（運動器の機能が低下し、立ったり、歩いたりといった移動機能が低下した状態）、サルコペニア（筋肉量が減少して筋力低下や、身体機能低下をきたした状態）などの状態は、運動機能や筋力の低下などが原因となるものです。こうしたことは最近では認知症にも影響を及ぼす事が分かって来ています。平均寿命が延び、長くなっていく人生の中で強い心臓や血管、筋肉や骨格を維持するには継続的な運動が必要不可欠であり、健康寿命の延伸にも直結します」

――スポーツ医療や健康寿命の延伸のために注目される技術として、どのようなものが考えられるでしょうか。

「日常において継続的に健康状態を測ることが出来る技術として、たとえばウェアラブルの領域があると思います。日常的なコンディションを見ていく事で、変化が生じた時に予見や予防に活かしやすくなります。もちろんウェアラブルに関わらず、今では自身の行動変容を促してくれるものが多く登場していますので、今後もこうしたテクノロジーは発達していくと考えています。もちろん、病にならないための一次予防は重要ですが、今後は一度病になり、その後の回復からの再罹患を防ぐ二次予防もより医療の重要な要素になって来ると思っています。GEヘルスケアでは「プレシジョン・モニタリング」と呼ぶウェアラブルデバイスを使った、顔の表情や身体全体の動きなどの計測を通じて予見をしていくといった技術があり、こうした技術に対するニーズも増えていくと考えています」

プレシジョン・ヘルスとブリリアント・ホスピタル

――GEヘルスケアの『プレシジョン・ヘルス』の考え方に基づいて考え出された、『ブリリアント・ホスピタル』(※1)構想も昨年から実際にコマンドセンターが各地に設置され、稼働を始めています。

こうした構想・領域は一メーカや一医療機関だけでは取り組む事が難しいものだと思います。医療機関や研究機関、機器メーカや他産業、そして地域なども含めた横連携が必要になるものではないでしょうか。

「私たちの掲げる『プレシジョン・ヘルス』というのは、日本語にすると「一人ひとりに合った質の高い医療を効率よく提供する」という事になるのですが、ここで重要となる事は、より精緻化された診断や治療、そして予後のケアと健康管理に大きく分けられると考えているのですが、これを一社で実現する事はそもそも不可能なことです。この考えを実現していくために欠かせない重要な2つのキーワードがあります。それは「プラットフォームの共有」と「パートナーシップ」です。一社一社が、それぞれのプラットフォームを構築していくのではなく、同じエコシステムの上で相互の技術を連携していくのです。オープンプラットフォーム、ベンダーニュートラルな考え方です。GEも全ての技術を保有しているわけではなく、たとえばウェアラブル企業と提携を組んだりなど様々なことが考えられます。その上で、患者さんを主体とし、患者さんから取得したデータを組み合わせる事によって、一人ひとりに合った医療を提供するということです。では、なぜコマンドセンターのようなものを立ち上げたのかと言いますと、〝質の良い医療〟というのは時に高額になるケースも多く、的確に提供していくためには、人・物・箱（場所）のマッチングが欠かせません。これらはどれかが欠けても成立しないのです。現代は少子高齢化社会で、高齢化によって医療や介護のニーズが高まる一方で、就労人口自体も減少し需要と供給にギャップが生じますので、より効率の高い医療を目指す必要があります。私たちはこれを解決するものとして『アセット・パフォーマンス・マネジメント（APM）』（※2）というソリューションがあります。今までは医療機器というものは導入・所有していただいて終わりでしたが、このソリューションではお持ちの資産である機器が、いかにしてお客様の成果に繫がっているかを示すために、人や物の動きに無駄がないかを把握することが出来るのです。しかし、先ほど申し上げたように、こうした事は一社、一業種の関わりでは実現が出来ません。そのために様々な業種の企業のテクノロジーや協力を得て成り立つものです。現在のレベルではまだ施設単位での効率化を扱っていますが、今後は地域の中でいかに連携し効率よく医療を提供していくかという方向に拡張されていくと思います。この取り組みは今後の日本の医療システムの新たなトレンドを生み出すはずであると考えています」

――『ブリリアント・ホスピタル』の最初のコマンドセンターとして、草津にコマンドセンターが出来た経緯はどのような背景があったのでしょうか。

「新型コロナウィルスへの対応でその名を知られることとなった、米ジョンズ・ホプキンス大学病院と2016年から共同開発をして来たのがコマンドセンターなのです。病床の稼働率をいかに引き上げ、人や物の動きをいかに効率化していくかという事が、医療の質を維持する上でも重要な要素であるという事を理解し、機器をセンサーで管理し、リアルタイムで監視する事で必要な時にすぐに行動変容を起こす事が出来る体制を目指して共同開発を進めていた所、ちょうど滋賀草津にある近江医療センターの方が、米国で行われた人材育成プログラムに参加された際に私たちの共同開発に感銘し、日本で導入をする事となったのが経緯なのです。近江医療センターは地域の中核医療施設ですが、当時は病床の稼働率や看護師をはじめとした人材の管理に課題を抱えていたのです。『ブリリアント・ホスピタル』の構想には、GEの製造現場におけるソリューションである『ブリリアント・ファクトリー』で培って来た技術と、トランスフォーメーションのノウハウがふんだんに活用されています。GEヘルスケア・ジャパンの持つ日野工場は世界に約400あるGEグループの工場の中で、数少ない『ブリリアント・ファクトリー』に認定されている工場なのです。その中でもリーン・アカデミー（※3）の総本山と言われる工場が日本の日野工場で、世界各国からリーンの改善手法を学びにやってくる多くのリーダー達を受け入れてきた場所なのです。リーンの考え方が質と効率の両立であ

東京日野工場の様子。Leanアカデミーの優れたモデルケースとして、世界中のGEリーターが訪れる

るとするならば、そこにデジタル技術を加える事によって、リアルタイムでの管理が可能となり、いかに改善を早められるかという進化が図られています。日野工場は工場としては非常に古い工場でもあり、デジタル技術を多用化して来なかったのですが、この進化によって工場内の課題が1日で解決されたり、時には1時間で解決に至るというケースも得られるようになったのです。たとえば、工場の生産性を高めるために、工場内のレイアウトを変えるという作業は非常に重要なのですが、センサーを利用した人の滞在時間によって識別されるヒートマップを採用したところ、レイアウト変更後に本来人のいないはずのところに多くの滞在時間が消費されている事に気が付いたのです。その場所を確認するとゴミ箱がありました。工場の多くの職員が資材の箱や包装、緩衝材などを廃棄するために度々足を運ばなければならない位置にゴミ箱があったためにそうした現象が起きたのでした。私たちはすぐにゴミ箱を動線の中央に移動することで、瞬時にこの問題を解消出来たのですが、こうした事は実際は目視では感じ取りにくいものです。原因と解決手段は単純な事でも、それが可視化出来なければ気づくことが出来ないと言うことを教えてくれた一件でした。これまでであれば問題に辿りつくまでに膨大な時間を要していたと思えることも、デジタル化によって瞬時に安価に状況把握が出来るようになっています。そして、『ブリリアント・ファクトリー』で培う事が出来たものとして、リーンやデジタルの組み合わせだけではなく、マインドセットもその一つであると捉えています。スタンダードワークと呼ばれる標準化された業務をいかにコツコツとをこなしていくかというカルチャーが磨かれたと思います。この文化と技術の良いバランスが『ブリリアント・ファクトリー』を支えており、その経験が『ブリリアント・ホスピタル』のコマンドセンターや『アセット・パフォーマンス・マネジメント』の運用に繋がっていると思います。こうした現場における変革のドライブという知見が当社の強みだと考えています」

――せっかく日野工場のお話が出ましたので、日野工場についても少しお聞きしたいと思いますが、日本に工場を持っている点については長年、日本の技術力や周辺企業を考えれば理解出来る部分と、敷地や人件費、物流などを考えれば海外拠点に利がある部分など不思議に思っていたのですが、日本国内に工場がある利点についてはどのようにお考えでしょうか。

「GEの企業カルチャーは実は非常に〝質実剛健〟といった所があります。一方で世界というのは昨今のウクライナの情勢のように、常に不安定さの中で歴史が刻まれています。日本という国は政治・経済的にも安定しており、勤勉な国民性でもあります。物の観点だけで見れば、良い製品を安価に生産できる国はあるかもしれません。しかし、私たちのエコシステムには、優秀な人材の獲得のしやすさや私たちのビジネスを支えるサプライヤーが多く存在することなどの環境も非常に重要なのです。そうした点を見ても、日本は生産拠点を有するに相応しい環境が整っていると言えるのです。日本はアメリカに対して依然として3番目の工業大国であり続けています。背景には半導体メーカーやロボット企業、そして自動車メーカーが多く存在していることがあると思います。これは4番目に位置するドイツとの共通点でもあります。2020年からのコロナ・パンデミックによって多くの業界が部品供給を受けられなくなったり、パーツ不足に陥りました。この中で最も影響を受けたのが自動車業界でありましたが、自動車の半導体は医療機器に使用される半導体と同系統のものが多く、私たちは自動車業界と半導体の獲得競争を余儀なくされました。私たちの必要獲得規模は大きかったために、トヨタや他の自動車メーカーなどとの供給競争においては、やはり多くのサプライヤーが存在する日本という場所は部品の安定供給の面でも利点があったのです。ロックダウンが生じた中国などでは、1つの素材や部品が調達できないために、他の99%の部品があっても製造できず、出荷ができない。すると在庫を抱えたまま販売が滞り、キャッシュフローが滞ります。経営観点でもこれはリスクです。優秀な人材やサプライヤーが多く存在する日本に拠点を有しているということが、こうした不安定さを乗り切ることを支えているのです。私たちはすでに40年この考え方を持って事業を継続してきていますが、今回の世界における大きな有事に気付かされた製造業では、今更ながらに製造拠点を日本に戻すことがあちこちで議論されています。私たちも来年の分社化後には、この日本拠点を今後より重要な拠点として活用していくために議論がなされていくと思います」

――過去2年間のコロナ・パンデミック、そして2022年に生じたウクライナ侵攻などの世界的な影響や動きがGEヘルスケアのビジネスに与えた影響があると思いますが、それらを乗り越えた努力や取り組みについてお聞きしたいと思います。

「GEは顧客の課題に寄り添い、乗り越えて来た130年、日本では40年であったと思っています。その間に多くのノウハウを蓄積していますが、課題とは常に流動的です。その度に私たちは〝上手な自己否定〟が必要になると思っています。過去の成功事例に捕らわれていると、新たな変化に対応ができません。私たちが発見してきたことを自ら否定して新たにとりかかることは実にエネルギーを要する作業ですが、そのDNAが私たちにはあります。ウクライナ侵攻もコロナ・パンデミックも未曾有のことではありましたが、これまでもリーマンショックや世界の大きな変化はありました。そうした際に、いかに早く行動変容するか。変化を捉えようとすれば、まさに変化の中心にいるしかありません。もちろん、私たちの取り組みが上手くいかない時もありますが、そうした時には成功しなかっただけであり、失敗ではないと考えています。上手くいかなかった方法を学んだだけだと。余談ですが、そうした点ではスタートアップ企業にも私たちは学ぶものがかなりあると考えています。実際にリーン・スタートアップの著名人を招聘して教育プログラムを実践していたりもします。社員の働き方や評価の部分については、人事評価も1年の目標に対する評価というものを、上長との面談を通しながら時間をかけて出していくのですが、これが結構時間をかけた割にはお互いに納得感あるものにならないのです。これはどの企業でも同じようなことを実感していることだと思います。GEは元々人事評価の正確さと公平さの点でも注目をされてきた企業ですが、8

年ほど前にそれも大幅に見直しを行ったのです。1年かけて様々な業務を行なってきたことを、年末の一定の時間の中で評価することは難しいと思っています。それであれば、年中いつでも評価を与えられることにするべきだと。評価のリアルタイム性ということです。フィードバックを受ける側としても、その方がすぐに行動を変えることができます。それには上司と部下の関係だけではなく、社員ができるだけ多くのタッチポイントを持っていることが必要です。必要があるならば、時には大胆に目標を変えることも行います」

――目標もドラスティックに変えてしまうというのはすごいですね。なかなかそこまで踏み切ることができる企業も少ないのではないかと思います。

「いわゆる選択と集中であると思います。これは時と場合によって時に非常に難しい選択となることはありますが、私たちとして最終的に何を価値と定義するかによるのだと思います。年初の計画が年末まで価値ある計画であるとは限りません。重要なことは決めた当初の計画を守り続けることではなく、シナジーを持って成果に結びつけることなのです。こうしたことが時間を経て、私たちの企業文化を時代に合わせて変容し、企業としての対応力や柔軟性を高めることに繋がっています」

GEのスポーツビジネスへの取り組み

――ここまでGEやGEヘルスケアの歴史や変化についてもお聞きしてきましたが、スポーツビジネスに関するお話に入っていきたいと思います。2006年以降、GEグループでは長くオリンピックのオフィシャルパートナーを努めるなど、アスリートやスポーツの現場に対する技術やソリューションの提供を含め、様々な取り組みをされています。GEグループとしては、スポーツへの取り組みをどのように位置付けられているのでしょうか。

「先ほども少し触れたスポーツ医療の領域では、これまでは機器が大型なものが多かったが故に導入・使用できる環境が限られていました。近年では医療機器も進化し、私たちの製品も高機能高性能を維持しながら、コンパクト化され価格を抑えることに実現した製品が登場したことにより、オリンピックであれば選手村や競技場に持ち込むことが可能になり、選手の健康や関係者の健康・コンディションの維持、怪我の際の診断が行えるようになって来たことがあります。これは非常に重要な要素で、怪我の発生やコンディションが崩れる前の段階から状態を把握し、対処することができるということを意味します。GEによるオリンピックなどの国際大会への協賛では、会場の電力インフラの構築と提供、または人や物を安全に輸送する航空機エンジンに代表される事業なども活躍していますが、その中でもヘルスケアは最も〝人〟に近い領域です。MRIや超音波エコー、X

線装置をはじめとした機器を導入し、選手の健康・コンディションに貢献することで、安心して競技に挑んでいただける環境を支援してきました」

――２００６年から始まったＧＥのオリンピックへのパートナーシップも、ちょうど10年を迎えた２０１６年のリオデジャネイロ大会からは、取り組みも大きく拡大していきました。発電・送電・循環の電力インフラをはじめ、データセンターのサーバー環境、データ連携とセキュリティなど、会場全体がほぼＧＥのソリューションで維持されている印象です。

「仰られるように、２０１６年の大会以降はかなり支援領域を拡大しており、ＧＥのサービスを外してしまうと大会が運営できないというくらいに、ＧＥグループ全体として重要な関わり方に進化しています。そして、その関係性は東京２０２０の東京オリンピックでも継続しています。もちろん東京はリオデジャネイロに比べ、インフラが整っていますので、ＧＥのソリューションも、また違った提供方法になっているとは思います。こうしたインフラについては国単位から、社会、地域という細分化の流れにあるのですが、一方で医療はというと、施設単位の局地的なところから、地域単位、国単位へと逆の流れにあります。今回の東京オリンピックでは、コロナ禍ということもあり、より遠隔でソリューションを提供するということが大きな特徴でありました。これまではスタッフが常駐して対応して来たことを、遠隔操作などによって対応を行うなどの必要がありました。機器を設置した後は、使用方法のエデュケーションから、メンテナンスに至るまでをすべてリモートで実践することができたことは大きな収穫であり、今後の地域医療に活かせるものだと考えています。私たちの考えるこれからの地域医療では、装置がどこにあっても、常にモニターして予見して

予防していくかが重要だと考えています。実際に東京オリンピック以降に、日本が主体となって開発したサービスもあります。ＧＥヘルスケアの製品を導入いただいた医療機関に対して、製品の稼働率や製品の摩耗状態と故障予知などをセンサーを通じて把握し、情報として提供します。質問があればチャットボットが即座に回答を用意してくれます。これらをｉＰａｄやスマートフォンなどの身近な端末で容易に確認することができるのです。これにより、医療機関側では機器の利活用をより効率的に考えることができるようになります。こうしたソリューションを提供できる企業は多くはないと考えていますが、私たちの製品しか情報を見ることができないのでは、医療機関の立場としては利便性が落ちてしまいます。今後の課題は、医療機関が持つできるだけ多くの機器をこのソリューションの元で見

ることができるようにしていくことだと考えています。それには多くの機器メーカーと一緒になって取り組んでいくことが必要です」

――リモートでソリューションを提供しなければならない環境が、技術を進化させたのですね。

「他にもポケットサイズのエコー機器があるのですが、これもオリンピックをはじめスポーツの現場でよく利用されるようになりました。日本でも約1万台が普及している製品となったのですが、1万台も販売されるエコー製品などはかつては前代未聞でした。この製品の特徴はワイヤレスで利用でき、スマートフォン連携が可能な点です。これにより画像やデータを必要な先に送信することができます。エコー機器側に送信機能を付与する必要がないため、非常に軽量コンパクトな機器にすることができたのです。また、スマートフォン連携のメリットとして、多くのアプリケーションベンダーの存在があります。私たちの機器から得られるデータを使って様々な分析や計測、管理などができるアプリケーションの開発なども加速度的に進むと考えています」

――オリンピックのパートナーシップでは、GEのアスリートの健康管理やコンディション維持のソリューションであるAMS（アスリート・マネジメント・システム）も活用されていますが、テクノロジー開発については他のSIerなどの知見も得ながら実践されているのでしょうか。

「大抵のものは自社で開発しています。先ほどのポケットサイズのエコーは、人口比率で言えば、日本が世界で最も売れている製品ですが、これは在宅医療が多くなって来ていることも関係していると思います。他社との技術連携という点では、たとえば近年ポケットエコーに求められている機能として「残尿量」の計測があります。排泄行為は人の尊厳に関わる部分であり、在宅医療の中でも気遣われる部分なのですが、患者さん自身でなかなか認識できないという場合があるのです。これに対してアプリケーション企業が応えてくれまして、自動的に「残尿量」が計測できるアプリケーションを開発してくれたというケースがあります。これは外部の知見と私たちのプラットフォームを上手く活かして改善できた共同開発事例だと思います」

――オリンピックのパートナーシップを経て、アスリートから得られる様々なデータが日常生活者のソリューションにフィードバックされるということもあるのでしょうか。

「オリンピックに出場してくる選手は身体的能力の高い人たちの集まりであるため、ベースとなるものが違うところはありますが、たとえば私たちの北米での事例では、ＮＦＬと提携していかに選手の脳挫傷を起こさないように予見していくかということを長年

アスリートの健康を管理するアスリート・マネジメント・システム（AMS）は更なる進化を遂げ、コロナ禍で行われた2020東京五輪では、遠隔によるアスリートのコンディション維持のサポートを実現

共同研究をしています。健康な人や身体的信頼度の高い人たちに対する医療をひとつのベンチマークとして医学が進むということもあるのだと思います。アスリートのような強靭な身体を持つ人たちでも怪我をしてしまう。こうした人たちが短期間で復帰するには高度な医療が必要となり、そうした高付加価値の医療が進化をするという点もあります。そうした意味でもスポーツ医学の重要性はあると思います。何より、人生において健康なくして豊かな人生を送ることや、人生における目標を果たすことはむつかしいと考えています。そのためには今までの断片的な医療ではなく、生まれてから亡くなるまで見守っていけることが医療に求められていくと思いますので、私たちの『プレシジョン・ヘルス』の考え方とともに、そうした意味での進化を追求していきたいと思います」

プレシジョン・ヘルスにおけるスポーツビジネスのポジショニング

――『プレシジョン・ヘルス』における、スポーツビジネスのポジショニングについて伺って行きたいと思います。日常的な健康管理や安全対策から、トレーニングやパフォーマンス向上などへの活かし方、貢献についてお聞きできればと思います。

「一般的な生活者がスポーツクラブや健康診断などに行った際に血圧や体重などを測定したとしても、これらはその時限りの計測数値でしかありません。今後の医療における常日頃からのモニタリングの重要性を考えると、ウェアラブルやスマートデバイスというものが鍵になるかもしれません。しかし、現時点ではそれらのセンサーからもたらされるデータが信頼性を含め、医療としてどの程度活用できるのかについてはまだまだこれからであると思っています。

しかし、間違いなくこれらの活用は進んでいくはずです。そして、未病の状態で得られるデータと、病になってからの医療間のギャップは急速に埋まっていくと思います。その先に、一人ひとりに合った診断や治療、モニタリング、健康管理というループが回り始めるのだと思います。現在でも広い意味での診断は最高の診断かもしれませんし、最高の治療を受けることができるかもしれません。しかし、それは断片的なもので、個別化された診断や治療ではないわけです。やはり、それをその人個人に合ったものとして繋ぎ、一貫性あるものとするためには、情報をリアルタイムで共有できるテクノロジーが必要であると考えています」

――確かに現在はかかる医療機関ごとにカルテが存在し、情報は一元化されていません。新たに医療機関にかかれば、誰もが過去の診療結果も踏まえた上で診断をしてもらえることが理想的だと思います。しかし、現実には難易度の高いことであると想像がつきます。データ連携の部分だけを考えても、どのように進めていくべきであるのかも大きな課題になりそうです。

「その人の医療に関わるデータの所有者は誰なのかという議論が必要になります。私はデータの所有者はその人個人であるべきだと思っています。現在でも個人が日常において計測した血圧や体重など、個人のレベルで所有しているデータはあります。一方で、どうしても医療機関が保有している重要なデータも多く存在します。今後はテクノロジーやデバイスの進化によって個人が保有できるデータも増えていくと思います。それに伴って個人の情報資産管理が必要になる時代も来るのではないかと思います。健康情報という資産を金融機関に預けるかのように運用する時代では、アドバイスを受けるために自分の持つデータや情報を共有し、情報提供を受けた医療機関では、分析や事例の蓄積などに活かし、診断やアドバイスという形で返すという循環。もっと言えば医療機関だけではなく、スポーツクラブやその他の機関でもその人に合ったものが受けられるようになることが、ヘルスケアのあるべき形なのではないかと思います。現在実現できているのは、その入り口に過ぎず、データ連携も日常的なデータの取得も始まっていません。10年以内くらいには環境が整って来て、個人が自身の経年データを保有できる時代になるかもしれません。その後は、データをどのように活かしていくかが次のステップになります。個人によって、健康という資産をいかに活かそうと考えるかによって、健康寿命が変わって来るような将来もあり得るかもしれません」

——医療の真のパーソナライズの世界も、そうしたところから見えて来るのかもしれないと。

「本当に一人ひとりに合った医療を、様々な医療機関から提供してもらうためには、素地が整っている必要があります。これまでは、ある母集団における平均的な診断、平均的な治療、万人に効くような治療法がなされることが多かったわけです。しかし、ある特定の人にのみ有効な、個別化された薬、治療なども登場して来ています。そうしますと診断もさらに個別化されていくと考えられます。そのためには、病気になる前からの情報を個人が取得できるようにするところに、ヘルステックとしての貢献できる可能性があるのではないかと思います」

――今のお話と、先ほどの2020東京オリンピックでGEヘルスケアとして経験された、いかに遠隔で運用できるのかといったノウハウもリンクして来るのではないかと思います。スポーツには地域性という特徴もあります。スマートヘルスとスポーツ、地域性の関係性は非常に親和性のあるものに思えます。

「オリンピックの会場では、競技場も一ヶ所ではなく、様々な会場で多くの競技が同時進行します。そこではいつどのような医療が必要になるかは分かりません。そのような環境で効率的に選手のケア・管理をしていくにはセントラルで行うことが重要で、リモート管理の技術は自ずと必要となるテクノロジーであったと思います。仰られるように、オリンピックでの運用は、先ほどのモデルの縮図のようなものであり、地域性に関わる課題とも高い親和性があるのです。これは日本の医療も同様ですが、同じ地域にいても医療が必要となる事象や場所は様々です。その中でどこにいても質の高い医療が受けられる環境を作り出すには、本来であれば人も物も充実させる必要があります。しかし、すべての地域でそれが可能になるとは限りません。ダ・ヴィンチ（※4）に代表されるようなリモートを使った医療技術には、その地域による医療課題を解決する可能性を秘めています」

スポーツビジネスとヘルステックの未来

――スポーツビジネスとヘルステックの未来についてお聞きしたいと思います。スポーツビジネスはヘルステックとの親和性もあると考えられますが、スポーツビジネス自体について、どのような可能性があるとお考えでしょうか。

「少子高齢化社会において要介護となる原因疾患は脳卒中、心不全に代表される循環器病となっています。それらの予防には運動が非常に重要です。しかし、何のモチベーションもなく運動を続けることは難しいものです。私は水泳を15年継続していますが、その点でスポーツは運動のための動機を与えてくれるものがたくさんあります。身近なところからウォーキングやランニングから始める方も増えています。30年前は日本でもこれだけ日常的なランナーが増えるとは想像もしていなかったと思います。２００７年に始まった東京マラソン以降、皇居ランをはじめとしてランニングブームとなり、その後定着しています。健康のために始めたスポーツが、モチベーションを喚起し、より自分の目標に到達したい、そのためには健康でありたいという好循環が生まれるのがスポーツの良いところだと思います。こうした好循環が健康寿命を延伸させ、日常的な健康管理も促進させるはずです。日本においては今後スポーツやスポーツビジネスに求められる要素は非常に大きいと考えています」

――今後のスポーツビジネスとヘルステックを繋ぐ鍵となる要素があるとすれば、それはどのようなものであるとお考えでしょうか。

「やはり医療もスポーツもビジネスも、中心にいるのは〝人〟であり、ヘルステックが繋ぐものは何なのかと言えば、それはまさしく〝人〟なのかもしれません。人の人生そのものに寄り添っていこうと考えると、まだまだ埋め切れていない領域というものがたくさんあります。病になる前からの医療という考え方がヘルステックの未来であることもそうですし、日常的な健康管理にモチベーションをもたらすスポーツ、そして自身の健康状態を経年的に見ていけるテクノロジー、そしてそれらの健康情報を医療機関や様々なところで共有していく仕組み、それらが重なる部分を持ちながら異なる領域をカバーし合い、社会の健康増進に繋がっていくと思っています」

――今後のGEヘルスケアのビジョンについてお聞きしたいと思います。

「やはり私たちは『プレシジョン・ヘルス』を目指していく企業であり続けたいと思っています。一人ひとりに合った、質の高い医療をいかに効率的に提供していくか。少子高齢化の進む日本では在宅医療の向上も重要ですが、それには患者さんが病院に来てから始まる医療から、医療がむしろ患者さんに近づいていく医療への転換。これが今後の医療の姿ではないかと思っています。より患者さん、より人に近い医療を目指すことが私たちのビジョンです」

――GEのオリンピックにおける取り組みが、今後のヘルステックの可能性に直結していることが理解できたお話でありました。『プレシジョン・ヘルス』がより具現化されていく過程では、GEヘルスケアが中心となって様々な企業やテクノロジーとの橋渡しをされていく姿に大きな期待を感じました。本日はお忙しい中、貴重な機会をいただき、ありがとうございました。

（取材日・2022年9月13日）

（※1）ブリリアント・ホスピタル…リーン生産方式とデジタル化により、無駄を減らす効率的なモノづくりの手法を医療現場に応用し、病院内の機器や医療従事者、患者などに関する様々なデータを収集・分析する事で潜在的な課題を可視化し、コスト削減や生産性の向上を実現する事により病院運営の改善を目指す構想

（※2）アセット・パフォーマンス・マネジメント（APM）…それまで人手や時間のかかっていた院内の資産（アセット）状況の把握を自動で行うIoTサービス。機器に取り付けたセンサーで状況を把握、稼働率の低い機器などを洗い出し最適化を行う

（※3）リーン生産方式…製造工程におけるムダを排除することを目的として、製品および製造工程の全体にわたって、トータルコストを系統的に減らそうとする生産方式。トヨタ生産方式を研究して編み出されたとも言われる。「贅肉のとれた」の意である英単語のLean（リーン）から命名されている

（※4）低侵襲ロボット支援手術（ダヴィンチ手術）…高画質で立体的な3Dハイビジョンシステムの手術画像のもと、人間の手の動きを正確に再現し、精緻な手術を行うことができるロボット手術機器。術者はリモートコントロールによっても施術が可能。

10 REAL CASES OF INTERVIEWS

10

国内最大の総合電器メーカーから生まれる、世界水準の総合アスレチック・カンパニー

パナソニック スポーツ株式会社

Takeshi Kubota

久保田剛

パナソニック スポーツ株式会社

代表取締役社長 CEO。1968年生まれ。香川県出身。大学生時代、広告代理店の関連会社でスポーツイベントのアルバイトを経験。これをきっかけに、NTT アド、ソニーの広告会社などで、オリンピック、FIFA ワールドカップ、Jリーグやトライアスロン、ゴルフ、テニス、バドミントン、社会人野球などさまざまな競技のスポーツマーケティングに関わる。2010年11月からJリーグ 大宮アルディージャ取締役事業本部長。2019年9月パナソニック株式会社企業スポーツセンター（当時）所長に就任。2022年4月より現職。

introduction

2022年4月、パナソニックグループはパナソニック スポーツ株式会社（以下、パナソニックスポーツ）の発足を発表した。コーポレートスポーツチームである埼玉パナソニックワイルドナイツ（ラグビー）、パナソニック パンサーズ（バレーボール）に加え、パナソニックスポーツの子会社となった株式会社ガンバ大阪が運営するガンバ大阪（サッカー）を、事業化チームとしてチームの強化と運営、ホームゲームにおける興行などを行い、またパナソニック ホールディングス株式会社から、パナソニック野球部、パナソニック女子陸上競技部の運営を受託し、チームの強化を担うなど、スポーツ事業を専門とする企業である。なぜこのような企業を誕生させたのか。そこには未来に向けた知見の集約とグループシナジーによるニュービジネスの創出という狙いがある。プロクラブで効果を発揮したデジタルマーケティングのノウハウによる保有クラブやチームの運営向上、さらには教育現場へのサービス提供や社会貢献といった地域を含めた仕組みの構築にも可能性を見出しているという。言わばスポーツと技術・社会など、より大きな枠組みに対する〝変革者〟としての役割を担う。スポーツの社会性を引き上げることで、より持続可能なビジネスに成長させるというビジョンを描く、パナソニックスポーツの挑戦に迫る。

パナソニックのスポーツについて

――まずはパナソニックのスポーツについてお聞きしたいと思います。パナソニック スポーツ株式会社が立ち上がり、ラグビー、バレーボール、野球、女子陸上、そしてプロフットボールクラブのガンバ大阪という競技体を運営していくことになりましたが、まず各競技を取り巻く環境についてお聞かせいただけますでしょうか。

「今回パナソニックスポーツとして一つの企業となりましたが、マネジメントしていく競技によっても状況にはかなり違いがあります。ガンバ大阪はすでにプロのフットボールクラブです。ラグビーはリーグワンに所属するチーム、バレーボールはVリーグに所属するチームであり、現実的な事業化の計画が可能です。野球部や女子陸上部については外部収益を上げることが難しい領域です。しかしながら、女子陸上は秋（２０２０年10月）の予選会で優勝した姿がテレビ放送で全国中継されたことを見ても分かるように、企業ＰＲとしての価値を持っています。今後はメディアへの露出を戦略的に捉え、社会や会社の中に価値あるものとして提供することにチャレンジしたいと思っています。プロスポーツもアマチュアスポーツも、企業との関係性があって支えられている事実を受け入れながら、資金面で企業に支えられるだけではなく、地域とのより深い連携や企業における価値をしっかり表現できる体制を整える必要があります。その過程で事業化できるところは、より外部収入を向上させ、パナソニックにおけるスポーツ全体の価値向上を目指す考えです。

10月、国立競技場でラグビー日本代表とニュージーランド・オールブラックスとの試合があり、6万5000人以上の観客がスタジアムに足を運びました。あとワントライあれば日本代表が勝利できるという、世界のトップチームに肉薄した好ゲームを展開しました。日本代表には弊社のワイルドナイツから常時5、6人の選手を出しています。選手を日本代表に送り出すことは選手やチームにとって大変名誉なことではあります。しかし、代表の合宿や遠征を行う数カ月間は試合を含めチーム活動が出来ません。また、ある程度は補償されるとはいえ選手のサラリーのベースは所属チームが負担しているのが実情です。言い換えると、ラグビー日本代表の国際競技力が高いのはラグビーチームを保有する企業が大きな支援をしているからであると言えます。もし今すぐに完全なプロ化をしたならば、同じ条件で60人もの選手を抱え続けることはできません。こうした事実がより理解されるべきだと感じています。各競技の

パナソニックスポーツのクラブ、チームは多様性あるラインナップを誇る

運営上の長所短所を含めてユニークさを認識し、それぞれに見合った成長や企業支援を否定せず進めていくことが重要ではないでしょうか。

日本のスポーツ界は国内の競技力を維持、高める目的もあり、外資による参入などを制限した経緯があります。そうした制限が将来的に緩和されて来ると、クラブへの投資などが促進される可能性があると感じます。現在はIT企業などによる参入が始まっていますが、こうした傾向がもっと活性化すると、おそらく弊社のような、昔ながらの企業スポーツをバックボーンに持つ企業は、今までの感覚では太刀打ちができなくなる時代になると思います。そうした意味でスポーツ界は、ノウハウやビジネスの多様性の観点から、たとえば外資企業による出資を受けてクラブをより大きくし、アジア進出するなどの道も考えられるかもしれません。ラグビーは国際競技力が高い今のうちから、より多くの企業による支援を受け、次なるステップとして自分たちで企業の支援を維持、あるいは低減化しながらレギュレーションによる課題をクリアし、外部収入を上げるような仕組みを構築することが重要だと考えています。

バレーボールも非常に人気があり、ツイッターやインスタグラムなどのSNSのフォロワーを見れば、国外のファンが相当数存在することが分かります。日本代表が東南アジアなどへ遠征に行くと、タイやフィリピンではアリーナが満員になるケースが多々あり、どの国でも、まるでアイドルグループのコンサートに比肩するような熱狂ぶりです。こうした海外のファンを獲得することは、とても重要だと思いますが、機会や傾向を上手く活かし切れているとは言い難い現実があります。

日本のバレーボール協会やVリーグのウェブサイトには英語をはじめとした外国語の用意がなく、アジア圏の市場を睨んだ対応もなされていません。どのスポーツについても、現在の枠組みを変えていくには大きな力が必要であり、多くのステップを踏む必要があります。そのためにはスポーツビジネスに関心を抱く方々や、投資意欲のある方々に対してスポーツビジネスの持つポテンシャルをしっかり伝えていきたいと考えています」

各競技、クラブ・チームの状況について（ガンバ大阪…サッカー）

――各競技が置かれている環境についてお話いただきましたが、それぞれの状況についても少し詳しくお聞かせいただけますでしょうか。

「ガンバ大阪は2022年、J1の残留争いをしていて、次の試合で運命が決まる状況にあり（その後残留が確定）、2023年以降はフットボールを中心に置き、よりチーム自体を強化していく必要があると感じています。今までパナソニックはガンバ大阪に対して、良くも悪くも関与が少ない、そんな関係性でした。そこを当社は前身であるスポーツマネジメント推進室のころから、まず事業面を整え、ビジョンの再定義からクラブエンブレムの変更、マスコットキャラクターの追加といった上位概念のマーケティング的な部分でサポートしてきました。一方で、チーム強化など競技面が上手く回らなかったのは事実です。やはり経営面とチームの強化は両輪であり、そうした意味で、来季はよりチーム強化とマネジメントにフォーカスする計画です。それが〝フットボールを中心に置く〟という意味です。語弊があると良くないので付言しますが、これはクラブに対してパナソニック側がより関与を強めるということではありません。スポーツ専業企業である当社が参画することで、より統合的にサポートの得やすい形で運営するということであり、実際にそのような体制を整えていきます。同じ大阪を拠点とするセレッソ大阪でもスタジアムの改修や育成部門の改革、その他の競技など多角的なチャレンジを行っています。私たちはセレッソに先んじること数年前に吹田に新スタジアムを建設しましたが、その後、クラブとしての中長期の将来構想などについて、メッセージを発信できていなかったと思います。こうした部分は、パナソニック スポーツ株式会社として統合されたことで、打ち出していけるものが出て来ると思います」

各競技、クラブ・チームの状況について（パナソニックワイルドナイツ…ラグビー）

「ラグビーのワイルドナイツは、リーグワンのクラブでも非常に人気のあるチームになっています。稲垣啓太選手、堀江翔太選手、坂手淳史選手など、いつも日本代表候補には10人上が選出され、ワイルドナイツのキャプテンである坂手淳史選手は日本代表でもキャプテンを務めています。他にも先日（2022年10月）の代表選で活躍した山沢拓也選手をはじめユニークなタレントがおり、日本代表の中軸を支えるチームとなっています。しかし、先ほども申し上げた通り、事業化ということでは一気にプロ化のステップに進めるという状況ではないと考えており、まだまだ地に足をつけて取り組んでいく必要があります。

埼玉県熊谷市に2万4000人が収容できるスタジアムがありますが、これは2019年のラグビーワールドカップ時に所有者である埼玉県が改修したもので、現在私たちがホームスタジアムとして使用させていただいています。すぐそばに練習場とホテル、レストラン、グッズショップ等を併設した『さくらオーバルフォート』が昨年(2021年8月)完成しました。『さくらオーバルフォート』はパナソニックがすべてを拠出してできたものではなく、ワイルドナイツをスポンサードする企業とともにスキームを組んでつくり上げたものです。おそらく施設

パナソニックワイルドナイツの練習施設はクラブハウス、ホテル、カフェレストラン等も備え、最高の環境が整う

としては、国内のラグビークラブとしてトップクラスの充実度を持っているであろうと自負しています。ラグビーの年間のホストゲームは現在8試合しかありません。私たちはできる限り、ラグビーとファンの間を繋げたいと考えており、一部のサインプレーのために室内練習場を使用するなど以外は、練習施設も普段の練習が見られるようにすべて開放した作りになっています。練習場を挟んでクラブハウスと反対側にホテルとレストランがあるため、ホテルの客室やレストランからも常に芝生のあるラグビーグラウンドに接することができます。このホテルやレストランは、学校や社会人チームのスポーツ合宿にも利用していただけるものになっています。ホテルの部分についてはホテル運営企業に入っていただいており、ホテル側としてもワイルドナイツのネームバリューを活用して運営に役立てるなどしています。クラブに直接出資をしなくても、事業を活かしてチームやクラブの周辺にある部分に対して出資や参加をすることで貢献いただいた一つの事例として面白いのではないかと思います。

日本におけるスポーツは欧州や北米などとは異なり、試合の放映権が非常に安いため、スポンサーシップによる収益が大きくなります。今後はこうした事業を通じたコラボレーションもより多く生み出していきたいと考えています。現在、日本国内におけるスポーツの放映についてはDAZN等が中心になっていますが、たとえばアマゾンなどもありますし、他の配信サービスも登場してくるはずです。スポーツを届ける配信メディアの競争は激化していくでしょう。私たちとしてはクラブを運営する立場として、まずクラブ運営と競技面を磨き上げていくことだと思っています。提供するコンテンツが面白い、白熱したゲームをお届けできるならば、配信メディア側が集まるはずです」

各競技、クラブ・チームの状況について（パナソニックパンサーズ…バレーボール）

「バレーボールは2024年に新リーグを立ち上げる構想が持ち上がっています。大きな影響をもたらしそうであると考えているのは、アリーナの収容人数に関するレギュレーションの導入です。もしそうなれば相当な準備が必要になります。クラブによっては当初条件を満たすことができないケースも出てくるはずです。クラブの事業を拡大・安定させるためには、より多くの出資が必要となり、地域との連携をこれまで以上に図っていくこととなります。パナソニック パンサーズはワイルドナイツ同様に日本代表選手が複数名在籍する強いチームで、本拠地は大阪府枚方市なのですが、私たちは数年前から沿線におけるプロモーションを展開し始めています。男子バレーボールは、来場者の8割近くが20代から40代の女性です。皆さん応援したい特定の選手がおり、ファンは熱狂的です。競技として男子バレーボールはスピードがあり、プレーがパワフルで迫力があります。興行的に、企業努力がなくても観客がある程度入ってしまうという状況ですが、一方で観客の多くは選手に付いているのであり、チームに付いている感覚が希薄であることも事実だと思います。観客の意識をよりチームに向け、地域との連携を深めることで、地域におけるチームの存在を高める方針を取っていきます」

各競技、クラブ・チームの状況について（女子陸上・パナソニック野球部）

「女子陸上は先日の予選会（プリンセス駅伝）で優勝しましたが、11月下旬のクイーンズ駅伝（※1）という重要なレースがありますので、現在はそこに向けた準備を行っている時期です。クイーンズ駅伝は実業団の女子駅伝チーム日本一を決めるレースであり、女子駅伝では全国統一予選会となるプリンセス駅伝とクイーンズ駅伝の組み合わせは毎年注目を浴びます。弊社の駅伝チームは2017年、2018年のクイーンズ駅伝を連覇しました。その後は上位に入るものの優勝から遠ざかっています。特に2021年は怪我人が多く出たために25位という順位に終わってしまいました。2022年は復活を目指し、1年間しっかり準備をしてきたのです。

陸上競技の中でも、マラソンや駅伝は、設備などがそれほど必要ではなく、レース中はずっと社名を出しながら2時間余り中継され続けるということで、上位に食い込めば少ない投資でそれなりに露出を稼ぐことができる競技です。かつ大きな設備投資がかからないために新興企業などでも参加をしているケースが多々あります。その反対に、休部や廃部が非常に多い競技でもあります。ある意味では、そうした休部や廃部は企業スポーツの宿命と言えますが、やはりチーム側としても競技だけをやっていれば良いということではなく、自分達が会社や地域の中でどのような価値を提供し得るのかについて考える必要があります。たとえば地域のランニング教室などへも積極的に参加して健康や教育への貢献もできると思います。弊社の女子駅伝チームは横浜にあるのですが、行政への働きかけなどを行っていて、横浜市緑区や都筑区などでは私たちのアプローチから、一般の方向けにランニング教室を実施したりしています。こうした取り組みを継続することで地域に欠かせざるものになっていけば、私たちに女子駅伝チームがあることで地域と会社を繋ぐ役割をまた一つ果たすことができます。

企業における野球部については、プロ野球との関わりの部分があるために少し複雑な運営を意識する必要があります。それはドラフト会議によって選手が引き抜かれる可能性があることです。優秀な選手がプロ球団に引き抜かれることは喜ばしいことではありますが、重要な戦力が2年、3年おきに引き抜かれてしまうということは、常に選手を補強する必要があることを意味します（※2）。そして、すべての競技について言えることですが、選手のセカンドキャリアについても考える必要があると思います。野球で言えば、企業の野球部に在籍してドラフトで指名されなければ実業団の社会人野球で野球人生を終えることとなり、30歳前後で引退し会社に入ることになります。選手はそれを見越して競技生活をするわけです。当社ではラグビー部やバレーボール部にも社員選手が相当数おりますし、野球や女子陸上部の多くは社員選手です。企業スポーツを軽視する見解には、是非理解をいただきたい部分であると思っていますが、こうした選手の在り方について海外のスポーツ関係者の意見を聞いてみると、引退後を心配せず現役時代には競技に集中できる素晴らしい仕組みであると口を揃えて言うのです」

企業・実業団スポーツという世界について

――セカンドキャリアが保証された状況がそこにはあるわけですね。怪我で一時的にプレーができなくても、社員であるために収入も保証され生活の質は保たれます。それをすべて可能にしているものこそ企業の存在だと思います。選手は安心して競技に注力できると思いますが、こうした仕組みは海外では珍しいのでしょうか。

「日本やアジアの一部の地域特有の仕組みではないでしょうか。競技がプロ化された世界では、選手は企業に所属する社員ではありませんし、パフォーマンスに対する評価によって年俸が決まるなどのシビアな世界となりますが、先ほど申し上げたように、ラグビーなど怪我が多い競技が果たして一足飛びにプロ化することが選手を守ることになるのかというと、もう少しビジネスが成熟する必要があるのではないかと思うのです。さらに言えば、企業スポーツにおけるセカンドキャリアについても課題はあるのです。選手は競技を引退し、会社に入ったとしてもすぐにはビジネスの世界で生きていくことができません。当社では先んじて取り組んでいるデュアルキャリアという考え方があります。これは、現役時代から企業の中で働けるだけのスキルを身につけるというものです。しかし、トップアスリートの中にはそうした備えを〝守りに入る〟と捉えてしまい、競技だけで勝負する生き方を選択したがる選手も少なからず存在します。雇用主たる企業側からすれば、選手も大事な社員です。プログラムの提供に加え、マインドセットの切り替えを啓発していく必要があり、そうした部分を促進させることもパナソニックスポーツの役割であろうと捉えています」

――各競技で選手が他のクラブやチームから移籍をしてきた場合には、社員としての雇用がスタートすることとなるのでしょうか。

「これについてはケースによります。スポーツ採用社員となる方もいますが、移籍してくるような選手は大抵、個別にプロ契約をしている場合が多いです。スポーツ採用社員として入社する場合は、支援のプログラムがあります。選手としての社員という点に関しては、教育の課題も存在していると思います。日本の場合、優秀な選手がスポーツ特待生などで高校から大学などを経て、実業団チームに入った場合、学業や一般的な社会的マナーなどを身につけていないケースが少なくありません。実業団チームでの選手を引退し、雇用元の企業でビジネスマンとして働く場合、ビジネスマナーなどを一から教育し直す必要があり、それらはすべて雇用主である企業の負担と責任になります。言わば、競技生活のみを送ってきた人材に対して、最終的な働き口である企業が教育的な部分を含めてすべてを受け止めている状態です。チームに出資をしているのみならず、人材としても育て、選手のセカンドキャリアまで支援をすることができるのも、企業内のスポーツ部であるから可能になることです。そうしたことに対する社会的な重要性や評価というものが、まだまだ認知されていないと感じています。そう考えると、やはりクラブやチーム名に企業が入っているとスポーツ性や地域などのコミュニティを重視する理念に反するという批判はフェアではないと感じます。企業側は十分すぎるほど社会的責任と資本の部分を背負ってスポーツチームを運営しているのです。だからこそ、私たちはラグビーチーム名を『埼玉パナソニックワイルドナイツ』としているのです。もし、将来的に〝パナソニック〟という名称が外れるタイミングがあるとしたら、クラブの必要経費の多くをパナソニックが拠出している現在の姿から、クラブが独力で相当に稼ぎ出せるようになる時であると思っています」

――地域密着を掲げるJリーグが誕生したところから、スポーツクラブの在り方として、本拠地としての〝地元性〟のようなことが正論となっていったように感じています。チーム名における企業名について言えば、プロ野球もオリックスやソフトバンク、楽天など企業名がしっかりとチーム名に入っています。それこそ、ネーミングライツなどで2軍のチーム名そのものが出資企業名となるケースも過去にはありました。

「プロ野球のチームに企業名が入っていることで怒る人はいないわけです。しかし、Jリーグ誕生後にできたBリーグやVリーグなどでは、企業名が入っていることには違和感があるという話を見聞きします。Jリーグのクラブも、実態として親会社による資本支援なくしては維持が難しいクラブの方が多いわけです。企業性の部分だけを隠しているような印象を受けてしまいます。Jリーグにもまだまだ企業スポーツの〝根〟は多くあるので、そうした部分はフェアに表に出し、リーグの目指す姿と、そのために外部収入をより獲得していく必要性があることを訴求していくことで、むしろ投資を呼び込みやすくなるのではないかと感じます。スポンサーシップや出資を獲得するための各クラブのセールスシートは表面的なものが多く、資本の問題に触れていないものがほとんどではないかと思います」

――各競技の状況についてお聞きしましたが、今お聞きしたところがほぼ企業スポーツ・実業団スポーツと呼ばれる世界に共通するものではないかと思いました。プロの世界とは異なる課題、そして良い部分があります。

「良い部分については先ほど申し上げた選手のセカンドキャリアの部分だと思います。そして、大きなグループ企業であれば、それに伴う社員や家族を含めた巨大なコミュニティがホームタウンとなり、そこに関わる人々を繋ぎ合わせる役割以上のことを果たせるということ。コミュニティやホームタウンというのは、都市部以外の地方だけではないと思うのです。企業の中にもきちんと存在しています。スポーツの存在が逆にそうしたものを気づかせてくれることもあります。私たちは自分たちの手法でそれを表現することであると思います。先日(2022年10月)の女子駅伝部が優勝した時にも、普段は駅伝部とはほぼ接点のないような部門の社員までが我がことのように喜ぶ姿を見ると、スポーツの持つ力の大きさを痛感します。課題となる点はパナソニック社内の結びつきを強くするものである一方、地域のために尽くす必要がありますし、その両面での貢献要素が必要であると思っています。そこに対する根底にある強みは、やはり企業スポーツである故の選手が安心して競技に専念できる環境であると思いますが、企業スポーツが廃れた要因として挙げられる例として、競技がグローバル化し国際的な競争力が上がってくると、国内リーグや競技会で優勝することの価値が薄れ、企業スポーツの枠組みだけではダイナミックさを提供し切れなくなってきたことがあります。そこでプロ化が実現可能となる競技から順に企業スポーツから切り離して検討が始まるわけですが、日本の企業スポーツは企業が守ってきたが故に、競技が実に多様であり、淘汰されずに残っているという側面もあります。今後は競技の国際的な競争力と企業にとっての価値の両面で注力すべき競技が淘汰されていったとしても不思議はないと思いますし、転換点に来ていると思います」

企業・実業団スポーツと〝プロ化〟の間で

「プロ化されなければ競技は継続できないとするならば、すべての競技はプロ化しなければならなくなるはずです。しかし、現実にはプロ化が可能な競技は限られています。プロ化できない競技は無意味であるのかと言えば、そうではありません。プロ化でなくとも、〝事業化〟できる競技であることが重要なのではないかと考えているのです。現在ではラグビーやバレーボールでそれぞれ新リーグが始まり、また始まろうとしているというタイミングです。

サッカーならば年間のホームゲームの数は20試合あり、バスケットボールは30試合ほどあります が、これがバレーボールでは18試合、ラグビーに至っては8試合しかありません。こうした競技における規模やレギュレーションの違いも含め、まだまだ事業化するにはステップがあります。ラグビーなどはチームに在籍する選手の数は60人ほどいますし、怪我をする頻度も非常に高い競技です。こうした競技面での違いを見てもプロ化したからと言って、すべての問題が解決され、JリーグやBリーグのように上手くいくのかと言えば、そう簡単なことではないと思っています。

こうしたことはラグビーに限らず、バレーボールなどでも同様であり、競技によってそれぞれ違う状況や課題が存在します。野球部はプロ野球が存在するために所謂〝社会人野球〟と呼ばれますが、プロ野球は日本国内には12球団しかありません。学生時代を終えて〝社会人〟となった後に野球を継続するものはすべて社会人野球になるわけで、プロ野球に対して圧倒的な数の人が社会人野球をやっていることになります。その意味では、もしかしたら日本の野球文化を支えているのは社会人野球かもしれません。そう考えれば社会人野球が果たせる〝役割〟というものがあるかもしれません。パナソニックは国内外のグループ各社を合わせると、25万人ほどの社員が働く企業です。考え方によってはそうした企業の中もひとつのホームタウンであると思います。企業スポーツは〝古くて悪いもの〟と思われたり、社内の士気高揚が、前時代的であるとか、古くさいという風潮だったりがあるのかもしれません。しかし、約25万人の社員と家族を含めると100万人規模のコミュニティであることを考えると、やはりそうした人々にとって、スポーツが持つ繋ぎ合わせる力や活力を与えてくれる部分を、きちんと価値表現できるのであれば、プロクラブでなくても、パナソニックのコミュニティに関わる人々の必要とする場として成長させていけるのではないかと思うのです。これまで私たちのスポーツにどのような価値があり、会社や社会にどのように貢献ができるのかについて漠然としていたところを、改めて私たち自身を主語に置いてマネジメント、イノベーションしていくことだと思っているのです」

――これまではマイナー競技であっても、企業内の部活や社会人チームとして継続されてきた競技は確かに存在します。

「現在ハンドボールリーグが新リーグの件で問題が生じています。これは2024年秋の開幕を想定している次世代型プロリーグの構想と既存クラブの参入基準、そしてリーグ側が権益やビジネス面をすべて引き受けるという〝シングルエンティ

パナソニックワイルドナイツはNTTジャパンラグビーリーグワン初代王者に輝いた。ラグビー日本代表にも毎年多くの選手が選ばれている

ティ〟の運営方法の内容と決定プロセスについて、リーグ側と既存の有力クラブとの間に、考え方の違いが生じてしまったというものです。プロとアマチュアが混在するハンドボールリーグの中で、新リーグで掲げられている理想が本当に計画されている枠組みで実現可能であるのかについて、やはり企業におけるスポーツとしてそれまで運営してきた事業者側の立場からすれば、懐疑的な側面があるのだと思います。改革自体は大賛成です。ただ、多様な考え方を持つ事業者とのコミュニケーションについては、どこに課題があるのかを明確にした議論が必要であると改めて思い知らされる事象です。これはラグビーやバレーボールからしても対岸の火事ではありません。卓球のTリーグもプロリーグとなってはいますが、実態としての運営は非常に厳しく、Bリーグも赤字となっているクラブが多い状況です。下手をすればみんな失敗して10、20年後にはすべてなくなってしまう可能性すらあるわけです。そのような状況の中で、私たちはスポーツ専業企業としてスタートをさせてもらうことができたわけですが、これはパナソニックとしてスポーツも事業の一つとして生きていく覚悟を決めたということであり、綺麗事ではなく危機感を持って必死に取り組むしかないと思っています。

これにはもちろん外的要因も大きく働きます。ラグビーにリーグワンができ、競技の国際競争力が上がっていくと同時に企業チームの中にも外国籍の選手が入団してくるなど、実際にはかなりプロの世界と近い状況になってきています。そうした状況に対応していくには費用もかかります。そして、企業の中だけで予算と収入を増やしていくには限界があり、一体感醸成などのインターナルな視点から福利厚生への活用、さらには広告宣伝的な要素やCSRや社会課題の解決へと企業スポーツの活用の方法が多様化してきたのですが、そこにスポーツの事業化ということで、自ら稼ぎ出す要素が加わってきており、現在の企業スポーツは進化と同時に複雑化しています。企業スポーツの役割が複雑化する傍で、組織も合わせて変化していけば問題ないのですが、そこには乖離があるケースが多々あります。古いタイプの企業では、福利厚生や労務管理の延長線上ということで人事総務部がスポーツを所管していたり、広告宣伝の観点で広報や宣伝部門が所管したりする場合がありますし、CSR部門などがある企業では、そこにスポーツ部門が含まれる場合もあります。

当社のように複数の競技を束ねる形で事業会社化されているケースは稀ですが、スポーツ専業企業や専任部門をグループ内に置く企業もようやく近年増えてきた印象があります。サントリーはスポーツ事業推進部を、NECも昨年スポーツビジネス推進本部を立ち上げました。ラグビーでは2022年のリーグワン開幕に伴い、「ヤマハ発動機ジュビロ」が「静岡ブルーレヴズ」として株式会社化されましたし、東芝も事業運営会社として「東芝ブレイブルーパス東京」を、NTTは「株式会社NTT Sports X」を立ち上げています。

単体の競技でありますが、株式会社化されたケースはこの他にも本当に増えた印象があります。また、企業スポーツの難しいところは、強いからチームが残り存続しているケースもあれば、強くてもチームが存続しなくなるケースがあることです。パナソニックでもかつて〝オグシオ〟ペアのいたバドミントン部などは全盛期に休部になりましたし、バスケットボールチームが優勝していても休部となった状況があります。現在でも存続していたらBリーグでそれなりの強豪チームとなっていたかもしれません。他にも女子卓球部や女子サッカー部もありましたが、これらはみな休部となりました。これまでのスポーツ運営により危機感を抱くのは、こうした経験もあったからだと言えるかもしれません」

コロナ禍による影響と乗り越えるための努力について

――過去2年はコロナ禍という状況があり、側から見ると競技としてのスポーツは無観客試合などにならざるを得ないこともありました。その間、パナソニックスポーツとしては競技のラインナップは変わらなかったと思います。状況を乗り越えるために、取られた手段などがあればお聞きできればと思います。

「競技自体は変わりませんでしたが、やはり収益的には非常にインパクトがありました。特にプロに近い現場ほど外部収入が減り、影響が大きかったのです。私たちではガンバ大阪が最も影響を受けました。オンラインコンテンツを活用した施策などは行っていましたが、正直、費用を回収できるような規模の収益源にはなりません。その中でスタジアムの利活用のところでは、音楽コンサートを誘致するなどの施策は成功したと思っています。先月（２０２２年10月）も藤井風さんのコンサートを2日間実施しました。芝の張り替えなど問題は出ましたが、リスクを低減して上手く運営できたのではないかと思います。夏（2022年7月）にもFCパリ・サン＝ジェルマンのジャパンツアーマッチを組んで実施したのですが、外部収入ということでは意味があったと思います。招待試合については、ドイツ・ブンデスリーガのアイントラハト・フランクフルトとのプレシーズンマッチも企画しています（2022年11月19日に開催）。これもホームゲーム以外でのスタジアム利用の機会を増やすというチャレンジの一貫です。また、細かなところでは地元のクラフトビール製造所と一緒にガンバ大阪のビールを作るなど、クラブ側でも大きなところから小さなところまで、新たな収入機会の創出を本当に粘り強くやっています。NFTを利用したビジネスに乗り出すクラブが出てきていますが、そうした新しいテクノロジーを活用したものについては、チームに魅力があればどのサプライヤーとも組むことができるはずなので、自分たちでその領域のインフラを慌てて整える必要はないかと考えています。また、そうしたイノベーティブなサービスが欧州などの成熟市場で一般化した際には、必ずこちらにもその流れが来るはずです」

——先ほどスタジアムの利活用のお話がありましたが、パナソニックスタジアム吹田は2015年にできた非常に洗練されたフットボール専用スタジアムです。パナソニックスポーツにはフットボール以外の陸上などの競技もあることを考えると、トラックを備えた総合的なスタジアムとする可能性もあったのではないかと思われますが、フットボール専用スタジアムとしたことには何か理由があるのでしょうか。

「確かにスタジアムの利活用の課題はコロナ禍を受けてより鮮明になったことではありますが、パナソニックスタジアムについては、フットボール専用で、陸上競技はもちろんのことラグビー兼用にもしていません。はやりフットボール専用であることは観客席とピッチの距離も近く、臨場感が違います。顧客体験を最優先したということだと思います」

ガンバ大阪のホームスタジアム、パナソニックスタジアム吹田は欧州の香りを持つ洗練されたフットボール専用スタジアム　©GAMBA OSAKA

――余談ではありますが、パナソニックスタジアム吹田内の雰囲気は、ロンドンのスタジアムに通じるものがあります。

「作りの影響にもよるのかもしれませんが、ロンドンのプレミアリーグのスタジアムに雰囲気が似ていると感じます。トッテナム・ホットスパーのかつてのスタジアムであるホワイトハートレーンやチェルシーFCのスタンフォードブリッジなどです。収容人数が4万人ほどなのでサポーターが入った時の〝こもり〟感や歓声の反響音が心地よく、設計にこだわりを感じます。竣工から約6年ですが、現在も十分日本国内のトップスタジアムであると思いますし、西日本にはフットボール専用スタジアムが少ないので、今後のモデルになっていけば嬉しいですね。

国際Aマッチを開催するには4万人ほどの収容人数が条件となり(※3)、パナソニックスタジアム吹田はその基準を満たすスタジアムであるものの、施設としてそれだけ大きい箱となり、通常のリーグ戦やカップ戦で4万人の観客席を常に埋めることは現在の日本のサッカー界では非常に高い壁です。しかし、逆に言えば4万人近くを埋めるクラブとなるならば、それはアジアで勝てるクラブであり、アジアの大きな市場に出ていけるビジネスを持ったクラブであるという逆算が成り立ちます。そこを意識すべきであると思っています」

パナソニックスポーツの設立経緯について

――スポーツマネジメント推進室から分社化され、パナソニック スポーツ株式会社が誕生しました。この設立経緯について改めてお聞きしたいのですが。

「パナソニックグループ自体が、自主責任経営を徹底し競争力を強化しようと事業会社化という新体制を進めたことと、外的環境の変化によることが大きな要素としてあったと思います。ラグビーやバレーボールのプロ化や事業化が見えてきたこと。そうした外部の変化に対応するために意思決定の迅速さをもたらし、スポーツの軸で物事を検討することが重要な局面に対応することができるような体制が重要だと考えています。たとえば、選手のパフォーマンスが上がらない場合や、重要な選手が怪我をしたりして、急遽の補強が必要となった際に、これまでであれば幾重にも社内調整が必要であったところが、現在は何かあれば私のところで判断し、速やかにアクションに移ることが可能になりました。選手の獲得などでは、複数のクラブが競合することが珍しくありません。そのような時にはいち早く具体的なオファーを提示することが決め手となることが多々あります。そして、やはりガンバ大阪を含めて現在私たちが運営する5つの競技を合わせると、事業規模として100億円を超えるものとなります。それほどの規模のスポーツ会社というものは、日本ではプロ野球以外にありませんので、複数競技を運営しているとは言え比較的に財務的にも安定している方だと言えます。そして、企業グループ内であることでファイナンスなどのセントラルな機能が揃っているために、安心して経営に専念ができるのです。

また、私たちが運営する5つの競技はそれぞれシーズナリティが異なり、夏季中心のスポーツから冬季中心のスポーツまであり、年間を通じてパナソニックブランドを露出・訴求できるポートフォリオになっています。露出については広告換算の指標を採用していますが、親会社からの支援に対する貢献ということで年間ではかなりのボリュームで〝パナソニック〟を外部に表出する機会を創出しています。このポートフォリオの考え方があることで、たとえば今年はガンバ大阪が苦しくても、ワイルドナイツが強い求心力を持っているために、パナソニックスポーツとしての競技の露出度は保たれているのです。これがもし1つの競技だけであれば、その時のコンディションによって露出度は大きく上下してしまいますが、5つの競技があれば必ずどこかコンディションの良い競技があるので相互補完ができます。スポーツマネジメントの世界ではビジネスの規模が対外的に見えている企業価値と、実際の運営している経営の規模というものが必ずしも一致しません。寧ろ乖離している場合の方が多いくらいなのです。そのような意味では、事業規模としては100億円程度であったとしても、実際の影響度でいくとかなりのものがあるのです。分社化されたことで先ほどの意思決定の迅速さを手に入れたことと併せて、今後はこのポートフォリオを活かすことも弊社の強みにしていきたいと考えています。

バレーボールなどは、事業化をより進めた新リーグが2024年から始まる予定で、これに伴う対応の検討が必要です。アリーナ建設は100億円単位の費用が必要となります。バレーボール単体では事業費用が10億円に満たない規模のスポーツチームが100億円規模の予算を工面することは非常に困難で、親会社やオーナーシップを持つ企業が勝負をかけて出資するなどのケースでなければ救済が難しかったと思いますが、たとえば半分は親会社の拠出でもう半分は市中からの獲得売上やスポンサーシップなどのファンドされた費用で拠出し、将来的に利益を返していくスキームを組むなど、資金繰りの面でももう少し幅広く考えられるような環境になってきています。そうした発想は、私たちが独立会社であるために可能になっているものです。もし企業内の一つのスポーツ部門であったなら、本社の考え方の枠を出ないものになってしまうと思います」

――パナソニック スポーツ株式会社の前身であるスポーツマネジメント推進室が発足する時の取材記事を拝見した際、当時の部門長は2029年までに周辺事業を含めてスポーツ事業を300億円規模のビジネスにすると話されていました。スポーツ事業本体で150億円、周辺事業で150億円の合計300億円という構成でありましたが、このビジョンはその後も変わっていないのでしょうか。

「数字的な事業目標は変わってはいません。ただ、付け加えさせていただきたいのは金額の規模ではなく、事業としての安定度を意識したいということです。それには運営の中身が重要で、事業化の可能性が描けているバレーボールとラグビーで半分ほどの割合を占めるところまで成長させたいと思っています。仮に10年後、周辺事業を別としてスポーツ事業本体だけで150億円くらいの事業規模になっていれば、それは一つの成功ではないかと思います。現在、クラブの単体収入が100億円を超えるチームが国内に存在すると言っても、その内訳はオーナーがそのほとんどを拠出してクラブの売上として計上している格好ですので、複数競技を運営してスポーツ事業で純粋に外部収入を上げて運営し、150億円の規模となるならばそれは画期的だと言えると思います。少し話がずれますが、たとえばFCバルセロナは日本円で5000億円くらいの企業価値とされていますが、実際にはもっと価値があるのではないかと思えるのです。人の目耳や関心という意味でも、世界に数億人ものツイッターフォロワーが存在するようなチームの価値が5000億円というのは低いのではないかと思います。日本におけるスポーツクラブの価値などを見ても、鹿島アントラーズをメルカリが20億円前後で買収するなど、数字的な価値と社会的な影響度としての価値が全く一致していると思えない状況です。そのような状況が成立してしまうのは、それまで企業が行ってきた投資を回収するなどの思考があまりなかったのではないかと思います。スポーツの世界では成績を維持・強化していくためには稼いだお金の中からある程度、今後のための強化費用を捻出し再投資を継続していくことが必要となります。それには継続性が重要ですし、長年上位を争ってきたクラブであれば当然過去から現在に至るまで継続した投資がなされてきたはずです。鹿島アントラーズの評価額については、外部から見ればそうした過去の蓄積の部分はあまり考慮されていないように思えてしまうのです。

投資という観点で言えば、先日、ジャパネットとお話する機会を得たのですが、彼らは現在長崎の駅前再開発としてスタジアムシティというスタジアムとホテルやショッピングモール、オフィスなどの複合施設を作るという巨大なプロジェクトを進めています。彼らはJリーグとBリーグの両方にクラブを持っていますが、しっかりとスポーツを中心に置いている印象を受けました。その延長線上でスポーツの持つ求心力を最大限活用しようとしていると努力している一方で、スポーツが持ち、生み出すものに関する無形の価値のようなものが、やはり数値化されておらず、お金に直結しない面があるという同じ課題意識を持っていました。これまでは企業が支えてきたために問われなかったことも、競技がプロ化し独立採算となると非常に大きな価値の収益化の機会損失をしていることに直面するはずです」

パナソニックという企業の文化、技術力、スポーツとのシナジー

——ここで、パナソニック全体についてもお聞きしたいと思います。松下幸之助氏が創業した松下電器、つまり現パナソニックは、日本最大の電機メーカーです。数多くのグループ会社を抱えています。企業文化や技術力、パナソニックグループの強みのようなものはどのようなところにあると思われますでしょうか。

「私自身はパナソニックグループに来てまだ3年半という立場ですが、これまでのキャリアにおける企業との比較という意味で言えば、やはり人を大事にする企業であると感じます。これまで在籍した企業がそうでなかったというわけではありませんが、経営理念や創業者の松下幸之助氏の話などは常に耳に入ってきます。そうした教育などがずっと大事にされ、培われてきた歴史ある企業であることを感じています。この企業で働く人たちの意識に、企業や製品を作る前に〝人〟をつくることがベースとしてあるのだと思います。もちろん組織には上下関係がありますが、比較的誰もが意見を言えるような環境です。

事業領域は驚くほど広いものがあります。もちろん過去には選択と集中によって取り組まなくなった事業もありますが、それでも家電製品はもちろん、住宅・建材・建具、産業機器や機械、電池や産業系の小さな電子部品、またそれら単体の製品を組み合わせたシステムやソリューション事業など、日常生活でパナソニックの製品に触れずに生活を送ることはほぼ不可能であるといっても過言ではなく、このような企業は日本国内を探してもなかなかないと思います。そして、今回それぞれの製品領域の強みを保持しながら、大きくなった企業組織を事業会社化し、それぞれの向き合うべき領域で勝負をするという分社化戦略を取ったのです。当然ながら、これは今後数十年を睨んだ経営判断であると思います」

――消費者向けから産業用まで、パナソニックの製品は本当に多岐に渡っています。

「スポーツ領域で活用されている製品もたくさんあります。ご存じの通りパナソニックはオリンピックのトップスポンサーを務めており、国際放送機器システム、プロジェクターやカメラなどのAV機器ソリューション、セキュリティーカメラといった最先端の技術が大会を支えていますし、これら製品は各国の主要なスポーツ施設でも活躍しています。もちろん国内各地においても、AV機器やそのソリューション、セキュリティーカメラをはじめとするシステムやLED照明などがスタジアムやアリーナといったスポーツ施設で使用されています。阪神の甲子園球場のカクテル光線を生み出すLEDのナイター照明は有名ですが、(2022年)7月には北海道で建設中のエスコンフィールドの照明や総合演出機器、パナソニック・クラブ ラウンジ設置のパートナーシップが発表されました。また、ソフト面を含めたビジネスも広がりを見せており、たとえば試合の映像をクラウドサービスに乗せ、そこで編集して映像を配信するというサービスもあります。そうなると中継車が不要となり、メディア側の企業には大きなメリットが出ます。そうしたITを活用したコンテンツ領域のサービスにもいち早く取り組んでいます。

こうした事業が展開される過程においても、私たちパナソニックスポーツというスポーツ専業会社ができたことは、よりパナソニックという存在がスポーツ領域で意識され、連携しやすくなるのではないかと思っています。また、そうしたパナソニックの技術の蓄積が活かされている私たちのパナソニックスタジアム吹田などは、実験の場として活用されていくでしょう。これは技術と製品を体感するショーケースとしてパナソニックの強みとなると思います」

――それこそ、スポーツ領域は様々な要素がありますので、パナソニックスポーツが成果を出すに従って、たとえば建物のパナソニック ホームズやエレクトロニクス、エンターテイメントなどグループ内の他の多くの事業の参入余地を広げることになるのではないかと思います。

「仰る通りだと思っています。現地におけるスポーツの観戦環境の面では、パナソニックグループでほぼすべてを提供することが可能ですので、使用されている設備や環境の品質に満足いただければ他のスタジアムやアリーナなどでも導入検討に繋がる可能性が出てきます。スポーツの施設は大きなものであり、長年使用されるためリカーリングビジネスの点でも期待されているのではないかと思います」

ガンバ大阪の成功モデル

――ITやデジタル領域のお話に及んできましたのでお聞きいたしますが、ガンバ大阪では近年デジタルマーケティングを活用し、クラブ経営にインパクトを与えるモデルに育てられているとお聞きしました。近年始まったJリーグIDを活用し、一度スタジアムに来ていただいた方に再び観戦に来ていただくためのアフターフォローや、地域との連携に役立てるなどの施策に着手されていると理解していますが。

ガンバ大阪は、効果的なマーケティング施策によってJリーグクラブで最も早く20万件以上のJリーグ IDを保有するクラブとなった　©GAMBA OSAKA

「基本的にはそのような仕組みであり、これはパナソニックスポーツとして手がけているものです。クラブ内のリソースは限られますので、それまではデータがあっても使いこなせていないという状況がありました。そこに私たちが入って、きちんと分析をして次のアクションをするということを始めたのです。行っていることは何か変わったことをしているわけではなく、エリアマーケティング含めマーケティングの王道的なアプローチです。スポーツは経験商材でもあるので、優待や招待などのキャンペーンも使い分けながらロイヤリティを高め、顧客獲得と単価引き上げを狙っていきました。これがある程度成果を出してきています。JリーグIDの活用はどのクラブでもやっていますが、私たちは他のクラブに先駆けて着手できた実感はあります。しかしながら、コロナ禍によって無観客試合などの状況が生まれ、積み上げた成果とロジックが崩れた部分もあり、もう一度仕切り直す必要があると思っています。幸い最近は若干の回復が見られて、J1残留がかかっていたということもあるかもしれませんが、2022年リーグ最終戦はチケットを完売することができました。声を出して応援できるエリアが限られている関係で対応を取る必要から、スタジアムの満席である4万人とはいきませんでしたが、それでも2万8000人ほどの観客に来場・観戦いただけたことは前向きに捉えています。前述のラグビー日本代表とオールブラックスの試合では6万5000人がスタジアムに足を運んだわけで、やはり人々はスポーツ観戦に対する飢えを持っており、今後はデジタル視聴による観戦が主流になるのかと言えば、そうとも言い切れないと思っています。逆にスポーツの持つライブ感やカタルシスといったものが見直されていくのではないでしょうか」

――ガンバ大阪で取り組まれたデジタルマーケティングによって、20人万以上のJリーグIDを獲得した初のクラブとなりました。メールマーケティング、リードジェネレーション、シナリオを使ったリードナーチャリングなど、これらを見るとデジタルマーケティングを一つひとつきちんと実行して来ていることが見て取れます。

「パナソニックスポーツが立ち上がる前のスポーツマネジメント推進室では2つの源流がありました。一つは所謂、企業スポーツを統括してきた部門で、企業スポーツセンターというセクション。

バレーボールとラグビー、野球がここに属していました。そしてもうひとつはオリンピック・パラリンピック推進本部の一部を出身母体とした組織。このメンバーがガンバ大阪のデジタルマーケティングのサポートをできる能力を持っていたことは幸運だったと思います。今後はガンバ大阪での知見をバレーボールやラグビーに移植していくことを考えています」

――そのような動きを取れるのもパナソニックスポーツとしてセンタライズできたことの良さではないでしょうか。

「仰る通りです。しかし、観客動態や利用できるキーファクターなど、地域や競技ごとに特性がありますので特定のモデルがすべての競技に適用できるものでもないところが難しいのです。そこは丁寧にやっていく必要があります」

「地域」と「スポーツビジネス」の状況について

――パナソニックパンサーズの本拠地は、ひらかたパークのすぐ近くにありますね。アリーナの近くでは沿道にずっとパンサーズのフラッグが掲げられています。

「よくご存知ですね。信じられませんが、2年ほど前までは本拠地地域でありながら露出もほとんどなかったのです。私が着任した時に徹底的にホームタウンとして盛り上げると決め京阪ホールディングスと協力関係を結び、地元の後援会の方々と一緒になって徐々に露出を増やし、枚方公園駅からアリーナまでの沿道のフラッグを、ここ1年ほどで設置してきました。京阪の協力を得られたことは大きく、沿線地域を盛り上げて行こうということで、京阪電車の媒体をたくさん利用させていただいていて、現在では京阪電車に乗ればパンサーズの何らかの告知は目にしますし、枚方公園駅もまるでパンサーズの駅のようになっています。京阪ホールディングスといろいろお話しさせていただいたところ、関西の私鉄で唯一プロスポーツチームを保有したことがないとのことで、ユニフォームの背中にも企業ロゴを掲出いただくなど深いリレーションを作って行っています。

ラグビーのワイルドナイツも同様に本拠地の熊谷ではかなり露出が増え、目に見える形で私たちの活動が伝わり、拡張して行っている様子が分かります。やはりパナ

パナソニックパンサーズと京阪ホールディングスとの地域社会発展のためのパートナーシップ協定締結の様子<左から、清水邦広選手、南部GM、久保田社長、京阪ホールディングス（株）江藤執行役員、同：高柳部長>

ソニックスポーツができたことで、各チームの状況にきちんと向き合い、それぞれの状況に応じた手を打てるようになったことは非常に大きなことだと思っています。地域の方々との協働し、状況を把握しながら正しく成長させていく方法を模索するということが重要だと思います。

昨年、スーパーラグビー（ニュージーランド・オーストラリア・フィジーの3か国から計12のプロチームが参加するラグビーユニオンの競技会）のクイーンズランド・レッズと提携を結び、トップチームが1年ごとに行き来して定期戦を行うことになりました。これは企業が支える日本ラグビーの国際競技力が高かったことが大きな要因となったと思います。この提携のポイントは、お互いにフェアな内容で契約を締結していることにあり、私たちが彼らを招聘するために高い費用を使う必要がない仕組みになっています。これはサッカーで見られるような欧州の有名クラブがオフシーズンにアジアに出稼ぎに来るようなツアーや遠征とは異なり、お互いにレベニューシェア（売上の共同配分）をして成立できるような契約体系なのです。こうした条件が短期間でいち早く整ってきたので、今後はコンテンツやマーケティングの部分でグローバルに仕掛けて行くことを先々の戦略として意識しています。国際競技力が高ければ、パンサーズもガンバ大阪も同様に海外を意識した戦略を取っていきたいと考えています。

Jリーグでの海外との連携や展開で言えば、選手レベルで川崎フロンターレやコンサドレー札幌が東南アジアの選手を引き入れました。横浜F・マリノスやサンフレッチェ広島にタイの選手が在籍していたこともあります。ヤンマーの関係でセレッソ大阪はアジア諸国との連携がありますが、ガンバ大阪は一時期インドネシアとの連携があったものの、その後全く手付かずの状況です。そうしたところをパナソニックスポーツが入ることによって、デジタルマーケティングの時のようにクラブをサポートし、ガンバ大阪を強くするための取り組みを集中して行いたいと思います。ガンバ大阪が輝けば自然と他の競技にも光が当たって来ると思います」

――「地域」と「スポーツビジネス」の関係性で言えば、母体企業のビジネスがスポーツ側のビジネスに波及したり、また逆の状況もあるのではないでしょうか。グローバルなビジネスが展開されている環境ならば、様々なことがボーダレスに進む可能性もありそうです。

「その通りです。先ほどバレーボールのアジアにおける人気ぶりについて触れましたが、海外のファンの獲得については、チームのウェブサイトの多言語化をするだけでも全然違って来ると思います。一時期セレッソ大阪でそうした海外対応を進め、SNSのフォロワーを爆発的に伸ばしたということもありました。その影響としてタイのSHINGHA（シンハー）ビールなどは現在でもスポンサーです。もちろんヤンマーの農機具製品がタイの穀倉地帯とのビジネス的な親和性が高いということもあると思います。川崎フロンターレなども東急不動産と連携してベトナムで露出をしていたりします。パナソニックも多くの海外拠点で様々なモノづくりをしていますし、特にエアコンなど白物家電は東南アジアにおける需要はすごいものがありますので、そうしたパナソニックグループのビジネスとリレーションを上手く使った戦略が取れるはずだと思っています。ここで重要なのは私たちパナソニックスポーツが自分の意志を持ってグループ内の会社を巻き込むことです。こうすることは親会社の主導で動くのとは全く異なるスタンスであり、スポーツ専門事業会社として発足したわれわれの責務です。

ラグビーであれば将来的にオセアニア地域やアジアを含めた環太平洋地域でリーグが組まれる可能性があります。スーパーラグビーは今では南アフリカなどのチームが抜け欧州の別のリーグに入ってしまったような状況ですので、将来的にオーストラリアとニュージーランド、日本の枠組みでリーグが組まれたとしても不思議ではありません。

ラグビーの国際ルールの特徴で、日本国籍を保有していなくても日本代表になれるという条件があります。昔はそこに違和感を持つ人も多かったと思いますが、現在では普通のことのようになっています。グローバルかつダイバーシティな世の中を象徴するものとして、様々な国の人間が共にチームを作り、適材適所の人材を配置してその国のために力を尽くすという姿はラグビーの本質を示していると思います。こうした、ローカルでありグローバルであるという姿は企業のビジネスのあり方とも通じるところがあると思います。私たちは各スポーツの強みを最大限に認識した戦略を打っていきたいと考えているのです」

海外との比較から

「海外ではある程度のクラブ規模となると、私たちのスタイルのように様々な競技をまとめて一つのアスレチック・クラブとして運営されていることも多いのですが、日本ではまだそのようなケースはあまり見ません。FCバルセロナもレアル・マドリードもフットボールが有名ですが、他にもバスケットボールやハンドボールなどのチームがあります。当然ながら競技によって収益には差があるため、自然と軸となる競技が生まれます。女子フットボールチームを作りたいと考えても、ビジネス的な面で考えるとなかなか一筋縄ではいかない。Jリーグのクラブでも、浦和レッズには女子チームがありますが、横浜F・マリノスにも名古屋グランパスにも、ガンバ大阪にも女子チームはないわけです。リーグが強制的に女子チームを義務化することもできるかもしれませんが、そうなるとビジネスとして成立しなくなる可能性があります。しかし、イングランドの事例などを見てみると、女子リーグの試合に8万人もの観客がスタジアムで観戦に集まるなどの盛り上がりを見せています。こうした事例には、

先ほどのダイバーシティも含めた大きな可能性を感じます。フットボールの場合は男女ともに同じ広さのピッチを使用しますので、競技のスピード感などは当然異なって見えるものの、それぞれ違う観点での面白さはあると思いますし、日本で始まったWEリーグが学ぶべきところもたくさんあると思えます。現在当社では女子のチームは陸上のみではありますが、今後はガンバ大阪の女子チームの可能性も検討できるかもしれません。スポーツという領域を広げていくために、考える前に排除するのではなく、あらゆる可能性を持って考えていたいと思っているのです」

個人アスリート支援の可能性と引退後の選手の活躍について

――現在あるチームスポーツとは少し異なりますが、事業化という観点で成立するのであれば、将来的にたとえばウィンタースポーツやその他の個人アスリートの競技への参入もあり得るのでしょうか。

「可能性はゼロではありません。先ほど申し上げたように、あらゆる可能性を持って未来を見据えていたいと思っています。選手個人ということで申し上げれば、個人競技だけでなくとも、たとえば選手のエージェントを当社が担ったらどうだろうかというアイデアもあります。現役の選手はもちろん、引退を迎える選手は毎年存在するわけですので、選手のセカンドキャリアの話にも通じますが、引退後もトップ選手としての経験が活かせることが地域にはたくさんあるはずだと思っています。たとえば少子高齢化で学校などの教育の現場における部活動の外部委託化などの議論が始まっていたりしますが、こうした議論も費用を捻出できる学校とそうでない学校が生じ、単純な受益者負担の考え方ではお金のない教育現場や家庭ではスポーツができなくなってしまうような社会ではならないと感じています。引退後の選手たちが教育の現場で部活動を担うこともできるのではないかと思います。現在でも各地にある部活動の強豪校と呼ばれる学校では部員が２００名も３００名もいて大会に出場することすら難しい学校がある一方で、道を隔てた隣の学校では部員が20名ほどしかおらず、大会に出場することもままならない状況もある。また、部活動の顧問の水準も個人の方法論で教育されていることも珍しくなく、きちんとしたスポーツの指導者ではないケースも多いのです。そのような現場においてトップ選手たちの経験は大きな助けになるのではないかと思います。これにはその競技において突出した学校を作り出すのではなく、地域の教育機関全体の向上を目指すという考え方もありますが、まだまだアイデアベースであり、実際には詰める必要のある議論がたくさんあります。現時点ではあくまでチームスポーツをマネジメントすることによって外部収入を得ていくというところに注力しています。先ほどの教育現場へのＯＢ選手の活用も広く言えばスポーツを通じた育成・教育であり、その意味ではガンバ大阪にはユース下部組織がありますので、下地はあると言えます。まずはバレーボールやラグビーにも育成組織を広げていくという選択肢があると思います」

総合スポーツビジネス変革の先駆者として

――パナソニックスポーツのモデルをお聞きしているうちに、ドイツ・ブンデスリーガのヴォルフスブルクというクラブを思い浮かべました。ヴォルフスブルクは自動車メーカーのフォルクスワーゲン社のお膝元のクラブで、サポーターのほとんどが地元産業のフォルクスワーゲン工場で働く社員たちであるなど、地元企業とフットボールクラブの濃い繋がりを垣間見るクラブです。

「欧州では特に企業文化そのままの企業街が多く、街のフットボールクラブが発展的にプロになったという例もあります。欧州では長い歴史を経てフットボールがビジネス化され、フットボールに引っ張られていくつかのスポーツ部門が合わさり会社となるなど、総合アスレチック・クラブ化が進んだ例が多くあるという意味では、私たちのモデルは非常に近く、学べる点が多いと思います。

他方、欧州のアスレチック・クラブと異なるアプローチをしている例として私が意識しているのはボストン・レッドソックスやリヴァプールFCを保有するフェンウェイ・スポーツ・グループ（※4）のようなグローバルで現代的なスポーツカンパニーです。なぜかと言いますと、パナソニックは大阪が企業城下町であると言っても、日本国内で工場を含めて数多くに拠点が分かれており、一箇所に集約されていません。つまり埼玉県の熊谷市に根付いているワイルドナイツを大阪に移転させるようなことは難しいのです。パンサーズやガンバ大阪は比較的近い地域にありますので、ファンの掛け算が考えられますが、そのファンたちが同時に熊谷のワイルドナイツや横浜の女子駅伝チームのファンとなり得るのは、パナソニックの社員くらいであると思います。そう考えると地元地域内で集約されているドイツや欧州のアスレチック・クラブの例よりも、国を跨いでクラブをマネジメントしていくフェンウェイ・スポーツ・グループの方が私たちの運営には参考になるかもしれません」

――地域的統一性よりも純粋にスポーツマネジメント、スポーツビジネスの観点で統合するということですね。今後アジアをはじめグローバルな展開も意識されるならば、国内の立地的な統一性よりも〝ポートフォリオ〟におけるポジショニングを重視するという考え方でしょうか。

「仰る通りです。大阪にある競技も枚方と北摂では少し離れていて、北河内にあるパンサーズを吹田に移動することは現実的ではないと考えています。枚方の人口は40万人ほどで、北河内の寝屋川、交野、四條畷、守口、門真など7つほどの市町村があるのですが、これらは合わせて100万人を超える人口があります。京阪本線とJR学研都市線という2本の鉄道が走っていますので、そこをパンサーズのホームタウンにしたいと考えているのです。ガンバ大阪は淀川の北側にあり、吹田、茨木、豊中、高槻、箕面、池田、摂津などで約170万人が住むというエリアで、ホームタウンを分けているので、同地域に複数のスポーツクラブを持つ欧州のやり方よりも、マネジメント重視でバックオフィスで共通化できるところは集中管理し、事業系機能やホームタウン活動などはそれぞれの予算・管理の元で地域に根を張っていくということを考えています。外部収入が上がり独立採算が取れるようになった際には分社・株式会社化をしていき、全体としてホールディングス化をします。自分たちでスタジアムやチームを保有する、あるいはグローバルで投資しチームを獲得するなどの展開をし、マネジメントのノウハウをビジネスにしていくことが目標到達地点であると思っています」

今後のビジョンについて

――パナソニックスポーツのような、各競技におけるトップリーグで活躍するクラブを束ねる総合的なアスレチック・カンパニーとして存在しているケースはまだ珍しく、このモデルが成功すると先駆者ということになると思います。多くの可能性があると思いますが、今後のビジョンをどのように描かれているのでしょうか。

「やはりこのビジネスを伸ばし、継続性あるものとして成長させることだと考えています。極端な言い方をすれば、パナソニック主体でなくてもやっていける状態にすることであると思います。例えるならば、当社のいずれかのチームを買収したいという有力企業が現れた時に、現状の日本国内のプロスポーツクラブのような評価額ではなく、きちんと価値あるものとして世の中に買ってもらえるような状態にあること。つまり、チームが自ら価値を生み出せるようになっている。この実現を描いています」

——パナソニックスポーツの今後のビジネスにおいて、変革をもたらすものを考えた時、どのようなものが鍵となるとお考えでしょうか。

「新アリーナの建設・保有は一つ大きな鍵となると思います。そこに付随して浮かび上がるのは新たなアリーナ競技クラブ獲得の検討だと思います。アリーナが他のフィールド競技と異なるのは、多目的利用の幅が広く収益性を上げてプラスにしていくことが可能な器であるということです。フットボール専用スタジアムやラグビー場ですと、音楽コンサート等の限られた可能性となるため、自治体や行政が保有して指定管理という形で運営する方が維持できるのではないかと思います。アリーナはさきほどの特性から、民間で運営を行う方が収益を上げられる可能性があり、さらにはダブルフランチャイズの考え方で、2つのチームで共有することがしやすいという特性もあります。バレーボールもラグビーの直接のクラブ収益だけでは運営して行くことで精一杯となると思いますが、アリーナを保有するということはビジネス的にも飛躍ができる可能性を持つということだと思っています。分かりやすい例で言えば、マディソン・スクエア・ガーデン（※5）を再現したいという期待値があるのです。しかも都市部で。それこそ例えば大阪の梅田にアリーナを作ってやれたら最高だと思います。それには数百億円規模の予算が必要となりますが、これまではそうしたことはパナソニック単体でやらざるを得ないというのが日本のスポーツ事情でした。これからはスポーツビジネスに期待をする投資家も含めて事業を行っていく時代だと思います。こうしたことは地域やデベロッパーなど多くのステークホルダーを巻き込んでやってゆくものですし、その中で私たちはコンテンツ提供者として中心的な役割を果たすことができます。そのためにはスポーツとスポーツビジネスの可能性をきちんと価値として見せていく必要があると思っているのです」

――本書を読まれる企業経営者の方々の中には、自社にスポーツチームを持つ方もいらっしゃると思います。企業スポーツ、実業団スポーツの現状を抜きにして日本におけるスポーツビジネスの実情を語ることはできないと実感しました。本日は貴重な機会をいただき、ありがとうございました。

（取材日・２０２２年11月１日）

（※１）２０２２年クイーンズ駅伝（全日本実業団対抗女子駅伝大会）は11月27日に開催され、パナソニックは7位

（※2） 実業団などの社会人チームに在籍する選手は、高校生の場合は入部後3年間、大学の場合は入部後2年間はドラフト指名を受けることができないレギュレーションがある

（※3） ワールド杯本戦や予選の場合。国際親善試合の場合は収容人数2万人以上が条件となる

（※4） フェンウェイ・スポーツ・グループ：ボストン・レッドソックス（MLB）、リヴァプールFC（イングランド・プレミアリーグ）、ピッツバーグ・ペンギンズ（NHL）、ラウシュ・フェンウェイ・レーシング（ストックカーレーシング）など国際的なトップスポーツクラブやスタジアムを保有する世界最大級の米国のスポーツ投資企業

（※5） マディソン・スクエア・ガーデン：ニューヨークマンハッタンにあるスポーツアリーナおよびエンターテイメント会場。ニューヨーク・ニックス（NBA）、ニューヨーク・レンジャーズ（NHL）、ニューヨーク・タイタンズ（NLL）のホームアリーナであり、大規模なコンサート会場としても有名。プロレスやボクシングなどの格闘技、サーカスの興行においても重要な会場となることが多い。

おわりに

本書『スポーツビジネス最前線』は、2022年1月に企画し、そこから約1年4ヶ月を経て完成した書籍である。

多様なビジネスを持つ10の企業による登壇が実現したが、今回登場が叶わなかった業種もある。例えば、食品領域は取り上げたいと考えていた業種の一つであった。日本には特徴ある食品企業やメーカーも多く存在しており、広告宣伝のためにスポーツを活用している事例もあるが、中にはアスリートや競技団体との共同研究によって、自社の技術開発や製品開発に大きく活用している事例も存在する。

近年、〝フードテック〟の世界的なムーブメントに見られるように、食品・食糧の領域では大きな変化が見られる。廃棄物ゼロや少ないエネルギーによる生産技術の革新や、製品レベルではプラントベースの代替肉や植物由来食品に使用できる代替タンパク質や微量栄養素としての微細藻類の研究に代表される、健康・栄養・加工技術の革新など、これらは世界的な人口増加に備える、または、より安全かつ健康的な食糧を生み出すという目的が根底にあるが、後者の部分で食育の観点でスポーツ領域の果たす役割は大きい。食品や食糧はアスリートレベルでは成長や回復の観点でも重要な要素となり、パフォーマンスを左右する。人間の体をクルマに例えれば、F1マシンのようなアスリートを土台にして、ダウンサイジングされる〝食のパーソナライズ〟の現状は是非お伝えしたいテーマのひとつであった。

本書の制作過程において様々な人々と出会い、お話をお聞きする中で、スポーツビジネスの本格的な活用はまだ黎明期にあるということを再認識した。本書に登場する企業は皆、スポーツビジネスに可能性を抱き、自ら開拓し取り組む企業である。しかし、まだ各社の取り組みは単一企業によるものも多く、事業連携に至っているケースは少ない。今後、異なる特性や技術を持つ企業が共に製品やサービス開発に繋げるような動きが出て来れば非常に面白いのではないかと思う。それこそが、スポーツビジネスの裾野を広げると考えている。

本書の制作中には、北京冬季五輪が開催され、年末のサッカーのワールドカップカタール大会では日本代表が列強国を撃破して決勝トーナメントに進出する活躍を見せ、年が明けた3月の第五回ワールド・ベースボール・クラシック２０２３では日本代表は3大会ぶりの世界一に輝いた。今年、２０２３年はさらにＦＩＢＡバスケットボール・ワールドカップ、ラグビーワールドカップなど、多くの競技の国際大会が予定されており、高いレベルの競技に触れることができる年である。今後のスポーツビジネスの機運の高まりに繋がることを期待したいと思う。

２０２３年５月

オシムが遺してくれたものを
日本の未来にどう活かしていくべきか？

日本サッカーの発展に多大な影響を与えた
イビチャ・オシムから人知れず
「もうひとつの言葉」を授かった人たちがいた。
育成、普及、指導、
教育、コーチング研究、スポーツ医療…
様々な分野でオシムのフィロソフィーを受け継ぐ
11人の男たちの情熱と葛藤とは？

彼らに授けたもうひとつの言葉

『オシムの遺産《レガシー》』

島沢陽子

四六判並製：256ページ
定価：1,760円（10% 税込）

人が育ち、クラブが育ち、街が育つ。

資金力はリーグ下位レベル
以前は移籍してくることが
“都落ち”のイメージだった水戸ホーリーホックを
地域から必要とされ、
選手から選ばれるクラブへと高めた
異色のGMが進めるチーム改革のすべて

世界で最も人が育つクラブへ

『水戸ホーリーホックの挑戦』

西村卓朗　株式会社フットボールクラブ 水戸ホーリーホック取締役GM

四六判並製：208ページ
定価：1,760円(10% 税込)

THE INSIDE OF

SPORTS BUSINESS

著者 PROFILE

山本佳司（やまもと・けいじ）

千葉県生まれ。文化学院卒。古典芸能の道から独学でグラフィックデザイナーとなる。その後、経営企画室等の経験を経てマーケティング領域へ移行。グローバル人財企業、国内大手広告代理店、欧州生命保険企業、米系テクノロジー企業、欧州プライベートバンク等に勤務。

スポーツビジネス最前線

二〇二三年五月八日初版第一刷発行

著　者：山本佳司
発行人：後藤明信
発行所：株式会社 竹書房
〒一〇二-〇〇七五
東京都千代田区三番町八番地一
三番町東急ビル六階
E-mail info@takeshobo.co.jp
URL http://www.takeshobo.co.jp

印刷所：中央精版印刷株式会社

本書の記事、写真を無断複写（コピー）することは、
法律で認められた場合を除き、著作権の侵害になります。
落丁本・乱丁本は、furyo@takeshobo.co.jpまで
メールでお問い合わせください。
定価はカバーに表記してあります。

Printed in JAPAN 2023